谨以此书献给我的导师邓乔彬教授

本书系中国博士后科学基金面上资助项目"学者藏书与俗文学学科的建立——以晚清民国为中心"成果之一

本书出版获广东第二师范学院博士专项课题的立项资助

# 学者藏书与学术研究的转型
## ——以郑振铎为例

李 俊◎著

安徽师范大学出版社

·芜湖·

责任编辑:潘　安
装帧设计:陈　爽
责任印制:郭行洲

**图书在版编目(CIP)数据**

　　学者藏书与学术研究的转型:以郑振铎为例/李俊著.—芜湖:安徽师范大学出版社,
2015.4

　　ISBN 978-7-5676-1202-0

　　Ⅰ.①学… Ⅱ.①李… Ⅲ.①郑振铎(1898～1958)-人物研究②中国文学-古典文学研究
Ⅳ.①K825.6 ②I206.2

　　中国版本图书馆CIP数据核字(2014)第001799号


XUEZHE CANGSHU YU XUESHU YANJIU DE ZHUANXING YI ZHENG ZHENDUO WEI LI

学者藏书与学术研究的转型——以郑振铎为例

李　俊　著

出版发行:安徽师范大学出版社
　　　　　芜湖市九华南路189号安徽师范大学花津校区　　邮政编码:241002
网　　　址:http://www.ahnupress.com/
发 行 部:0553-3883578 5910327 5910310(传真)　　E-mail:asdcbsfxb@126.com
印　　　刷:安徽芜湖新华印务有限责任公司
版　　　次:2015年4月第1版
印　　　次:2015年4月第1次印刷
规　　　格:700 mm×1000 mm　1/16
印　　　张:12.25
字　　　数:200千
书　　　号:ISBN 978-7-5676-1202-0
定　　　价:24.50元

# 目　　录

# 绪 论

学界普遍认为20世纪上半叶是古代文学研究转型的重要时期，也是现代研究范式真正确立的时期，研究者已试图从"史学史""研究史"角度描述这一转型过程，如《20世纪中国古代文学研究史》《中国文学史学史》《20世纪中国古典文学研究史》及《当代中国古代文学研究》等。但截至目前，尚无研究者对藏书活动与文学研究格局形成之间的关系展开相关论述。

本书选择郑振铎作为考察对象，试图通过郑振铎作为学者的藏书活动与他的文学研究成就之间的关系，从他的治学特点与藏书的关系、藏书特色对治学成果的影响、其研究成果和学界地位与他藏书的关系等方面，探索学者藏书在古代文学研究转型期的作用。同时，本书试图透过书籍聚散情况，剖析文学的观念、内容、材料、方法等向现代研究模式发生转变的文献基础与转型路径。

郑振铎，小名木官，笔名西谛、郭源新等。福建长乐人，1898年生于浙江永嘉（今温州），是20世纪我国著名学者、作家、编辑。其治学范围涉及中外文学史、艺术史、版本目录学、考古学等诸多领域。作品现存逾千万字，以1998年花山文艺出版社出版的《郑振铎全集》搜罗最为完备。《郑振铎全集》共20卷，计900余万字，尚不包括《西谛书跋》及许多已发表但未收录或未发表而没整理的材料①。据统计，郑振铎一生著述之丰令人咋舌：创作计18种，包括诗歌、散文、小说、书简、日记等。中国文学论著9种，世界文学论著5种，艺术史论著7种，目录学论著6种，翻译作品25种。此外，他还编辑过报纸期刊45种，主持出版丛书29种，影印古籍19种，编选出版图录17种，编校中国文学及

---

① 如1921至1931年间的《小说月报》，尚有数万字署名为西谛或振铎的文字未曾收入。另如郑振铎1949、1953、1954、1956、1957、1958年的日记收入了《郑振铎日记全编》中，却未见载于《郑振铎全集》。详见拙文《评花山文艺版〈郑振铎全集〉》，《中国图书评论》，2009年第12期。

外国文学书29种。

郑振铎是20世纪学术史上一个独特的存在,其独特意义,更多地在于文化层面。他生活在中西思想文化相互碰撞与交汇并深刻影响学术研究的时代,这一时代的学者,一方面身受传统教育的熏陶,另一方面又在接触西方观念后清楚地看到了传统学术的弊端,因此无论是文献利用还是研究观念都经历着"传统"与"现代"的抉择。时代赋予他们重建学术传统的机会,同时使他们迫切地感受到如何为传统文化寻找确切定位的焦虑。他们译介引入西方理论,采用全新的研究方法,力图为传统学术开辟新的领域。他们成功与失败的经验,正是中国学术研究现代化转型过程中艰难摸索的体现。绵延至今并成为新的传统的现代性学术研究范式,正是经过王国维、梁启超、章太炎等先行者的尝试,鲁迅、胡适等"五四"一代学者的鼓吹与身体力行,到郑振铎、朱自清、闻一多、钱锺书这一代才真正得以确立。

本书立足于学者藏书与研究转型之间的关系探索,以郑振铎这一"文化学者"为例,因其兼具学者藏书家与"百科全书"式学者的治学特点,故本书重点探讨其在藏书活动的基础上对中国古典文学研究的成就与典范意义。本书试图通过分析郑振铎学术研究的理论渊源、文献基础、研究方法与学术价值,来勾勒学者藏书活动介入研究领域带来的研究材料、方法与成果的深刻变化,并藉学者之间治学方式、内容、成就与影响的横向比较,为他"学者藏书家"身份在中国古代文学研究转型期间的价值与意义定位一个独特而恰当的学术史坐标。

陈平原先生在《中国文学研究现代化进程》的"小引"中说过:"这不是一部学者传记集,虽然立足于个案分析,可着眼的是学术思潮的变迁。"①同样,以郑振铎为切入点去关注此一时期的学者藏书家在学术研究转型过程中的意义,并不仅仅在于他个人的学术成就与方法总结,而是要透过郑振铎这一典型个案,为古典文学研究范式在20世纪的新变与定型进行学术史解析。有一种研究思路是从"新异"变成传统,这是一个众多学者参与并代代传承的过程,解析他们独具个性的学术之路,正是为解析新传统如何形成并还原一道清晰的学术脉络,其成功与不足都是值得我们后来者借鉴的宝贵经验。因此,本书主要

_____

① 陈平原:《小引》,王瑶主编《中国文学研究现代化进程》,北京大学出版社,1998年版,第5页。

采用的研究方法是：

1.社会学、历史学相结合的方法。民国学人是在一个特定的历史与学术环境下进行研究的,本书将在还原民国时的学术语境的基础上,力求不遮蔽,以历史、社会、发展的观念客观展示郑振铎一生的学术成就,也不讳言其转型过程中的不足。

2.综合、对比的研究方法。本书属个案研究,又属研究者的研究,然着眼点在于通过对郑振铎个人治学道路的描述及得失分析,来回望中国20世纪古代文学研究学术思潮的变迁,为20世纪古代文学研究史提供准确具体的个人定位。在具体研究郑振铎的学术成就时主要通过与同时代学人的治学理念与成果进行对比,从对比中为他在纵向时空中找到确切定位。

3.版本对照与文献考据法。由于郑振铎的所有研究论著(包括其文学史)都是先行发表于杂志的,郑振铎在世之时在收入文集时即已作过删改,这种删改有时并非出于校订文字或补充结论,因此,要全面把握郑振铎一生学术思想的变迁,就必须对照不同时期的版本(包括最初发表的杂志),从而归纳出他不同时期学术取向的变化与研究思路的创新。

# 第一章　治学经历与藏书之关系

　　周勋初先生曾在《朱东润先生治学的特色》中言:"在我国近代学术史上,出现过一批杰出的学者,他们并非出生儒学世家,本人在学界起步时也并非专注于古代文学,但随着时代潮流的激荡,转而由其他领域闯入古代文学研究领域,随后由一个课题转入另一个课题,纵横驰骋,不断开拓新领域,并取得巨大成就。"①这其中,王国维是当之无愧的个中翘楚,然并非唯一,举凡闻一多、郑振铎、朱东润、郭沫若、罗根泽、吴世昌等,都可入此之列。他们由新入旧,引入了新的视角、方法和观念,在旧学中结出了新的果实。

## 第一节　早期治学经历与兴趣

### 一、《小说月报》:早期藏书交流与研究的主要阵地

　　郑振铎虽非科班出身,然其编辑成就足以让他名列20世纪最出色的编辑之一。据统计,郑振铎编辑过的报纸期刊达45种②,内中不乏在民国时期影响颇广的刊物,如《学灯》《文学旬刊》《小说月报》《儿童世界》《文学》等。在1923年1月郑振铎接下《小说月报》主编前,他编辑过《时事新报》的副刊《学灯》和《文学周报》(后来改为《文学旬刊》)。截止到1927年他因"白色恐怖"被迫流亡欧洲的四年间,他一直担任《小说月报》的全职编辑,与此前茅盾的编辑方针相比,郑振铎更注重将其打造成新文学建设与旧文学研究并重的文学刊物,而非仅仅满足于翻译介绍国外名家作品。于是,依托《小说月报》这个媒体平

---

　　① 周勋初:《朱东润先生治学的特色》,《周勋初文集》(第六卷),江苏古籍出版社,2000年版,第85页。

　　② 此据陈福康《郑振铎年谱·附录二》统计,《郑振铎年谱》,三晋出版社,2008年版。

台,郑振铎在全职编辑之外,利用业余时间开始着手他的古典文学研究。说他"业余",不仅就其学术背景与工作时间而言之,更是立足于其"媒体"性质而观之。说他是"学者",则基于其赋予《小说月报》研究功能的努力及日后成长的方向,他不遗余力提倡"整理旧文学",且在古典文学研究领域作出过巨大贡献。其治学范式的形成,既有对国故整理方法的继承,又有他立足于文学本位的新变,他的独特之处,正是他以编辑身份介入研究领域所伴生的"媒体"特色。

综观20世纪的古代文学研究名家,也许没有一个能如郑振铎般如此重视读者的阅读需求。如果说古代学术靠的是代代相传、其读者群仅限于"圈子之内"的话,现代媒体则完全改变了这种学术传播的方式:读者群从"圈内"向普通民众这个"圈外"转移,读者阅读需求的变化亦会影响到学术研究的进行,更为重要的是,传播过程中与读者的互动促进了研究的深化,当然,有时也影响到了研究的独立性。

郑振铎主编的《小说月报》设有"重要书籍介绍"栏目,最能体现出这种以读者为中心的倾向。每进入一项研究,他总是把搜罗到的资料目录做成"重要书籍介绍"公开发表,其发表目的在于"把最好的、最易购的关于中国文学的书籍,介绍给平素对于中国文学没有系统的研究的诸君"①。自然,它既有指引读者研究门径的普及意识,又有希望同人补充商榷的期待。如他先后发表过《关于文学原理的重要书籍介绍》《关于诗经研究的重要书籍介绍》《关于中国戏曲研究的书籍》《关于俄国文学的重要书籍介绍》《中国文学研究的重要书籍介绍》《各国"文学史"介绍》等,每篇介绍对于罗列出来的书目版本与内容得失都有简单评述。这些书目以读者能见到的版本为尽可能的选择标准,读者对它颇为欢迎:

> 介绍书籍栏,对于某书的介绍,似嫌简略。此门最为我们所爱读,以后请对于某书的本身性质、外人批评、页数、价格等,特别注意。贵志似太偏重一些外国文学,我们纵然已得到将出《中国文学专号》的消息,可是这是系统的、批发的介绍,零碎的请莫忽过!②

---

① 子汶(即郑振铎):《中国文学研究的重要书籍介绍》,《小说月报》,1924年第十五卷第一号。
② 徐文台来函,《通信》,《小说月报》,1923年第十四卷第十一号。

除了预告研究式的图书介绍,郑振铎还善于在"参考书目"中进行学术指引。以《文学大纲》为例,所列的参考书单,达897条! 基本上以读者尽可能见到的版本为主,在可见的版本中尽量给出对比之后的精本,并加以简扼书评。虽然不至于像读者要求的那样连页数、价格都标注出来,但对其"本身性质"却是有个总体的把握。读者可据这份书单去对该领域作进一步的了解与研究。他偶评的"此书为最好的一部书"或"无特别的见解"等语,也是他自身读后的真实感受。这一普及学术的努力,正体现出他善为读者师的学者型编辑风度。

当然,《小说月报》的读者不仅仅是普通看客,还有很多关注研究的同仁,包括作者群。郑振铎引领风气的编辑艺术,主要就体现在作者与读者之间的互动上。郑振铎刚发表过《读毛诗序》,接着就开始连载顾颉刚《诗经的厄运与幸运》,同期的"读书杂记"则载有多则关于《诗经》的文字,可以说掀起了一个研究《诗经》的小高潮。读者亦不甘寂寞,纷纷提出自己的疑问与见解,可于杂志之"通信栏"见之。再如他做《中国文学者生卒考》,刚载一期,即有读者来信指出其中的疑虑①,接下来郑振铎即以长文解答读者如淦女士(冯沅君)的质疑等②。在质疑与解答的过程中,作者与读者对学术问题的把握均一步步变得明晰。这种集众人智慧的探讨方式,后来被"古史辨派"学者发挥得淋漓尽致。

此外,郑振铎论文的语言风格也体现出以读者为中心的通俗化趋势。他并非不能做艰深晦涩的文言文(如他为藏书写的序跋绝大部分都是文言文),但因其目标读者群是《小说月报》的普通民众,所以,出于受众广泛的刊物性质,以及提倡白话文的新文学运动需要,郑振铎立论力避艰深,引文却不辞琐碎。虽不免招来吴世昌的"抄书"之讥,却无碍他普及文学意图的实现。正如他在《小说月报·最后一页》中自我推荐《文学大纲》时所说的:

> 《文学大纲》的第六章,叙《印度的史诗》,马哈巴拉泰(今译摩诃婆罗多)与拉马耶那(今译罗摩衍那),也是极有趣味的,想读者

---

① 《关于中国文学者生卒考的两封通信》,《小说月报》,1924年第十五卷第二号。
② 郑振铎:《关于〈中国文学者生卒考〉的几则怀疑的解答》,《小说月报》,1924年第十五卷第三号,文章分别名为《读淦女士的〈淘沙〉》《覆王鉴君的信》《覆翦遂如刘承休诸君的信》。

听见他们的名的一定不少,但在中国,详细的介绍他们的内容的,恐怕只有这一篇了。①

可见,在他看来,他之所以喋喋不休地讲述故事中的内容,是因为这些作品中国读者很难见到,他有责任详细列出它们的主要内容。归根结底,他之所以"抄书",乃是为满足读者的求知欲。今天看来,郑振铎此间所发表的论文许多有着偏离学术语言的倾向,显得不够严谨。如《读毛诗序》未免过于主观,《中山狼故事之变异》和《螺壳中之女郎》不够规范,《中国文学者生卒考》则太过粗糙……但是不可否认,郑振铎不但善于领时代风气之流,开拓自己的研究新领域,而且也确实达到了赢得读者、引领风气的目的。

## 二、业余学者:独特的私人藏书者与学院外研究者

在主编《小说月报》期间,郑振铎的专职工作是编辑,很长一段时间里,《小说月报》总共才一个编辑,也就是说,从选题、组稿到编发,全是郑振铎一人包办②。以《小说月报》每期的发稿量来看,这份工作不可谓不繁重。然而他利用业余时间进行的古典文学研究,却硕果累累,并一度成为他工作的重心。短短四年里,《小说月报》共刊登中国文学研究论文138篇(包括书刊介绍),其中32篇来自郑振铎。另外还连载了近百万字的《文学大纲》! 其研究范围之广泛、视野之开阔、材料之繁多,已不能仅仅以"业余学者"而概之了。

"整理国故"的研究者很多是高等院校的在职教师或研究人员,他们有着浸染已久的学术背景和研究资源的使用便利,在学术界处于主流和前沿地位。郑振铎不一样,他的求学背景和工作环境,都表明他与正统规范之内的"研究系"相距甚远,以致当1931年他想从"业余"转为"专业"学者,还不太被学术圈所接纳③。其研究成果,亦很少被学

---

①《小说月报·最后一页》,1924年第十五卷第五号。

②陈福康:《郑振铎与〈小说月报〉》,《编辑学刊》,1989年第2期第77-79页。

③1931年,为摆脱繁忙的编辑工作,专力从事《中国文学史》撰写,郑振铎辞去商务印书馆职务,北上任教燕京大学、清华大学等,但靳以后来回忆说:"那时他虽然在充当大学教授,实在是不被那些'学者名流'所看重,他被当时的燕京大学和清华大学合聘为教授,若以一个学校来说,他不过算半个教授,而这'半个教授'还被那些'正人君子'排挤得'无以复加',最后还是无可奈何地回到上海去了。"参见靳以:《不是悲伤的时候——悼念郑振铎同志》,《文汇报》,1958年10月22日。

者认同或引用。但就是这个生存于学院之外的郑振铎,通过《小说月报》等媒介,走出一条独特的"业余学者"研究之路。考察他的这些论文,有时虽不免带有普及与通俗的痕迹,却无碍于他研究范式的形成:通过朋友讨论、书籍介绍、资料研究、论文撰写、丛书出版等步骤,郑振铎的研究成果与"学院派"相比毫不逊色,其勤奋与高瞻远瞩使他成长为一名"百科全书式"的学者。

郑振铎虽站在研究圈之外,却安身于出版社这一学术传播的中心,所交亦是治学颇有所得的专家学者。其研究兴趣的生发,往往正是由朋友间的漫谈引起,沿着兴趣顺藤摸瓜,一步步接近问题核心。他第一篇古典文学研究力作——《读毛诗序》,就显露出其资料翔实的特色,以至后来鲁迅都说他"恃孤本秘笈,为惊人之具"[1]。其实资料是学术研究最重要的基础,每个学者都不例外。但郑振铎的独特之处在于,他总是把搜罗到的资料目录做成"重要书籍介绍"公开发表。虽然他并不是如孙楷第那样专注的小说目录学家,其论文却是以材料之富与搜罗之博见长,这对于一个基本只依靠自己的个人藏书来进行研究的业余者来说,是极为难得的。况且郑振铎的"孤本秘笈"从不秘不示人,往往很快就经由影印或点校出版或书报介绍变成了学术公器,珍籍出版,又往往是引领研究热潮的先声。

郑振铎撰写的论文,总是透着融汇中西的努力,西方文学原理是他的理论支撑,传统考证则是他实证的基础。其资料丰富的特色又决定了他治学亦以考证见长。他考证的步骤与胡适同中有异:胡适始终是以历史的立场,通过"祖孙"关系的确定从线性因果的趋势分析中寻找出一个文学演进的系统结论;郑振铎则是立足"文学"本位,强调以"统一"的眼光去观照所有的文学作品——打破孤立的片断研究,通过追本溯源与沟通文史来进行文学的整体研究。所以,胡适"更多的是在方法上确立学术研究的规范……缺乏对作品思想内蕴与艺术特色的发掘"[2]。郑振铎紧随其后,虽然也是考察作品演化的过程,充分运用新的材料以及同仁考证的成果,但他以新文学创作与翻译直接参与者的切身体会,注重广泛地挖掘文学作品的社会学价值,比胡适的"历

---

① 鲁迅1932年8月15日致台静农信,《鲁迅全集》(第十二卷),人民文学出版社,2005年版,第322页。

② 黄霖:《中国小说研究史》,浙江古籍出版社,2002年版,第204页。

史演进法"更为贴近文学作品本身。

此外,郑振铎还善于以丛书出版组织者的身份,大力普及学术著作,使研究成果能够得到迅速传播。当研究借助报刊与书籍的快速流通进行传播的时候,个人行为就加进了社会性、集体性的因素,这其中最大的影响就是观念的创新。对于一般学者来说,论文完成基本上就是研究的结果了。郑振铎作为编辑兼学者的伟大之处,也是他作为学者最不一样的地方,即在于他不仅仅只是令一份文学刊物能够广受欢迎,更重要的是他善于组织大型丛书的出版,推动学术研究成果的快速传播。在他的奔走组织下,俄罗斯文学丛书、文学研究会丛书、小说月报丛刊、文学周报丛书、鉴赏丛书、大学丛书等相继面世,许多已成为商务版备受好评的图书品牌。郑振铎热心出版的目的是要促成更多同仁加入研究队伍,同时也更及时地将前沿成果推荐给广大读者:"这是我们的区区愿望,要在这里,就力之所能及的范围内,把这面盾的真相显示给大家。"①反观胡适通过与亚东图书馆合作,探索出一套整理古籍的程式,就与郑振铎有异曲同工之妙,即:校勘、训诂、标点、分段,最后撰写考证性或评论性的序言。胡适已经认识到现代研究中集体智慧的力量,郑振铎则是把这种力量化为成果的直接组织者。

通观郑振铎以《小说月报》为发表基地进行的古典文学研究(参见表1),赋其研究功能是他编辑艺术的理念物化,注重读者需求则是他身为编辑的本色体现。他充分认识到了现代媒体在学术研究领域的作用,借助媒介,并利用其学术传播的新方式形成自己的研究方式,使郑振铎以业余身份加入学者行列而形成独有的学术个性。

表1　《小说月报》郑振铎主编期间所刊研究论文篇目(1923.1—1927.6)

| 类　　别 | 作者及篇名 | 所刊期数 |
|---|---|---|
| 评　论 | 郑振铎《读毛诗序》、郑振铎《新文学之建设与国故之新研究》、顾颉刚《我们对于国故应取的态度》、王伯祥《国故的地位》、余祥森《整理国故与新文学运动》、严既澄《韵文及诗歌之整理》、玄珠(茅盾)《心理上的障碍》 | 1923(14:1) |
| | 顾颉刚《诗经的厄运与幸运》 | 1923(14:3) |
| | 沈雁冰《中国神话的研究》、任伯涛《文艺底研究和鉴赏》、俞平伯《记西湖雷峰塔发见的塔砖与藏经》、陈乃乾《黄妃辨》 | 1925(16:1) |
| 文学史 | 郑振铎《各国文学史介绍》 | 1925(16:1) |
| 作家研究 | 西谛《中国文学者生卒考(附传略)》 | 1924(15:1—6、9) |

① 郑振铎:《〈小说月报中国文学研究号〉卷头语》,《小说月报》,1927年号外。

## 续表

| 类　别 | 作者及篇名 | 所刊期数 |
|---|---|---|
| | 西谛《关于中国文学者生卒考的几则怀疑的解答》 | 1924(15:3) |
| 作品评介 | 敦易《红楼梦》 | 1924(15:9) |
| 杂　文 | 许地山《中国文学所受的印度伊兰文学底影响》(通讯) | 1925(16:7) |
| 读书杂记 | 西谛《葬花词》《步韵诗》《李后主词》《纳兰容若》《曲录二则》《孔雀东南飞》，颉刚《诗考》《读书杂记二则》，予同《札记一则》 | 1923(14:1) |
| | 西谛《唐诗》《郑厚》《王若虚的文学评论》，颉刚《诗沛》《全本戏》《庄暗香》，予同《渔父》《周易》《韩退之与卫退之》 | 1923(14:2) |
| | 颉刚《刺诗》《及时雨》《铁冠图》《钱镠的歌》《刘晖吉女戏》，西谛《李清照》 | 1923(14:3) |
| | 颉刚《合生》《乐府》《硕人》，调孚《诗序》，予同《何与底》《史记南越尉佗传赞》，西谛《玉函山房辑佚书》 | 1923(14:4) |
| | 西谛《文赋》，圣陶《诗与对仗》，颉刚《金圣叹的势力》 | 1923(14:5) |
| | 王伯祥《鸡鸣》 | 1923(14:6) |
| | 颉刚《举子与才子》 | 1923(14:7) |
| | 颉刚《旦儿》《恋爱戏》《古诗与乐歌》《元曲演奏的形式》 | 1923(14:8) |
| | 颉刚《经与文的隔绝》《妒花歌的译文》 | 1923(14:10) |
| | 严敦易《红楼梦》，颉刚《郑樵对于歌词与故事的见解》 | 1923(14:11) |
| | 颉刚《赠诗》《崔述硕人诗解》 | 1923(14:12) |
| | 颉刚《老残游记之作者》，C.K《采桑娘》 | 1924(15:3) |
| | 颉刚《诗与史》 | 1924(15:4) |
| | 颉刚《秦腔》 | 1924(15:5) |
| | 颉刚《楚词》《明清戏价》《官场现形记之作者》 | 1924(15:6) |
| | 敦易《老爷的称谓》 | 1924(15:9) |
| | 颉刚《双卿》 | 1924(15:11) |
| | 颉刚《招魂与大招》 | 1925(16:6) |
| | 王伯祥《四库全书述略》 | 1925(16:12) |
| 书刊介绍 | 西谛《关于文学原理的重要书籍介绍》 | 1923(14:1) |
| | 西谛《几部词集》，郑振铎《关于诗经研究的重要书籍介绍》 | 1923(14:3) |
| | 西谛《中国的戏曲集》 | 1923(14:4) |
| | 西谛《中国的诗歌总集》 | 1923(14:5) |
| | 西谛《关于中国戏曲研究的书籍》 | 1923(14:7) |
| 专著、专辑 | 郑振铎《文学大纲》 | 1924—1927 |
| 其　他 | 《中国文学研究》(收论文63篇，著者包括：郑振铎、郭绍虞、唐钺、潘力山、朱湘、梁启超、俞平伯、陆侃如、刘大白、陈延杰、滕固、伍叔傥、徐嘉瑞、施章、台静农、张友仁、刘经庵、褚东郊、许地山、吴瞿安、张友鸾、谢康、汪馥泉、欧阳予倩、君左、谢无量、汪仲贤、严既澄、陈衍、卫礼贤、陈垣、许文玉、梁绳祎、胡梦华、丁文江、吴文祺、徐传霖、钟敬文) | 1926(17:号外) |

## 第二节　学者式藏书活动与收获

郑振铎古典文学研究的基础是他海量的个人藏书,其一生最被人称道的成就也是古籍的收藏与整理。早在北京求学期间,嗜书如命的他便借助一切可能的机会遍览群书,并初露藏书校勘家的潜质:

> 在北京念书的时候,常托家叔莲蕃先生向外交部劳务书馆借些古书来看。刘知己的《史通》便曾花了整整一个暑假的工夫把它抄录下来。①

> 至平就学,得见郑夹漈《通志二十略》,复手录其《校雠略》《艺文略》……又假得章实斋《文史通义》,亦心服其论。时牵于治他学,于斯仅间一涉猎而已。②

郑振铎以积极推进新文学建设立足文坛,最早提出“整理中国旧文学”的口号,他自己对古代文学研究也一直怀有浓厚兴趣,尤其关注古代用通俗语言创作的文学作品。在前期发表的30余篇论文中,除两篇是关于《诗经》之外,其余全是古典小说戏曲或民间故事的研究。他的研究,均以最大限度占有资料为特色。郑振铎的资料来源主要是两个方面:东方图书馆及自己的个人收藏。一方面,1924年商务印书馆编译所在宝山路新楼建东方图书馆,藏书51万册,为郑振铎的学术研究提供了极大便利。另一方面,郑振铎每月60元的薪金及大量稿酬收入为他收藏古籍创造了经济条件③。熟悉郑振铎的人,都知道他对书的狂热。郑振铎的购书藏书,用他自己的话说,乃是“从来没有想到为藏书而藏书,我之所以收藏一些古书,完全是为了自己的研究方便和手头应用所需的”④。从《西谛书目》与其各种书目介绍,即可看出

---

① 郑振铎:《〈中国文学研究〉序初稿》,转引自陈福康《郑振铎年谱》,三晋出版社,2008年版,第15页。

② 郑振铎未刊残稿,转引自陈福康《郑振铎年谱》,三晋出版社,2008年版,第16页。

③ 郑尔康:《〈小说月报〉的变迁》,《石榴又红了——回忆我的父亲郑振铎》,中国人民大学出版社,1998年版,第67页。

④ 郑振铎:《劫中得书记·新序》,《郑振铎全集》(第六卷),花山文艺出版社,1998年版,第777页。

其阅书之广。郑振铎善于将自己版本学和目录学的经验,运用到具体文本的研究当中,重视各版本间的异同与流变。关于运用目录与索引是他治学的重要基础及特色。

## 一、避走欧洲:遍阅珍籍

1927年5月,因"白色恐怖"加剧,郑振铎在亲友催促下,决定离开上海远避欧洲,将《小说月报》暂时交给徐调孚和叶圣陶代为编辑。虽是逃亡之旅,郑振铎仍念念不忘他的文学研究:

> 这次欧行,颇有一点小希望。(一)希望把自己所要研究的文学,作一种专心的正则的研究。(二)希望能在国外清静的环境里做几部久欲动手而迄今因上海环境的纷扰而未写的小说。(三)希望能走遍各国大图书馆,遍阅其中之奇书及中国所罕见的书籍,如小说、戏曲之类。①

他没有食言,此次旅行,他创作小说和散文20多篇,译述希腊、罗马神话34篇,还接触到了国外前沿的人类学、民俗学研究理论,并通过巴黎国家图书馆和伦敦大英博物院查阅了大量罕见的中国古代俗文学资料。尤其是通俗小说与敦煌遗书,成为他回国后研究水平跃上新台阶的坚实基础,从而进一步确立了他在古典文学研究领域的学者地位。

作为藏书爱好者,郑振铎是非常关注域外所藏中国典籍的情况的。在国内时,他就非常遗憾不能得见藏于苏联列宁堡、荷兰莱顿和德国柏林、法兰克福等地的中国古籍②,此次有机会出国,当然要尽力搜读藏于巴黎和伦敦的中国珍籍了:"此次欧行目的之一,便是到各国的重要图书馆中,阅读他们收藏的中国书,尤其注意的是小说与戏曲。"③

1927年6月,郑振铎一抵达巴黎,就迫不及待地央朋友代写去国立图书馆看书的请求书,办妥长期阅览券。翻到"钞本阅览室"中国书

---

① 郑振铎:《欧行日记》,《郑振铎日记全编》,山西古籍出版社,2006年版,第3页。
② 郑振铎致董康信,转引自陈福康《郑振铎年谱》,三晋出版社,2008年版,第131页。
③ 郑振铎:《巴黎国家图书馆中之中国小说与戏曲》,《郑振铎全集》(第五卷),花山文艺出版社,1998年版,第415页。

籍的目录，郑振铎喜不自禁，"史地，经子及文集，小说，戏曲的目录。这本目录，内有不少好书为我们所未见的，很想细细的阅读"①。因这些国内已难见其踪的中国小说戏曲图书，本只想在巴黎小住几天，郑振铎最后逗留了三个月之久。其成果，主要体现于1927年11月发表的《巴黎国家图书馆中之中国小说与戏曲》一文。此前一年，胡适曾在伯希和亲自陪同下查阅过这里的敦煌文献②，他当时关注的是关于禅宗史的材料，郑振铎同样翻阅了敦煌石室手卷及钞本书的目录，借阅过《太子五更转》等变文，只是因为其中"重要的中国小说及戏曲极少"，所以他未多加注意。尽管如此，作为公开发表的巴黎国家图书馆藏珍籍书目提要，这还是比王重民、向达1934年奉北平图书馆之命搜集整理敦煌文献早了好几年。

《巴黎国家图书馆中之中国小说与戏曲》分四个类别，详细记载了国内罕见的25种长篇小说、7种短篇小说、6种传奇、4种唱本。当然，这远远不是巴黎图书馆馆藏的全部，只是"就我的见闻所及，兴趣所在，把其中我个人认为罕见的或可注意的、可资研究的小说及戏曲，列举于下"，"预料发表后，当可引起许多人的研究与讨论"③。他不仅仅是列举，而是参照他以前见过的同名小说或戏曲版本择要介绍。这些材料，正是他日后做《水浒传》《三国志演义》等小说研究的重要参考。

1927年9月下旬，在巴黎创作了10篇小说、8篇散文，并收获了1篇重要论文之后，郑振铎前往伦敦，开始了大英博物馆的访书之旅。在这里，他每天除了抄"变文"、研究小说戏曲之外，还接触到了弗雷泽、柯克士等人的人类学、民俗学理论，且对其大感兴趣："手头恰有一部J.G.Frazer译注的Apollodorus的'The Library'，便常常的翻翻。每翻一次，便多一次为他的渊博无伦的注解所迷醉了。"④郑振铎的"翻翻"很有成效，他立即将此理论运用于中国古史的习俗研究，并依此写出了古史探索式论文《释讳篇》，回国后又相继撰成《汤祷篇》《玄鸟篇》《黄鸟篇》《伐檀篇》等。据说，他因非常服膺弗雷泽的理论，曾有翻译

---

① 郑振铎：《欧行日记》，《郑振铎日记全编》，山西古籍出版社，2006年版，第35页。
② 胡适著，曹伯言整理：《胡适日记全编》（第四册），安徽教育出版社，2001年版，第260页。
③ 郑振铎：《欧行日记》，《郑振铎日记全编》，山西古籍出版社，2006年版，第59页。
④ 郑振铎：《希腊罗马神话与传说中的恋爱故事·叙言》，《郑振铎全集》（第十八卷），花山文艺出版社，1998年版，第3页。

原著本《金枝》的打算①,后来因出版困难才作罢。但柯克士的《民俗学浅说》却是在伦敦即已译成,尽管译稿存放多年,在出版的年月上也许已经是很陈旧的了,但他觉得特别对于中国有志于民俗学研究的初学者们,似还不失为一部简要的入门书②,所以于1933年由商务印书馆出版。

## 二、孤岛救宝:抢救整理

从1928年回国到1937年上海成为“孤岛”的十年里,郑振铎不再方便发表文章,转而抢救并整理俗文学文献:与鲁迅合作编印《北平笺谱》与《十竹斋笺谱》,参与创办《文学》月报及《文学季刊》,与吴文藻、冰心夫妇等考察平绥沿线古迹文物,主编出版《世界文库》和《晚清文选》,参与“上海文化界救国运动”,担任暨南大学文学院院长,等等。这些文化活动表明,他不仅仅是一名编辑、作家和古典文学研究者,更是一位具备知识分子良知且勤勉于行的学者。

1937年7月7日,日军向北平郊区卢沟桥发动军事进攻,全面抗日战争爆发。其实,早在1931年的“九一八”事变之后,日本军事力量就一直在威胁着侵略中华大地。1932年1月28日夜,日军轰炸上海,狂攻闸北,将位于此地的商务印书馆夷为平地。该馆损失惨重,不仅东方图书馆(涵芬楼)被炸,许多作者的手稿或书籍制版也毁于兵火。郑振铎准备发表于《小说月报》的许多文稿亦化为灰烬。更令他痛心的是,他在东宝兴路的寓所沦入日军之手,图书来不及转移,“书箱被用刀斧斫开的不少。全部的弹词、鼓词、宝卷及小唱本均丧失无遗”③。1937年“八一三”淞沪抗战,逃过“一·二八”之劫的古书再遭兵燹,“尽亡于此”,失书近2 000种10 000余册,其中包括元版书数部和明版书200~300部。像这样文化上的损失,除了万分惋惜之外,是不会比无数人民性命财产的牺牲更令人沉痛和切齿的。亡国灭种的威胁,让郑振铎更惨痛地自觉认识到保存文化的重要,在前有敌军随时诱降迫害,后有朋友极不理解劝其撤退的险恶环境下,郑振铎蛰居一

① 周予同:《汤祷篇·序》:“什么时候,他读到佛累才(J.G.Frazer)的《金枝》(The Golden Bough),我不清楚,但他被这部书迷住了!他藏有原著本,又有节本。他曾经有这样的计划,为了扩大中国学术的部门,想着手翻译这部民俗学大著……”《郑振铎全集》(第三卷),花山文艺出版社,1998年版,第574页。

② 郑振铎:《〈民俗学浅说〉译序》,《郑振铎全集》(第二十卷),花山文艺出版社,1998年版,第286页。

③ 郑振铎:《失书记》,《郑振铎全集》(第二卷),花山文艺出版社,1998年版,第558页。

小楼上,杜绝人事往来。虽受着不少次的虚惊,幸而未作"楚囚",未受刑迫,潜身隘巷,乃至山芋果腹,他都坚守上海,只因这八年——他一直在从事着抢救国宝、搜购珍籍的秘密工作:

> 从"八一三"以后,足足的八年间,我为什么老留居在上海,不走向自由区去呢? 时时刻刻都有危险,时时刻刻都在恐怖中……然而我不能走。我不能逃避我的责任……我自信对于"狂胪文献"的事稍有一日之长。前四年,我耗心于罗致、访求文献,后四年——我尽力于保全、整理那些已经得到了的文献。我不能把这事告诉别人。①

江南一带自宋以来就有收藏古书传统,几经播迁,多有聚散。抗日战争爆发,涵芬楼、铁琴铜剑楼等成为日军轰炸重点,均惨遭兵火。其他著名藏书楼如邓氏群碧楼、刘氏嘉业堂、张氏适园、赵氏旧山楼等亦终日惶惶,为生计所迫,不得不散出家藏文献,许多稀世孤本与珍藏秘笈渐渐流入书肆,吸引了江浙沪乃至北平的大批投机书贾。最让爱国人士痛心的是,日、美等国坐镇北平的机构,却凭借其雄厚财力加入购书行列,使得中华典籍遭遇到一场前所未有的危机:"平沪诸贾,搜括江南诸藏家殆尽;足迹复遍及晋鲁诸地。凡有所得,大抵以挈之美日为主。百川东流而莫之障,必有一日,论述我国文化,须赴海外游学。"②这种担忧绝非过度紧张,在后来"文献保存同志会"发给蒋复璁的报告书中,就曾提到过在方志搜购方面,由于他们的款项无以应付,而燕京学社为哈佛代购则不论价而购,他们只能坐叹将来研究中国地理者,或将以哈佛为留学之目的地矣。尤其是美国国会图书馆东方部主任赫美尔在报上的表白,其得意更是深刻地刺激了郑振铎辈爱书者的忧国之心:

> 中国珍贵图书,现正源源流入美国,举凡希世孤本,珍藏秘稿,文史遗著,品类毕备……若干年前,北平有文化城之目,各方学者,荟萃于此,诚以中国四千余年以来之典章文物,集中北平各图书馆,应有尽有,自今而后,或将以华盛顿及美国各学府为研究

---

① 郑振铎:《求书日录》,《郑振铎全集》(第十七卷),花山文艺出版社,1998年版,第131页。
② 郑振铎:《劫中得书续记·序》,《郑振铎全集》(第六卷),花山文艺出版社,1998年版,第842页。

所矣。①

眼看着江南图籍，浩浩荡荡地车载北去，很有可能从此流落异国，郑振铎忧心如焚，又无力阻拦。他认为史在他邦，文归海外，是百世莫涤的奇耻大辱，故致信重庆方面，措词极尽惨痛，欲寻解救之道②，幸得与张元济、张寿镛、何炳松等留守文化人士商谈，彼等一致认为："民族文献，国家典籍，为子子孙孙元气之所系，为千百世祖先精灵之所寄；若在我辈之时，目睹其沦失，而不为一援手，后人其将如何怨怅乎？"③在他们的共同争取下，时任教育部部长陈立夫和中英庚子赔款会董事长朱家骅，同意利用中英庚子赔款董事会补助中央图书馆的建筑余款129万和教育部援助的200万从事搜购工作。由时任中央图书馆馆长的蒋复璁负责联系组织；叶恭绰负责从香港转运书籍与款项；张寿镛负责版本及价格审定；何炳松负责搜购经费的收付；郑振铎则主要是直接与书肆或藏书家接洽，负责购得图书的暂存与编目；另有已迁往贵州的故宫博物院古物馆馆长徐森玉从旁协助④。"我们要以政府的力量来阻止这个趋势，要以国家的力量来'抢救'民族的文献。"⑤1940年初，受国家委托，以张元济、张寿镛、何炳松、郑振铎、张凤举为主要成员的"文献保存同志会"秘密成立，利用美兵防区作为暂时藏书之所，开始为期两年的古籍搜救工作。

从1940年春天开始，到1941年冬太平洋战争爆发上海彻底沦陷，整整两年时间，郑振铎与张元济、张寿镛、何炳松等一批留守上海的爱国学者，在教育部陈立夫、蒋复璁、朱家骅等支持下，为抢救搜罗祖国

---

① 郑振铎：《劫中得书续记·序》转引哈瓦斯社华盛顿航讯，《郑振铎全集》（第六卷），花山文艺出版社，1998年版，第843页。

② 郑振铎曾在致蒋复璁信中说："弟自前年中，目睹平贾辈在此钻营故家藏书，捆载而北，尝有一日而付邮至千包以上者。目击心伤，截留无力，惟有付之浩叹耳！每中夜起立，彷徨呼叹，哀此民族文化，竟归沦陷，且复流亡海外，无复归来之望。我辈若不急起直追，收拾残余，则将来研究国史朝章者，必有远适海外留学之一日，此实我民族之前奇耻大辱也！其重要似尤在丧一城、失一地以上……"见沈津整理：《郑振铎致蒋复璁信札》（上），《文献》，2001年第3期。

③ 张寿镛、何柏丞、郑振铎等：《上海文献保存同志会第3号工作报告书》，转引自方国璈硕士论文《抗战期间古籍抢救与古书业——以郑振铎与书贾间相关活动为探讨重点·附录一》，台北大学，2009年版，第222页。

④ 参见苏精：《抗战时期秘密搜购沦陷区古籍始末》，载于《近代藏书三十家》附录，中华书局，2009年版，第234—246页。原载台湾《传记文学》，1979年第11期。

⑤ 郑振铎：《求书日录》，《郑振铎全集》（第十七卷），花山文艺出版社，1998年版，第137页。

文献作出了杰出贡献。郑振铎的付出和辛勤劳动,保留在诸多手迹与小文中:

> 在这两年里,我们创立了整个的国家图书馆。虽然不能说"应有尽有",但在"量"与"质"两方面却是同样的惊人,连自己也不能相信竟会有这么好的成绩!①

"文献保存同志会"的具体工作情况,除藏于台北的《上海文献保存同志会工作报告书》(共九函)叙之甚详外,亦可于郑振铎、张寿镛、张元济、何炳松与蒋复璁等人往来书信及日记中略窥一二②。郑振铎曾在日记中言明"不想实际参与其事,但可竭力相助",事实上他却是搜访奔走的主力,且自始至终,未领过分毫工资。

从《上海文献保存同志会工作报告书》中可知,最开始他们搜访的范围只是苏杭沪等地,力图截住著名藏书家的善本,使之不致流出海外,后来渐渐扩大,北平乃至全国各地书贾都来登门寻售。鉴于资金有限,他们不得不订了一个购书之目标,约为五点:

> (一)普通应用书籍,自十三经注疏、二十四史、九通至清人别集,均加选购;对于近百年来刊□之丛书,亦正拟陆续收购……(二)对于明末以来之"史料",搜购尤力。盖此类书最为重要……(三)明清二代之未刊稿本,惜所得不多。(四)"书院志"及"山志"关系宗教教育文献甚巨,正在开始搜访。对于抄本之"方志"及重要之"家谱",亦间加收罗。(五)有关"文献"之其他著作,有流落国

① 郑振铎:《求书日录》,《郑振铎全集》(第十七卷),花山文艺出版社,1998年版,第135页。
② 《上海文献保存同志会工作报告书》曾刊于1983年4月台湾"中央图书馆"馆刊,陈福康先生见到后在朋友帮助下得见其貌,在将涉及人名简单加注后以《郑振铎等人致旧中央图书馆的秘密报告》为题发表于《出版史料》2001年第1期。2009年台北大学硕士生方国璠著硕士论文《抗战期间古籍抢救与古书业——以郑振铎与书贾间相关活动为探讨重点》,因其导师卢锦堂博士乃台湾"中央图书馆"特藏组主任,得见藏于该馆的报告书原稿,并将其作为自己的论文附录,可补陈福康先生得自二手资料的一些缺漏。郑振铎与张元济、张寿镛的书信现可于《郑振铎全集》《张元济全集》及刘哲民、陈正文合编《抢救祖国文献的珍贵记录——郑振铎先生书信集》见之;郑振铎致蒋复璁信已由沈津先生整理,发表于《文献》季刊2001年第3-4期和2002年第1期(陈福康先生亦有《〈郑振铎致蒋复璁信札〉整理中的错误》一文纠误,见《学术月刊》2002年第7期)。

外之危险者。①

依此目标,重要的古籍基本没有逃过郑振铎的眼睛。他以自己的力量和热忱,专司访书及与书贾接触,可以说,救了北自山西、平津,南至广东,西至汉口的许多古书与文献。他在致张寿镛信中颇为自得地点出得书之特色为:"(一)抄校本多而精,(二)史料多,且较专门……(三)唐诗多,且颇精。并世藏家,恐无足匹敌者。"②虽只短短两年,搜购抢救而来的成果却颇为可观。抗战期间,潜到上海的徐森玉曾带回"国宝"级珍贵古书80多种,重庆的"国立中央图书馆"接书后开了一次展览会,轰动一时。据蒋复璁言,"国立中央图书馆"创立之初,仅教育部所拨图书4万余册,善本惟内阁大库之徐皇后劝善书一部。抗战中,其时陷区变乱,典籍散佚,有识之士向政府进言,宜多方搜购,以免文献之沦入异域。虽然他囿于政治原因只列举了两名"有识之士"即张寿镛与何炳松,但他高度评价此次购书所得:"吴兴张氏刘氏、金陵邓氏、番禺沈氏,诸家之书,乃归诸本馆……于是本馆图书,骤增至一百万册。"③另据陈立夫《"国立中央图书馆"必争之地在抗战期间工作偶忆》、杭立武《"国立中央图书馆"与我》及郑肇升《"国立中央图书馆"五十年》所载,1949年前后,运往台湾的古书古物共644箱。其中善本121 368册,包括201部宋本、5部金本、230部元本、6 219部明本、344部清本、483部稿本、446部批校本、2 586部钞本及高丽本、日刊本、安南刊本、敦煌音经若干部④。

## 三、食芋隐居:整理文献

20年代,在"整理国故"声势日隆之时,郑振铎第一个提出了"整理旧文学",并敢于就此"复杂与重大"的问题展开思考。在其一系列关于古代文学研究的设想性文章中,"整理"是被提及最多的一个词,

---

① 张寿镛、何柏丞、郑振铎等:《上海文献保存同志会第3号工作报告书》,转引自方国璇硕士论文《抗战期间古籍抢救与古书业——以郑振铎与书贾间相关活动为探讨重点》"附录一",台北大学,2009年,第221页。

② 郑振铎1941年1月17日致张寿镛信,《郑振铎全集》(第十六卷),花山文艺出版社,1998年版,第130页。

③ 蒋复璁:《"国立中央图书馆"善本书目》"序",台北"中央图书馆",1986年版。

④ 郑肇升数据统计,转引自陈福康:《郑振铎年谱》,三晋出版社,2008年版,第675页。

而"整理"的目的,是为了"重新估定或发现中国文学的价值"①。其一生学术研究,概括说来,功绩主要在于致力中国文化典籍的保存与刊布,以及在此基础上的"重新估定或发现中国文学的价值"。

中国文学需要整理,其源起是"文学观念"的革新。中国之"文"历史悠久且杰作众多,但"文学"观念却是晚清才由国外输入的。以国外输入之"文学"理论反观数千年的中国之"文",研究者惊讶地发现:"原来中国人所崇的'文',并不是'文学'的'文',乃是所谓'六经之道',为帝王保守地位的'文'。"②于是,革新文学观念、廓清文学范围成为当务之急,"整理"势在必行。郑振铎对"整理"中国文学的表述,既包括早年的总体设想,如《整理中国文学的提议》《新文学之建设与国故之新研究》《研究中国文学的新途径》,也包括后来的具体实施步骤,如《标点古书与提倡旧文学》《整理古书的建议》《向翻印"古书"者提议》等,其思路严密清晰且具有很强的可操作性。

就范围而言,他的"整理"既包括诗歌、杂剧传奇、长篇小说、短篇小说等公认为纯文学的作品,也包括笔记小说、史书传记、论文、文学批评及杂著等杂文学作品,与今天我们约定俗成的"文学"观念相差无几。唯一不同的只是不再将文学批评与文学作品混为一谈。就内容而论,他"整理"的对象既有已被历代目录载入并能见诸经、史、子、集的古代作品,还包括许多"未经垦殖的大荒原":辞书、类书及散落民间的变文、弹词、鼓词、皮黄戏本、粤讴吴歌等,"任取一种研究之,都可以开辟出一个新天地来,为文学史增添了不少的记载材料,为中国文库增添了不少的珠玑珍宝"③,这为现代研究者开了很多新的法门。就步骤来说,郑振铎因其搜集与刊布的丰富经验而特具可操作性。他给古书整理设定的三个阶段,可说是今天的文献整理者依然在努力的过程:第一,选择最好的,即最正确、最可靠的本子,加以标点(或句读),并分别章节,加以必要的校勘,附以索引。第二,把那些重要的古书,凡是有"注"的,或别的书里注释或说明它的一篇一章、一节一语的,或批评到它的某一篇、某一句的文章,全部搜集在一起,作为"集注"。第

---

① 郑振铎:《新文学之建设与国故之新研究》,《郑振铎全集》(第三卷),花山文艺出版社,1998年版,第439页。

② 郑振铎:《整理中国文学的提议》,《郑振铎全集》(第六卷),花山文艺出版社,1998年版,第1页。

③ 郑振铎:《研究中国文学的新途径》,《郑振铎全集》(第五卷),花山文艺出版社,1998年版,第301页。

三,进一步作"新注",即新的解释和研究①。这几乎涵盖了现代古籍整理的所有方面,是一切古代文学研究的基础,也是郑振铎多年文献整理实践的经验之谈。

1940年后,隐居的郑振铎开始有余暇整理自己的藏书,他将二十余年辛苦艰难搜集所得之图录,分册出版,定名为《中国版画史图录》。采集时代从唐五代迄于民国,图籍则自经子以至山经地志、小说戏曲、通俗年画等,无不博采兼收,参考书目超过3 000种,引用书目亦1 000多种,共收图1 700余幅,且"大致以编者所自藏者为主"②,欲达弘扬"中国艺术史所未能及者"之目的。截至1947年,该书共出五大函20册,内容包括从唐代至清代的典籍、佛经、小说、戏曲等古书的插图以及画谱、笺谱中的精品,是中国版画史上的重要典籍。新中国成立以后,郑振铎继续关注版画史研究,曾主持编选过《中国版画选》,并为《中国古代木刻画选集》撰写了文字部分,成书为《中国古代木刻画史略》。

郑振铎藏书曾自言有"人弃我取"之取向。"人弃",指的是传统藏书界所重视的经史典籍;"我取"实则多为通俗文献:"于诸藏家不甚经意之剧曲、小说,与夫宝卷、弹词,则余所得独多。"③其收藏戏曲小说始于何时,已不可细考。1941年他为阿英《晚清戏曲小说目》作序时称"余收藏剧曲近二十年"④,则其1923年任职《小说月报》之时,即已开始戏曲小说文献的搜购,几经播迁,其藏书中现存戏曲667种2 635册,文言小说94种451册,通俗小说682种4 514册。这些藏品中,戏曲藏明刊本137种,清刊本307种,钞本198种,其他25种。类别包括诸宫调、杂剧、传奇、京剧及其他戏曲、散曲、俗曲、曲选、曲谱曲律、曲韵、曲话、曲目等,甚至还藏有《承应戏单》《民初旧戏单》《文明茶园吉祥茶园第一舞台开支单》等剧场舞台资料。文言小说藏元刊本1种,明刊本18种,清刊本58种,钞本5种,其他刊本12种。通俗小说藏明刊本49种,清刊本404种,钞本17种,其他刊印本212种,类别包括短篇、长篇及目录等。

① 郑振铎:《整理古书的建议》,《郑振铎全集》(第三卷),花山文艺出版社,1998年版,第363-364页。
② 郑振铎:《〈中国版画史图录〉自序》,《郑振铎全集》(第十四卷),花山文艺出版社,1998年版,第251页。
③ 郑振铎:《劫中得书记》,《郑振铎全集》(第六卷),花山文艺出版社,1998年版,第780页。
④ 郑振铎:《晚清戏曲录叙》,《郑振铎全集》(第六卷),花山文艺出版社,1998年版,第768页。

# 小　结

　　十年任职商务印书馆、六年高校教师、八年孤岛潜伏……自北京铁路管理学校毕业以后，郑振铎的学术生涯紧凑多变而又硕果累累。如果说此前他工作的重心在于具体创作或研究的话，1945年以后，他很少再从事某个专业或方向的微观研究，而主要侧重宏观表述。新中国成立前，郑振铎发表的文章已经充分显示出其高瞻远瞩的眼光。新中国成立后，郑振铎首任中央人民政府文化部文物事业管理局局长，同时，兼任中国科学院考古研究所所长和文学研究所所长，后又荣升文化部副部长，成为"新中国文物、博物馆事业的主要奠基人和开拓者之一"①。身居高位，他再无暇直接参与文学研究，这一时期基本没有发表过古典文学研究论文。他的时间被大量的社会应酬与行政管理工作所占据，在其生命的最后十多年里，他的角色不再是一个"书生"郑振铎，而是一个运筹帷幄横跨文学艺术界的活动家郑振铎。

　　1950年，刚刚组建的中央人民政府委任郑振铎为第一任文物事业管理局局长。从此，他真正有了条件去实现其"挽救民族文化"的雄心了，其文博研究也正式进入有系统、有目的的科学研究的新阶段。在郑振铎的倡议下，文物局相继组织了山西、山东、河南、河北、东北、西南等地的文物调查，同时，力促著名考古学家夏鼐先生北上，与郭宝钧等组织考古发掘队，为新中国田野考古工作奠定了良好基础。这一时期，郑振铎撰写及发表的文章，大都立足于国家高度，对全国文博的保护、调查、研究与工作情况进行宏观指导及报告。如《注意保护古迹文物》《文物工作综述》《文化部文物局1950年工作总结报告》《新中国的考古工作》《基本建设与古文物保护工作》《在基本建设工程中保护地下文物的意义与作用》《历史文物的保护和发掘》②等等，这些纲领性文件的制定，为刚刚成立的新中国文物法规建设与发展规划制定奠定了基础，一度有效遏制了曾十分猖獗的盗墓活动与文物外流现象，保

---

①　国家文物局编：《郑振铎文博文集》"序"，文物出版社，1998年版，第2页。
②　郑振铎新中国成立后发表的文博类文章，曾收入《郑振铎全集》（第十四卷），但远不及国家文物局所编之《郑振铎文博文集》来得齐全，该文集收郑振铎有关文物考古类的论文、讲话及报告63篇，仅27篇见于《郑振铎全集》。可参见《郑振铎文博文集》，文物出版社，1998年版。

护了我国的历史文物与珍贵图书。此外,他还十分注重后续人才的培养,从1952年起,郑振铎多次征得北京大学的同意与支持,举办了四期"全国考古人员训练班",他还亲自讲授"中国美术史"及"从考古学上所见的中国古代文化"等课程。

因此,郑振铎治学的方式,因其身份的特殊而变得多元,亦因其多元的尝试而成就独特。他广阔的学术视野与执一驭万的统摄能力,可用"百科全书"一以概之。他罕有的宏伟气魄与不拘细节的研究勇气,为他打破文学、史学、民俗学与艺术学的学科界限奠定了基础,为多学科的综合比较研究作出了巨大贡献。平心而论,虽然郑振铎得出的许多结论值得商榷,但其截然不同的研究方法与欲开一代新风的理念是完全值得研究的。站在80年后的今天,我们当然可以指出前人论著中的很多不足之处,但正如陈平原先生所言:"开风气,立规则,跑马圈地,四面出击——至于在所难免的粗疏与乖谬,自有后人加以纠正。"①

---

① 陈平原:《文学史的形成与建构》,广西教育出版社,1999年版,第10页。

# 第二章　藏书理念与藏书特色

郑振铎一生治学，最大的特色是材料丰富，所谓"往往恃孤本秘笈，为惊人之具"①。然其"秘笈"，却是他数十年"无日不阅肆，每阅肆必挟所嗜者以归"得来的。从郑振铎逝后捐给北京图书馆（即国家图书馆）的善本书目来看，他的确不同于此前许多讲究宋椠珍版的藏书家，其藏书体系与他的学术研究紧密相关，故《校雠广义》称其为"现代学者兼藏书家的典型"②。考察郑振铎藏书的征集、整理、利用及其题跋与书目的价值，尤其联系其学术论文中的参考引用文献，分析所读核心著作背后的学术渊源，可更深一步揭示出郑振铎的学术个性与研究的独特基础。

## 第一节　藏书收集与整理

### 一、来源与收集

关于藏书家，清代学者洪亮吉曾分为数等：推求本源，正缺失者，谓考订家；辨其板片，注其错讹者，为校雠家；收采异本，补金匮石室之遗亡者，乃收藏家；第求精本者称赏鉴家；贱售旧藏与求其善价者只是掠贩家。以收藏目的而论，郑振铎应是出入考订、校雠与收藏之间，"非为藏书而藏书者也"：

> 我不是一个藏书家。我从来没有想到为藏书而藏书。我之所以收藏一些古书，完全是为了自己的研究方便和手头应用所需的。有时，连类而及，未免旁骛；也有时，兴之所及，便热中于某一

---

① 鲁迅：《一九三二年八月十五日致台静农信》，《鲁迅全集》（第十二卷），人民文学出版社，2005年版，第321页。

② 程千帆、徐有富：《校雠广义·典藏编》，齐鲁书社，1998年版，第213页。

类的书的搜集。总之,是为了自己当时的和将来的研究工作和研究计划所需的。①

从这段自白可以看出,郑振铎从未视自己为"藏书家",他收藏古书的唯一目的,只是为着自己研究的方便。这一初衷决定了他的取书标准与收集特点。古代藏书家出于社会风气与培养接班人的需要,收集图书的标准一般偏重正经正史。叶德辉曾云"置书先经部,次史部,次丛书"②。只有以读书、治学、写作自娱的收藏者,方兼综四部,或各有专藏,然"这恰恰是私家藏书的特点与价值所在"③。作为学者兼藏书家的郑振铎,其收集标准则是读书治学的需要。他最初收书,乃是出于写作与翻译的要求,大多收西洋文学一类的书。1923年,他任职《小说月报》编辑,赋予《小说月报》以"整理旧文学"的研究功能,经常需要撰写论文,查阅大量资料,因其偏嗜"俗文学",所以他购书的重点亦为词曲、小说及与之相关的史料:

> 予之集书也,往往独辟蹊径,不与众同。予集小说、戏曲于举世不为之日。予集弹词、鼓词、宝卷、俗曲,亦在世人知之之先。予集词集、散曲集、书目,亦以于词、于曲、于书目有偏嗜故。至于所收他书,或以专门之需求连类及之,或以考证有关而必欲得之;而间亦以余力收明刊之《四库》存目及未收之书。④

性有所近,意有所好,使他无暇计及世间书客之好恶与观感,唯看研究是否需要。正因为他关注的只是古籍内容,故其对版本之讲求与普通赏鉴家大异:在"四库"存目稀本《清明集》与清刊传奇《小四梦》索价相同而财力不足以兼得的情况下,"以《小四梦》是我研究戏剧史所必须的资料,而《清明集》则非我的研究范围所及也"⑤,取《小四梦》而弃《清明集》。"大抵余之收书,不尚古书、善本,唯以应用与稀见为主。孤罕之本,虽零缣断简亦收之。通行刊本,反多不取。于诸藏家不甚

---

① 郑振铎:《劫中得书记·新序》,《郑振铎全集》(第六卷),花山文艺出版社,1998年版,第777页。
② 叶德辉:《藏书十约》,《书林清话·外二种》,燕山出版社,1999年版,第333页。
③ 程千帆、徐有富:《校雠广义·典藏编》,齐鲁书社,1998年版,第208页。
④ 郑振铎:《西谛书跋》,文物出版社,1998年版,第78页。
⑤ 郑振铎:《劫中得书记》,《郑振铎全集》(第六卷),花山文艺出版社,1998年版,第777页。

经意之剧曲、小说,与夫宝卷、弹词,则余所得独多"①。"人弃我取"的收藏趣味,隐含的是郑振铎收藏标准不与众同的"唯应用性"观点。他能于通俗读物所表现的市井风情背后,看到这些材料的保存价值与研究新亮点,而这种尚未引起当时学界普遍重视的价值判断,最能见出郑振铎取书的前瞻性视野。

"唯以应用与稀见为主"体现了郑振铎的藏书思想是完全以学术研究为鹄的,收集目的侧重与研究相关的实用性。当然,藏书类别如此之多,并非所有均与其研究有关,但他秉持"竹头木屑,无不有用"而"为后人任其艰辛"②的广取之念,连类而及,藏书范围不断扩大,最终聚书 17 224 部,计 94 441 册③。如此浩大的藏品,其来源竟只在于搜访所购。

古代藏书家的聚书手段基本可归纳为四种:钞录、购买、继承和征集。与代代相传的藏书家不同,郑振铎没有家族藏书可以继承,亦无财力和权势进行图书征集,故他所得,除少数得自手钞或朋友赠贻之外,大多来自书肆零摊,其搜访所至,近至沪滨,远逮巴黎、伦敦、爱丁堡。基本上足迹所到之处,就有他搜访古书的身影。而他的购书之资,只不过是他写作、编辑赚得的薪酬:"购书的钱,都是中夜灯下疾书的所得或减衣缩食的所余。一部部书都可看出我自己的夏日的汗,冬夜的凄栗,有红丝的睡眼,右手执笔处的指端的硬茧和酸痛的右臂。"④搜书者黄裳亦云"只有像西谛那样,身无分文还设法张罗举债收书,视书为性命的人,才能算得上是'书林豪客'"⑤。当年商务的同事叶圣陶回忆说"振铎经过书铺门口,两条腿就不由自主的踅了进去",无怪总被好友称为"书痴"。据许多回忆文章所示,郑振铎很喜欢下班后与一群朋友相约喝酒,叶圣陶、王伯祥等都曾是他经常邀得的酒友。酒后(抑或饭前)如果经过四马路,郑振铎一定会进每个书铺浏览一通,遇到意外之喜,有时竟会忘了请来的朋友。"孤岛"时期,郑振铎无班可上,且须青衫布履扮作小商人。但辛笛回忆,如果有事找他,去福州路一带的书庄,总能找到。"西谛嗜书如命,每遇古籍异本,动辄倾其囊中

① 郑振铎:《劫中得书记》,《郑振铎全集》(第六卷),花山文艺出版社,1998年版,第780页。
② 郑振铎:《清代文集目录序》,《西谛书跋》,文物出版社,1998年版,第270页。
③ 冀叔英:《〈西谛书目〉和〈西谛题跋〉》,《文献》,1979年第1期。
④ 郑振铎:《永在的温情》,《郑振铎全集》(第二卷),花山文艺出版社,1998年版,第546页。
⑤ 黄裳:《忆郑西谛》,《黄裳文集》(5 杂说卷),上海书店出版社,1998年版,第487页。

所有,或竟典当求货,必一意挟归而后称快。"①

　　郑振铎20世纪20年代长居上海,主要访购范围是以上海为中心的苏、沪、杭等地;避走欧洲,在异国他乡亦不忘寻访中国旧书;30年代北上任教,北京琉璃厂一带是他最常光顾之所;40年代蛰居上海,虽不能抛头露面,却无妨他以伙计身份伪装混迹于四马路的古旧书店,遇有心仪之本一般可托肆主存下俟机再买;新中国成立后他上京任职,北京各古旧书店则送货上门,任他挑选。其藏书过程,可说是一部与书贾及藏书家周旋往复的购书史。

　　上海的旧书业,早在清咸丰年间就已形成规模,到了清末,书肆主要设于江西中路至河南中路的福州路东段(旧称棋盘街),后来棋盘街房子拆迁,书商往南向河南中路迁移,往西则朝福州路中段发展,是以形成20世纪30年代著名的"福州路文化街"(旧称四马路),许多著名书肆如来青阁、来薰阁、修文堂、富晋书社等均设于此②。在长泽规矩也的《中华民国书林一瞥》中,他将上海的书店分为八类,其中专卖线装书及新版木刻书的老店,计有中国书店、蟫隐庐、博古斋、来青阁、汉文涧(疑为"渊"字之误)、受古书店和同文书店等③。相比以追逐珍稀异版为尚的北京,上海虽也不乏博古斋、来青阁之类的古书店,但更多的旧书店还是以收售平装书为业务主体,这给郑振铎等财力微薄者收藏特色藏书提供了条件。到了抗战期间,江南藏书家如邓氏群碧楼、瞿氏铁琴铜剑楼、刘氏嘉业堂、张氏适园、刘氏远碧楼、沈氏海日楼等迫于生计,不得已散出家传珍籍。北京古旧书店闻风纷纷南下,古旧书交易在乱世中更见繁荣。1932—1942年,这里聚集了十几家之多的北方人经营之古旧书店,成为一条像北京琉璃厂一样的"古书街"。

　　郑振铎购书的渠道,主要来自书贾与藏书家。在他的日记中,富晋、忠厚、来青、来薰、汉文渊、文汇、书林、传新等古旧书店是经常出现的店名,陈乃乾、杨寿祺、李拔可、潘博山等则是他买书过程中私交甚笃的朋友。当然也有被郑振铎斥为无良书贾的如朱遂翔辈"将不全书挖割目录

---

　　① 辛笛:《忆西谛》,香港《大公报》,1979年2月20日。
　　② 据1926年的一项书店调查反映,位于四马路的书店有:千顷堂、鸿宝斋、大东书局、源益书局、光华书局、海左书局、校经山房、北新书局、泰东图书局、世界书局,四马路同庆里有博古斋等,这一带集中了20余家书店。参见胡远杰:《福州路文化街》,文汇出版社,2001年版。
　　③ 长泽规矩也著,钱婉约、宋炎辑译:《中华民国书林一瞥》,中华书局,2006年版,第212-222页。

冒作全书,售得善价"①,这种则甚少与其交易。郑振铎个人财力有限,对于藏书楼散出的大宗古书往往需多方筹措资金还无力购置,所以其个人藏书得自书贾书肆者为多。故徐绍樵、郭石麒、陈杭、孙伯渊、孙殿起、王渤馥、孙实君等书商均曾与他接洽。抗战期间,郑振铎加入"文献保存同志会",以私人身份为国家搜访珍籍,此间接触最多的则是江南大藏书家,收书重点也是这些藏书家的整体藏书,基本上各家有价值的善本均被郑振铎等人为"国立中央图书馆"收入囊中。上海完全陷落之后,郑振铎原本任教的暨南、光华等大学相继停办,他完全蛰居,没有生活来源,只得鬻书易米,虽间有购进新书,然藏书损失颇大。新中国成立后,郑振铎担任国家文物局局长,兼管全国图书馆业务,他多次为收购与收集旧档案、旧书肆各省方志及古书画等问题致报告于文化部,借助国家的力量保存中国古籍:于公,他劝服许多藏书楼后人将古籍归之公藏,如瞿氏铁琴铜剑楼、傅氏双鉴楼、潘氏宝礼堂、陈氏荀斋、李氏萱荫楼等;于私,他只购不卖,仅为自己学术研究参考之用,逝后亦归于公藏:"尽贻丰辑归京馆,行见遗文贵洛阳。"②

## 二、收藏内容与数量

自清迄民国之藏书界,向以宋椠元刊为珍异,黄丕烈名书斋为"百宋一廛",自号"佞宋主人",陆心源筑"皕宋楼"贮其两百余部宋刻。家储宋刻,确实足以令藏界侧目。就版本而言,郑氏藏书以明清版居多,手写本次之,宋元版最少:宋刊仅7种,金、元刊26种(此类藏品除佛经外,多为元明递修本)。相比之下,明刊1 888种、清刊4 100种以及钞本稿本237种,才是其藏书的中心。究其原因,一是财力有限,二是自有收书标准,三则是郑振铎所最着力搜购的戏曲、小说,本就多产自明、清二代。对于藏书家尚"百宋千元"及毛钞、黄跋本之故习,郑振铎曾表明过自己在有限的资金内对书籍之取舍:

> 以予数十年所掷资论之,则力足以致数十宋、元本,百许毛钞、黄跋书,不难与今日之藏书家较一日之短长;然予则我行我素,弃宋、元本与毛钞、黄跋不顾,而独有取于不登大雅之物。往

---

① 郑振铎:《精选点板昆调十部集乐府先春三卷》,《西谛书跋》,文物出版社,1998年版,第367页。

② 叶圣陶:《振铎老友周年祭》,《光明日报》,1959年10月19日。

往以足致一宋、元本之资力而致一明刊版画书;以足取一黄跋、毛
钞之资力而取一清刊本曲子;以足购一白绵纸、黑口明本书之资
力而购一明末竹纸本之通俗书。①

　　宋本、元本、毛钞本及黄跋书正是藏界趋之若鹜的珍品,郑振铎却
宁舍此珍本而取明刊版画、清刊曲子及通俗书,这正说明了他独特的
藏书价值观。正如马廉抓住时代机遇自辟蹊径,建成"不登大雅堂"文
库一样。郑振铎也是绕开传统藏书家所看重的"百宋千元、经史子
集",独着力于小说、戏曲等俗文学领域,成就了声名卓著的"西谛藏
书"。一京一沪,堪与马廉南北相望。
　　从北京图书馆古籍馆为西谛藏书所编的目录——《西谛书目》来
看,劫余之后藏书总数约 17 000 种,其中线装书现存 7 740 种②(据吴晓
铃整理《西谛书跋》,尚有少数入藏而该书目未收者)。如果联系郑振
铎先后所撰的书目与题跋,则其前后藏书的数目,远在 17 224 种之
上。好在几经聚散,最为核心也是他最为牵挂的目录书与俗文学藏
品,精华尚存:《西谛书目》著录小说家类 94 种,通俗小说类 682 种,曲
类 667 种,弹词鼓词类 289 种,宝卷类 91 种。可以说,通俗小说类、戏
曲类文献的数量与质量,在国内藏书家中均属首屈一指,它们也有力
地支撑了郑振铎的俗文学研究。
　　通观《西谛书目》,我们可以察见郑振铎对藏书取舍的唯一标准是
是否与自己的研究范围相关。因善本外的其他藏书(数目比善本还
多,近万种)未见整理,无从得知其外文书与同期出版物的购藏情况。
但可以确认的是,在小说、戏曲、弹词等书的收藏还没有成为时尚之
前,郑振铎就已经形成了自己的购藏特色,而且取书有着异于"真正藏
书家"的标准:

　　　　舍取难为俗人言者,殆不知如干次。以藏书家观之,是皆舍熊
　　掌而取鱼者,而予则但知其于我有用与否,初不琐琐计其值也。③

------

　　① 郑振铎:《纫秋山馆书目跋》,《西谛书跋》,文物出版社,1998 年版,第 79 页。
　　② 据《西谛书目·编例》,该书目所收,仅限西谛藏书中的线装书。外文书拟另编专目(至今未见)。
通行常见的旧版书和新版书,均未编入。见国家图书馆古籍馆编《西谛藏书善本图录·附西谛书目》,中
华书局,2008 年版,附录第 9 页。
　　③ 郑振铎:《西谛书跋》,文物出版社,1998 年版,第 78-79 页。

　　郑振铎深知古籍在收藏上的价值与自己研究中的用处,当两者必舍其一的时候,他会选择于自己研究有益的古籍,其对自藏古籍价值的判断首重适用性,次而考虑质量、真伪及版本等。在求书过程中,他也常常舍去容易借到的书而搜访于冷摊古肆,"常有藏书家们所必取的,我则望望去而之他"。因此,除去兵灾人祸中已散失的古籍无法考察,西谛藏书的主要类别为历代诗文别集、总集、词曲、小说、弹词、宝卷、版画和各种政治、经济史料,其中明清版居多,手写本次之,宋元版最少。其藏品内容详见表2。

表2　西谛善本内容数目统计(据《西谛书目》)

| 版　本 | 经(255种) | 史(1150种) | 子(1534种) | | 集(4801种) | | | | | | | |
|---|---|---|---|---|---|---|---|---|---|---|---|---|
| | | | 子部(附丛书) | 艺术(334种) | 别集(1630种) | 总集(801种) | 诗文评(86种) | 小说(682种) | 诗余(555种) | 曲类(667种) | 弹词鼓词(289种) | 宝卷(91种) |
| 宋刊 | 无 | 2(元明递修) | 7(敦煌1) | 无 | 2 | 1 | 无 | 无 | 无 | 无 | 无 | 无 |
| 金刊元刊 | 2(明修) | 2 | 19 | 1 | 2 | 无 | 无 | 无 | 无 | 无 | 无 | 无 |
| 明刊 | 95 | 229 | 547 | 61 | 465 | 235 | 24 | 55 | 38 | 134 | 无 | 5 |
| 清刊 | 123 | 515 | 469 | 165 | 1001 | 488 | 49 | 357 | 409 | 285 | 182 | 57 |
| 钞本(稿本) | 29 | 239 | 99 | 47 | 106 | 45 | 8 | 15 | 35 | 201 | 37 | 12 |
| 其　他 | 6 | 163 | 59 | 60 | 54 | 32 | 5 | 255 | 73 | 47 | 70 | 17 |

　　此外,据《西谛书跋》,入藏北京图书馆而《西谛书目》未著录者4种,郑振铎曾藏而北京图书馆未见者共计138种,其中宋刊本4种,元刊本1种,这些图书的散佚有的是缘于兵火或鬻书求米,有的则是神秘失踪[①]。

　　依表2可见,以洪亮吉之藏书家五等而言,郑振铎确非迷信版本的赏鉴式藏书家,而以缪荃孙的善本原则来看,西谛藏书更称不上价值连城。但他保存一些也许在交易价值上算不上珍贵的"僻书",其

---

①据《西谛书跋》之《古杂剧存二种二卷》条案语云:"原书未见《西谛所藏善本戏曲目录》著录,知先生于民国二十六年丁丑(一九三七)编写曲目时,尚未获此书。先生逝后,藏书尽归北京图书馆,而《西谛书目》则又不为著录,则此书或竟未归国库。然先生于一九五八年主编《古本戏曲丛刊四集》时,所收第二即《古杂剧》,扉题'古本戏曲丛刊编辑委员会据北京图书馆、上海图书馆及长乐郑氏藏明万历顾曲斋刊本汇印',则先生逝前此书固仍在玄览堂中,今竟莫可踪迹,至堪骇异!"见郑振铎:《西谛书跋》,文物出版社,1998年版,第518页。

实是"为了不让它默默无闻地被大家遗忘掉,以便去芜存菁,做到古为今用"①。就现存善本而论,于宋椠元版,因其售价往往极昂,故藏品不多;反倒是弹词、宝卷、大鼓词及明清版的插图书,则"人弃我取",收藏甚夥。总体而言,因清刊本价格相对比较适中,大量散出后亦容易再聚,是以郑振铎所藏以清刊为最;通俗小说在晚清后受文学观念变革的影响,出版颇为密集,则石印本、铅印本尤多;曲本则与戏班之口耳相传特色相合,钞本不少。尤可注意的是郑振铎的手钞本,《西谛书目》只注出钞本,未详年代。实则如《宝礼堂宋元本书目》《远碧楼善本书目》等是他自己手录,《长乐郑氏纫秋山馆行箧书目》《纫秋山馆书目》《玄览堂书目》《所见古书录》《西谛所藏散曲目录》《新收旧版书目》及《金庵乐府》《環翠堂乐府》《温经楼游戏翰墨》等则为他亲自辑钞,此外还有阿英、陆侃如、冯沅君、卢前、任中敏等学者的手抄赠贻本,只可惜这些凝聚学者间情谊的手钞本很多已经散佚,硕果可存者为少数。

以内容来看,经部收集最多的是《诗经》类,因郑振铎曾打算系统研究《诗经》(此计划后未实施,因"八一三"战事中他搜集二十余年的《诗经》与《文选》相关书十余箱全部烬于此役)。史部是各种研究的必备书,郑振铎尤为注意者为目录类,共存295种,这是被他列为最最迫不得已也不能出售的藏品。对于藏书家而言,熟知各种目录是最基本的文献鉴定功底,举凡官私馆藏书目,都是他保存的目标,其中大部分都是钞本。而且,郑振铎很早就注意到了出版商与书商目录的价值,藏品中赫然可见《广雅版片印行所书目》《同文书局石印书目》《来薰阁书店方志目》《通学斋新收书目》等营业书目,甚至还有《京师大学堂暂定各学堂应用书目》及《学部第一次审定初等小学暂用书目》,表现出他除留心古籍流动风尚外,还关注出版界动向。子部藏书艺术类最多,因为他特别钟爱插图与绘画,在"孤岛"时期筹划编印的《中国版画史图录》,所据绝大部分出自其藏书。子部后附丛书118种,卷帙浩大,多的一百余册,少的则几册,如此众多的丛书,是他作为成功的丛书编辑坚实的学术基础,其主持的《文学研究会丛书》《小说月报丛刊》《文学周报丛书》《鉴赏丛书》《大学丛书》《中国古代版画丛刊》《世界文

---

① 赵万里:《西谛书目序》,国家图书馆古籍馆编《西谛藏书善本图录》,中华书局,2008年版,附录第5页。

库》《明季史料丛书》《中国近代史资料丛刊》《古本戏曲丛刊》等，既取得了不俗的经济效益，又形成了著名的丛书品牌，更重要的是"以出版为保存"，普及传播了学术资源。

经、史、子三部只是郑振铎研究文学的参考资料，他真正的研究对象其实在于"集"部，"西谛对于历代文学作品，总是按照中国文学发展过程，大力进行搜访工作。从诗经、楚辞到戏曲、小说、弹词、宝卷，面面俱到，齐头并进，四十年如一日。他不但重视作家的别集，还特别强调总集和地方艺文类书籍所起的作用"①。郑振铎立足中国文学史整体发展的高度，认为总集不但可与各家别集互相比勘，取长补短，还可看出各个历史时期文学流派的特色和选家对文学批评的倾向。因此，于大量别集之外，他还收藏了八百余种总集，多为明清刊本。他著《插图本中国文学史》，以材料丰富见长，凭着这几千种个人藏书，他实在当得起鲁迅"恃孤本秘笈"之评。

当然，最为研究者重视的乃是从集部特辟出来的俗文学藏品。仅就《西谛书目》而言，内收通俗小说类682种，曲类667种，弹词、鼓词类289种，宝卷类91种。此类藏品不仅数量惊人，质量也是上乘之选。很多不是"天壤间恐无第二本"，就是"明人集中最罕见难得者之一"。如明弘治刊本雷燮《奇见异闻笔坡丛脞》、明万历刊本陈淳《陈白阳集》、明万历刊本方于鲁《佳日楼集》、明嘉靖刊本洪楩辑《清平山堂话本》（残存二种）、明万历刊本王骥德《古杂剧》（存二种）、明天启刊本沈璟《新刻博笑记传奇》等等。另以史上最大的古典戏曲总集《古本戏曲丛刊》为例，初、二、三、四集共影印了郑振铎所藏的71种曲本，其中很多是钞本与原刻本。而弹词、鼓词、宝卷研究的兴起，很大一部分也是经郑振铎发掘才引起学界重视的②。这些"人弃我取"的僻书，成为郑振铎俗文学研究乃至撰著《中国俗文学史》最重要的材料来源，新材料的发现也成为他不断修正研究结论的推动力。正如他自己所说：

> 研究中国小说史和戏剧史的人，真要觉得如今是一个大时代……因为新的材料一天天的出现，逼得你不能不时时刻刻的在搜

① 赵万里：《西谛书目序》，国家图书馆古籍馆编《西谛藏书善本图录》，中华书局，2008年版，附录第5页。

② 冀叔英：《〈西谛书目〉和〈西谛题跋〉》，《文献》，1979年第1期。

集、在研究。你有时因了新材料的发见而大感刺激与兴趣,有时
却也要有些懊丧,因为这些材料的也许要将你的著作中的定论完
全推翻了,或至少要修正一部分,或添加一部分。①

另外,作为一名研究者,郑振铎善于通过版本的变迁来探求小说
的演化过程,故他对同一小说总是尽可能搜购所能见到的所有版本。
如《水浒传》,他藏有从明至清的刊本共15种;《武穆精忠传》,明清刊
本9种;《西游记》则积清刊21种。郑振铎对古代戏曲文献的建设令人
称赞,与吴梅的“百嘉室”重嘉靖曲本相比,他认为“纯正之文人剧,其
完成当在清代”②,是以对于清刊曲本同样重视,因其“薄帙孤行,亡逸
最易”,故竭力搜辑,所得颇多,以至50年代出版的《古本戏曲丛刊》,
所刊秘本很多就是据郑振铎的个人藏本影印。还有他钟爱的版画,所
得自唐宋以来之图籍凡3 000种,10 000多册,故其编选出版之《中国
版画史图录》,集图的1 700幅,绝大多数采于自藏③。

如此数量众多又质量上乘的藏品,早就引起了学界与藏书界的
高度重视。然而遗憾的是,北京图书馆(包括现在的国家图书馆)除
给善本书编过一本《西谛书目》外(这个还是以他自己的简目为底
子),预备另编专目的外文书目至今未见踪影,其他现代著述与期刊
是否编目则根本未提上议事日程。据笔者在国家图书馆查阅所见,
郑振铎的手稿虽大部分已由陈福康先生拍照整理(如日记、书信),但
囿于专业所限,陈先生整理拍照的重点是郑振铎新文学与民主活动
的部分,对于手稿中的郑振铎手定目录则少有关注。台湾“中央研究
院”历史语言研究所所长王汎森先生曾说过:“题跋、眉批是比较私密
性的书写,我认为在这些材料可以看到读书人较为隐密的思绪⋯⋯
从题跋中可以看出印刷、销售的形式,书价的高低与思潮的起伏⋯⋯
往往可以看出读者与时代的对话、读者与后人的对话。”④郑振铎是一
个喜欢在阅读的图书上作批的学者(其题跋大多直接记载于所藏之
书上)。他曾自言用图书馆的书不太痛快的原因是不能圈圈点点,买

---

① 郑振铎:《幻影》,《郑振铎全集》(第四卷),花山文艺出版社,1998年版,第453页。
② 郑振铎:《清人杂剧初集序》,《郑振铎全集》(第四卷),花山文艺出版社,1998年版,第730页。
③ 参见郑振铎:《中国版画史图录·自序》,《郑振铎全集》(第十四卷),花山文艺出版社,1998年版,
第250页。
④ 王汎森:《傅斯年图书馆善本古籍题跋辑录》“序”,台北:史语所,2008年版。

书的乐趣之一便是可以随意在自己的书上作批注。然其手稿中的批注与藏书上的眉批手迹至今未见整理,就连北京图书馆本已承诺设立专藏的"西谛藏书室",由于"文革"期间被改为"红宝书阅览室"①,迄今也没有恢复,故其古籍以外的总体藏书至今没有得到系统的整理,更谈不上供后学者利用②。

从现今得见的关于郑振铎文献研究的论述来看,所据材料大多限于《西谛书目》与他生前发表的题跋、目录及《求书日录》《劫中得书记》(并续记)等文。而吴晓铃先生整理的《西谛书跋》及近几年发掘的《郑振铎等人致中央图书馆的秘密报告》及《郑振铎致蒋复璁信札》,尚少有研究者涉及,这对郑振铎———一个藏书极富特色且与学术活动紧密相连的文献保存者来说,这些资料的缺乏整理与利用,使目前学界对郑振铎藏书与学术之间关系的研究显得不够完整,也影响到了探索其学术思想变迁的深度。

## 三、保管与利用

古来藏书家,能有十万巨册之数者,大都筑专楼以贮之,如天一阁、铁琴铜剑楼等。然而郑振铎并无妥善的贮书之所,所谓整理也大多是编目或题跋,很少能拨出时间校勘。故每有所得,往往快速阅后便只能成捆成捆地堆在家里,吴晗就曾在《忆西谛先生》中略述过他"箱子里"的藏书③,来访的朋友也都见过他那直堆到天花板的书籍:

> 他住在宝山路商务编辑部过去不多路一座小洋房里。楼下的会客室同时便是他的书房……我们的谈话虽然不多,但是他却给了许多东西给我看。"你看,这本曲子印得多好? 你看,这是我最近在苏州买到的。这部金瓶梅是很旧的了,又有插图……"我

---

① 郑尔康:《西谛书目新版序》,国家图书馆古籍馆编《西谛藏书善本图录》,中华书局,2008年版,附录第3页。

② 笔者曾亲赴国家图书馆查阅郑振铎藏书的相关资料,在古籍馆尚可借阅其部分手稿,其手稿上可见到除郑振铎本人笔迹外的其他人手迹。但西谛藏书却至今没有任何可识别的检索方式,也没有系统整理,询之图书馆工作人员,亦答无解。据陈福康先生《郑振铎论》的后记及《郑振铎日记全编》的整理者言,陈先生20世纪90年代初曾受郑振铎哲嗣郑尔康先生所托将手稿拍成胶片携出,综观他多年来发表的整理成果,从未提及西谛藏书里的眉批情况。

③ 参见吴晗:《忆西谛先生》,《图书馆》,1961年第3期。

眼前便只见许多古色古香的纸张在飞翔。①

随到随得并不断转徙，遇有天灾人祸，除少数有准备地寄庋他处外，往往听天由命，这是西谛藏书于兵燹乱世中颇多散佚最主要的原因。这其中尤以"一·二八"之役被焚与被迫蛰伏期间的鬻书易米最令他痛心。然乱世之中，性命犹不能保，遑论图书古籍？即便是嘉业堂、宝礼堂、远碧楼、铁琴铜剑楼等藏书世家，衰世兵火之余，全者亦鲜。

郑振铎藏书现存于国家图书馆的线装书共计7 000余种，这只是数次劫难后的剩余。据其日记、题跋等文字记载，其两次大规模失书，均与时局战况有关：第一次失书乃1932年的"一·二八"之役，商务印书馆涵芬楼在此次轰炸中化为灰烬，郑振铎的藏书虽未存放此馆，但他位于东宝兴路的寓所沦入日军之手，十年来所积的"弹词、宝卷、鼓词和平津到潮汕的小唱本"20 000余册，"均丧失无遗"。第二次则是1937年的"八一三"事变，郑振铎积二十年之力收集的关于《诗经》及《文选》的书十余箱全部尽毁，此外还有元版书数部、明版书二三百部，加上近代的丛书共计二千余种，一万数千册②。这两次失书对他打击颇大，"收书之兴，为之顿减。实亦无心及此也"③。环境的恶劣，使很多好不容易到手的古籍要么被敌兵掠走，要么化为灰烬，其损失的具体数字，他自己已难统计，事后仅能追忆大概。此外还有蛰伏期间为生存而被迫散书：在饿死与去书之间选择一种，当然只好去书。"臣朔苦饥，不能不求之架上物"是郑振铎最为惨痛的抉择：

谁想得到，从前高高兴兴，一部部，一本本，收集起来，每一部书，每一本书，都有它的被得到的经过和历史……谁想得到，凡此种种，费尽心力以得之者，竟会出以易米么？谁更会想得到，从前一本本，一部部书零星收得，好容易集成一类，堆作数架者，竟会

---

① 邵洵美：《郑振铎的小骨董》，《儒林新史》，上海书店出版社，2008年版，第116—117页。
② 郑振铎：《失书记》，《郑振铎全集》（第二卷），花山文艺出版社，1998年版，第559页。
③ 郑振铎：《劫中得书记》，《郑振铎全集》（第六卷），花山文艺出版社，1998年版，第781页。

一捆捆,一箱箱的拿出去卖的么？①

这主要是1938—1945年困居上海"孤岛"期间,开始是为救书而斥售藏书,以精刊善本为质,竭个人之力欲阻止珍籍外流。百十余种精刊善本不够,再卖明清刊杂剧传奇70种,明人集等十余种。后来则是出于米价飞涨,光景日艰,不得已将《四部丛刊》、百衲本《廿四史》及一大批明本书、八百多种清代文集及几百种清代总集和杂书等出售,以换取续命之米,"大凡可卖的,几乎都已卖尽了"。

得书至为艰辛,得来后却无力妥善保存,这是郑振铎最为痛心疾首的。如果说卖书是濒临饿死时的唯一选择的话,那没有比亲眼看着藏书化为灰烬更为惨烈痛心了:

> "一·二八"淞沪之役,失书数十箱,皆近人著作。"八一三"大战爆发,则储于东区之书,胥付一炬。所藏去其半……烬余焦纸,遍天空飞舞若墨蝶。数十百片随风堕庭前,拾之,犹微温,隐隐有字迹。此皆先民之文献也。②

> 实在舍不得烧的许多书,却也不能不烧。踌躇又踌躇,选择又选择。有的头一天留下了,到了第二三天又狠了心把它们烧了。有的,已经烧了,心里却还在惋惜着,觉得很懊悔,不该把它们烧去。③

虽然保全珍籍极为不易,郑振铎却从不以其稀见而"秘不示人",他总是从"学术公器"的角度着眼,几乎视己藏为"公藏"。因为他个人,其实是很少能完整细致地读完所藏的:"架上书多有购之已久而未一阅者。"④从郑振铎日记以及其藏书题跋中可知,他曾很不满意自己读书过速而渐有走马观花不够深入之弊:

---

① 郑振铎:《售书记》,《郑振铎全集》(第二卷),花山文艺出版社,1998年版,第455-457页。
② 郑振铎:《劫中得书记》,《郑振铎全集》(第六卷),花山文艺出版社,1998年版,第780页。
③ 郑振铎:《烧书记》,《郑振铎全集》(第二卷),花山文艺出版社,1998年版,第418页。
④ 郑振铎:《岭表纪年四卷》,《西谛书跋》,文物出版社,1998年版,第25页。

    二十多年来,因为研究的需要和个人的偏嗜,收购了不少古书。一部部的从书店里挟在腋下带回来,都觉得是有用的。但一到了家,翻阅了一下,因为不是立即用到的,便往往将它向书箱里或书橱顶上一塞。有时,简直是好几年不曾再翻阅过。[①]

可见,郑振铎虽阅书著书极快,但要将如此数量庞大的藏书都进行深入研究,显然是不太可能的。故除了其学术研究比较集中的某些图书外,其他藏书基本只能做到初步整理。因此,其对藏书的利用主要体现于以下三个方面:

一是影印刊布。众所周知,古籍价值的评估很重要的一项即世间罕有,一经影印流通,其收藏价值便会大打折扣。从"借书与人为不孝"的秘不示人,到"以传布为藏"的开明爽朗,中国藏书界也因藏家观念不同而有着截然相反的两种古籍流通观点。张謇曾在《古越藏书楼记》中严厉批评了"秘不示人"的藏书利用观。当年丁祖荫得到也是园旧藏之《脉望馆古今杂剧》就曾极力秘之,且在《黄荛圃题跋续记》中故弄玄虚,言"云烟一过,今不知流落何所",实则早已收入囊中。反观郑振铎,他本着存续文化薪火的知识分子责任感,以行动实践了陈登原所云的"爱书以德":当先知广播之为守,流通之为藏——以刊布为保存。

    为古书延一线之脉,作续命之汤,俾国史不至无征,弘文藉以不朽者,赖有好古之士,刊布不绝,传钞未已耳。姚士燐序《尚白斋秘笈》云:"吾郡未尝无藏书家,卒无有以藏书闻者,盖知以秘惜为藏,不知以传布同好为藏耳。何者?秘惜,则箱箧中有不可知之秦劫;传布,则毫楮间有递相传之神理,此传不传之分,不可不察者。[②]

刊布流通古籍,最经济有效的方式是影印出版。经郑振铎之手影印出版过的文学古籍,数量众多,计有《新编南九宫词》《清人杂剧初集》《博笑记》《修文记》《清人杂剧二集》《录鬼簿续编一卷》《玄览堂丛

---

书》《长乐郑氏汇印传奇第一集》《古本戏曲丛书》《天竺灵签》《历代古人像赞》《圣迹图》《忠义水浒传插图》《刘知远诸宫调》等。此外还有据其藏书编选的《白雪遗音选》《中国短篇小说集》《挂枝儿》《世界文库》《晚清文选》《孤本元明杂剧》《水浒全传》《北平笺谱》《十竹斋笺谱》《中国版画史图录》《顾氏画谱》《韫辉斋藏唐宋以来名画集》《西域画》《中国历史参考图谱》《域外所藏中国古画集》《敦煌壁画选》《伟大的艺术传统图录》《中国造型艺术》《楚辞图》《宋人画册》《中国近百年绘画展览选集》《中国古代绘画选集》《中国古明器陶俑图录》等。

　　私家刻书,始于唐、延于宋而盛于明。与书贾坊刻不同的是,藏书家刻书往往以传布典籍为动机,尤其是许多藏书家之私刻,多据收藏之善本,反复校订,注重纸墨装潢,是以多成传世精善之本,备受后世重视,许多藏书家同时也是著名的出版刊刻者。如顾氏文房、文会堂、汲古阁、稽古堂等。民国时期著名学者藏书家兼营刻书的,以罗振玉、丁福保、张寿镛、张元济等为著,他们刊刻的主要对象以传统经、史、子、集为主。郑振铎则潜心于通俗文学作品的刊布,并直言其意图就是普及:"古书已成了'古董',书价是那末贵……即使不是什么'古本''孤本',也将有'为力不足'之感。本文库将重要的著作,以最方便、最廉价的方式印出。学人可以无得书维艰之叹矣。"①自刊之外,别的同行学者欲刊刻此类作品,他亦无私相借,卢前、任中敏、隋树森等都曾受其藏书之惠,这也是他利用藏书对学术界的独特贡献:

　　　　古书常是孤本传世……数量少而欲读之者多,那么,势非出于重"印"之一途不可。仅仅只印它百部、千部吧,已经是化身为百,为千,能够供给千百个人或更多的人使用的了。有些旧报纸,极为珍贵的"珍本",为了找材料的人太多,已经被翻阅得字迹都磨消了,纸张都松脆了,已经到了不可再阅的地步,然而还有人在翻阅。为什么不赶紧地重"印"它若干份呢?②

　　二是发掘珍本、配成全本。曾经整理过西谛藏书的冀淑英在其回忆文章中盛赞郑振铎藏书的过人之处,在于"发掘"行将湮灭的材料:

---

① 郑振铎:《世界文库编例》,《郑振铎世界文库》,河北人民出版社,1991年影印本,第6页。
② 郑振铎:《谈印书》,《郑振铎全集》(第六卷),花山文艺出版社,1998年版,第683-684页。

"郑氏藏书中不少古典文献资料,是由郑先生'发掘'出来才得以流传的……他最善于从一堆书中选出较好的本子或有用的资料……因不同遭遇而沦为不同之本的书,因其卓识宏见,搜访补阙,才得以配成全帙。"①此"发掘"之功,首在通俗读物:"斯类通俗流行之作,为民间日用的'兔园册子',随生随灭,最不易保存。"②藏书家能注意到通俗文学作品的在当时尚属少数,更不用说这种随生随灭的粗浅读物了——马廉当年偶然收到车王府曲本时,还没有主动收集民间讲唱文学的观念呢。再如他编《古本戏曲丛刊》这样的巨著,就是想从一些不起眼的资料里找寻出戏剧、文学、音乐在中国文学化史的发展。因此,尽管类似《翰墨大全》《日记故事》《幼学连珠》《万民便览》之类的通俗类书看似粗浅,却并非没有文化史上的历史价值:"研讨社会生活史者,将或有取于斯。"故他收有不下百十种。还有流行于南方的弹词《三笑姻缘》《珍珠塔》《玉蜻蜓》及插图本《牧牛图颂》等,此类单行薄帙,如果不是郑振铎有意发掘,可能就会因不入藏书家法眼而永远消失人间。

而《南北宫词纪》《古柏堂十五种》《素园石谱》《唐书志传通俗演义》等本为残编的古籍,则经郑振铎多方搜求而终成完帙:

> 予于三十余年间,先后收得陈所闻选的《南北宫词纪》八部之多。初收的几部,但求其少烂板、断板而已。后乃进而求其初印无缺字者,但终不免每卷均有缺叶、并叶之处……不意最后乃获初印的《北宫词纪》和《南宫词纪》各半部……数年之后,复得一初印的残本,恰好配成全书。③

三十余年,搜本近十种,才配成全书,《素园石谱》历时十五六年,得之两次,方成全书,偶有缺叶,亦用故宫印本配入;萧云从所绘《离骚图》之《天问图》阙之者丰,他以陶氏本配全。如果不是郑振铎掇拾蒐缀,累岁经年且有心搜求,这些残本的完整面目不知何时方得重显人世。更难能可贵的是,为了能配成全帙,郑振铎不惜移赠以图成人

① 冀淑英:《辛勤聚书的郑西谛先生》,《冀淑英文集》,北京图书馆出版社,2004年版,第151页。
② 郑振铎:《新锲翰府素翁云翰精华六卷》,《西谛书跋》,文物出版社,1998年版,第164页。
③ 郑振铎:《新镌古今大雅北宫词纪六卷、新镌古今在雅南宫词纪六卷》,《西谛书跋》,文物出版社,1998年版,第363页。

之美：

> 于中国书店遇姚石子先生，同捡堆于桌上乱书。较可注意者，有《铁崖乐府》《复古诗集》及此书，并为汲古阁刊本。且均为初印者。余思得之而未言。惟嘱其留下《丽则遗音》……惜此《丽则遗音》因余一言，未能"璧合"。他日或当移赠石子，以成"完"书也。①

三是交流借阅。郑振铎以收藏通俗文学作品闻名于学界，研究小说、戏曲及变文、宝卷、弹词等俗文学文献者便不能不时时求借于他。如吴梅在郑家见到唐英《古柏堂传奇》和《青楼韵语》，即借走钞阅；隋树森拟印《珍本曲丛》，即嘱赵景深代为商借，郑振铎毫不藏私，并言什么条件都不需谈②。卢冀野辑印《饮虹簃所刻曲》，向郑振铎借去《南曲次韵》录副以刊③，而另一部《双溪乐府》传钞本，本是陆侃如夫妇所赐，卢冀野借去一年有余，归还时还多了瞿庵（吴梅）亲自订正的朱笔抹注，可谓为学者间交流藏书的佳话。还有孙楷第编《中国通俗小说书目》，曾入驻郑家遍观其所藏小说，所录书目中即有21种仅见于郑藏。可以说，20世纪30—40年代与郑振铎来往的诸多研究者如俞平伯、顾颉刚、许地山、赵万里、马廉、赵景深、王任叔、徐调孚、阿英等都曾亲阅其藏书，有的还深得其助。当然，书友往还，郑振铎也向其他很多学者借阅过他所需要的古籍。如他编《晚清文选》，就直接从阿英家里搬去《民报》全份、《国闻报汇编》、《黄帝魂》等尽情查阅；研究《周宪王杂剧》时则向吴梅借了大批明刊本传奇以及《周宪王杂剧》原刻序跋；还有陆侃如、冯沅君、马廉、周越然、徐森玉等甚至以其所好相赠，为他能顺利影印出版各种古籍提供了很大帮助。

除了影印、发掘与交流，郑振铎对于藏书乃至古籍的整理，是有一整套规划及心得体会的，他先后撰写过《上海应该有一个国立图书馆》《标点古书与提倡旧文学》《向翻印"古书"者提议》《再论翻印古书》《索

---

① 郑振铎：《丽则遗音四卷》，《西谛书跋》，文物出版社，1998年版，第244页。
② 郑振铎致赵景深信："隋树森先生拟印行《珍本曲丛》，闻之，甚为高兴，惜弟'珍本'近已无多，然二三十种是可以有的，也不必谈什么条件，只要出版后，送我若干部耳（五至十部）。"《郑振铎全集》（第十六卷），花山文艺出版社，1998年版，第195页。
③ 郑振铎：《南曲次韵一卷》，《西谛书跋》，文物出版社，1998年版，第378页。

引的利用与编纂》《整理古书的建议》《古籍整理的新倾向与新方法》等文,阐述自己的古籍整理设想。如果说新中国成立前他只能以一介草民的身份提出"建议"的话,新中国成立后他身居文物局局长,其阶段性构想就完全有了实现的可能:

> 我以为,今天整理"古书",必须分三个阶段进行。第一,选择最好的,即最正确、最可靠的本子,加以标点(或句读),并分别章节,加以必要的校勘,附以索引……第二,把那些重要的古书,凡是有"注"的,或别的书里注释或说明它的一篇一章、一节一语的,或批评到它的某一篇、某一句的文章,全部搜集在一起,作为"集注"……第三,然后进一步才可以谈到"新注",即新的解释和研究。①

这段构想可看作郑振铎对于古籍整理的指导思想。时间过去了半个多世纪,古籍整理界的工作还远未将这三段进行完毕。而他在手稿《古籍整理的新倾向与新方法》②中所设想的28步,则基本涵盖了古籍之搜集、保存、整理、研究、校勘、标点、索引以及古籍之重新评价、经典的重新认定、辑佚与未竣稿本的印行、丛书的编纂等范围。不过,就他个人而言,其整理成就主要在鉴定版本的基础上将市面上少见、学界难得的图书影印出版。即便是稍加整理,也不过是加标点(或句读)、分章节,间以少量校勘,也就是他所说的第一阶段。如《世界文库》中所收的各种稀见戏曲,郑振铎的宏伟计划本是要有介绍新看法的"新序"和详尽的"校勘记",结果只有他一个人撰写的极其简短之序或跋语见诸书后,校勘非但极少且显寒酸,有的索性以异本分栏刊出的形式,让读者去自行校勘。其他如《长乐郑氏汇印传奇》《晚清文选》《中国短篇小说集》《清人杂剧》等均只是影印而无校勘按语。可见,他更多的精力被用在了访书与收书上,社会活动颇广的他实在已没有时间去精读自己收藏的每一本古籍。

郑振铎一直声称自己藏书是为了研究,然购藏后却无法深入钻

---

① 郑振铎:《整理古书的建议》,《郑振铎全集》(第三卷),花山文艺出版社,1998年版,第363-364页。

② 郑振铎:《古籍整理的新倾向与新方法》,《郑振铎文博文集》,文物出版社,1998年版,第10页。此为郑振铎保存于原文物局档案室中的手稿,《郑振铎全集》未见。

研,这是否自相矛盾呢? 其实不然,且不说他自己的学术成果绝大部分赖其藏书而得以实现,他一向认为"有书而不加整理,不给人使用,不使其发挥应有的作用,不让它们为科学研究服务,那就是把持资料、垄断学术的霸道行为"①,由此可知其"爱书以德"的公心所在。因此,回望郑振铎一生的藏书岁月,他不是"喜蓄未见书"的赏鉴家,更非"奇货可居"的掠贩家。他的购书藏书,绝非徒充箧笥,而是藏有所用。虽然如此众多的藏品并未能一一加以精心整理,或勤加校勘,但他慧眼识书乃至购藏归公,本身就是俗文学学科建设的巨大成果。他的藏书题跋虽也偶校异文,但其成就主要以考证版本为显,不以校勘家著称。如《水浒传的演化》《三国志演义的演化》《西游记的演化》《岳传的演化》诸文俱以其个人所藏小说版本为坚实基础。

当然,他最为学界所尊敬的是"以出版为保存"的古籍流通思想,因他深知私人藏书家保管书籍之不易,固其典藏,在自己的学术利用之外,一贯主张利及他人,向不以私有财产而自矜,反而擅长与他编辑出版的职业相结合,以传播普及学术自任。他对"孤本秘笈"的态度,充分体现了"学术公器"的学者胸怀:"斯类未刊之稿本,少纵即逝,固不能不亟为之传布于世也。"②所以,他从不秘不示人,相反,总是以最快的速度进行影印刊布,也劝别人将藏品公之于世,甚至当有心仪之书出现时,他可以基于刊布传播的优先考虑而忍痛割爱③。使一家之贮变为社会共享,这是与以"孤本"自矜的藏书家藏书理念最大的不同。现藏于北京图书馆的近十万册藏书,正是郑振铎一生的收书之喜与失书之恸的生动见证。在国经丧乱、命如草芥的艰难岁月,郑振铎以一个中国人对古籍流落海外的强烈担忧,为守望与保存传统文化典籍付出了一介书生所能付出的最大热爱与忠诚。此为后人计的存薪之举,必将永远铭刻于中国现代藏书史。

---

① 郑振铎:《漫步书林》,《郑振铎全集》(第六卷),花山文艺出版社,1998年版,第678页。

② 郑振铎:《清人杂剧二集题记》,《郑振铎全集》(第四卷),花山文艺出版社,1998年版,第742页。

③ 郑振铎《晚清戏曲录叙》曰:"如晦先生收藏晚清文史资料最富,余前辑《晚清文选》,深资其助。尝劝其将历年搜访所得,刊为目录,公之于世。"(《郑振铎全集》(第六卷)第768页)《邹式金杂剧新编跋》:"为了完成他的工作,我虽然很爱那一本书,但不能割爱。为了我的截留结果,也许要使'二集'的刊刻工作夭折的。"《郑振铎全集》(第四卷),花山文艺出版社,1998年版,第723页。

# 第二节　藏书目录与题跋

图书之目录，"为学者所研究且成为一切学术之纲领"[①]，作为学者型的藏书家，郑振铎对目录尤其重视。主要体现于两个方面：一是重视对历代公私藏书目录的利用；二是善于为自己的藏书编目。他曾说过，就算是不得不鬻书易米的艰难岁月，目录书与俗文学书也是万万不能舍弃的。从《西谛书目》可以看出，郑振铎深熟古今目录：藏品中著录于"史部"的目录共计295种，其中钞本稿本137种，包括公藏书目、私藏书目、地方书目、营业书目以及提要考证等。钞本偶系朋友赠贻，大部分都是西谛自己手录。其中公藏者如《七录》《崇文总目》《文渊阁书目》《北京大学书目》《涵芬楼烬馀书目》乃至各大藏书楼的书目等，刻本、印本甚至钞本，务尽搜全。此外，作为一名靠"每日阅肆"为主要收集途径的藏书家，郑振铎还藏有丰富的书店营业书目，共计22种，如《广雅版片印行所书目》《来薰阁书店方志目》《通学斋新收书籍目》等。正是这些种类繁多且烂熟于心的目录，让郑振铎在收集藏书的过程中屡屡能按图索骥，并进而确定古籍版本之真伪。今天这些书目的存世，不仅是研究中国古籍的发展与流通的直接资料，还对于研究中国出版业、印刷史和造纸史的发展及现存古籍价值的评定，都有重要的参考价值。

## 一、目录成就与意义

熟悉前人目录是为着购藏方便着想，郑振铎的目录学成就，主要还是体现于目录思想总论与专题目录编制。

第一，总论目录学思想：目录的重要性与如何编制目录。郑振铎一向认为书籍乃"学术公器"，藏书乃是为着学术研究的适用目的，认为"不能流通使用的书"，就不能统计为图书馆的藏书。甚至直言"有书而不加整理，不给人使用，不使其发挥应有的作用，不让它们为科学研究服务，那就是把持资料、垄断学术的霸道行为"[②]。故其目录学思想的核心就是图书指引———也就是做学问的"门径"：

---

① 姚名达：《中国目录学史》，上海古籍出版社，2005年版，第1页。
② 郑振铎：《漫步书林》，《郑振铎全集》（第六卷），花山文艺出版社，1998年版，第678页。

　　"版本""目录"的研究,虽不就是"学问"的本身,却是弄"学问"的门径。未有升堂入室而不由门循径者,也未有研究某种学问而不明了产于某种学问的书籍之"目录""版本"的。而于初学者,这种"版本""目录",尤为导路之南针,照迷的明灯。有了一部良好的关于某种学问的书籍目录,可以省掉许多人的暗中摸索之苦。①

　　其实早在20世纪30年代,郑振铎就已非常明确地意识到了目录编制对于学术引导的重要性。在《插图本中国文学史》的"例言"中,他既批判了大而无当的"名人开书目"风尚,又表达了书目对于读书指导的必要:

　　　　近来"目录学"云云的一门学问,似甚流行;名人们开示"书目"的倾向,也已成为风尚。但个人的嗜好不同,研究的学问各有专门,要他熟读《四库书目》,是无所用的,要他知道经史子集诸书的不同的版本,也是颇无谓的举动……但读书的指导,却不是绝对不可能的事。关于每个专门问题,每件专门学问的参考书目的列示,乃是今日很需要的东西。②

　　除了参考书目的编制很需要以外,郑振铎还鼓励编制"书目的书目",如有方便检索之书目汇编,则"我们欲查某书在于某种丛书中,或有几种版本,便觉得非常容易"③。不仅如此,他还在文学史著中首次呼吁"编制'索引',附于全书之后,以便读者的检阅"。虽然其索引最后并未完成,但几年之后的专文《索引的利用与编纂》,还是表达了他关于索引功用、编纂、检索法等问题的专业性观点。他预见到了"索引"在学术益趋专门化时代的重要:"现在研究学术的人,已不能像过去学人们之专靠其过人的记忆力或博览的工夫了。"④其"几部'索引'可以代替了'十年窗下'"的预言在今天也已成为现实。该文为给索引

――――――――――
①郑振铎:《中国小说史料序》,《郑振铎全集》(第六卷),花山文艺出版社,1998年版,第730页。
②郑振铎:《插图本中国文学史》,《郑振铎全集》(第八卷),花山文艺出版社,1998年版,第3页。
③郑振铎:《丛书书目汇编》,《郑振铎全集》(第六卷),花山文艺出版社,1998年版,第622页。
④郑振铎:《索引的利用与编纂》,《郑振铎全集》(第六卷),花山文艺出版社,1998年版,第627页。

进行了归类,得出专书索引、人名地名索引、书名索引、日报期刊及论文索引等5种类型,充分体现郑振铎探索索引价值及如何编制的前瞻性眼光,也为后来研究者提供了方便。郑振铎身体力行,其《文学大纲》《插图本中国文学史》及许多专题论文后都列有详细且必要的参考书目,以供读者作更进一步的探讨之需。今天看来,这些参考书目的罗列,意义不仅仅是给读者提供了方便,还在于它指示了一条探索传播的路径,有利于研究者更准确地把握学术著作的渊源与变迁。

关于编目的方法,郑振铎的观点非常务实:"不要高谈什么式的'分类法',只要能找到书就行。"①这是针对当时图书馆对整理工作进展缓慢却以分类推搪而言的。其分类编目的方法,视图书内容而分别对待,既吸取了传统目录学的精华,又能适应新型学术研究的需要:

> 古书的分类编目,大可不必"中外统一"……我的想法,古书的分类,还是不要多生枝节,老老实实地照"四库"编目,先行编出,供给需要使用这些书的人应用为是。不必老在"分类法"上兜圈子,想主意,而总编不出"书目"来。②

他认为新书、外文书应该学习别的国家,采用新型的"学术专门化"分类法,但对于古籍,却认为还是传统的"四库"编目比较实在。他自己手编的《西谛书目》就是"老老实实地照'四库'"方法,不以专题区分,仅以藏家为次。其分类与排列全袭《四库全书》,只是在"集"部里加入了未入四库类例的各俗文学种类而已。不仅分类如此,其著录也大多继承古典目录学方法,围绕书籍的收藏、版本、书名、作者及内容等方面展开。

除了古籍编目,郑振铎还就图书分类与目录体例进行过探索。他早年曾在《整理中国文学的提议》中将中国文学分为诗歌、杂剧传奇、长篇小说、短篇小说、笔记小说、史书传记、论文、文学批评、杂著等九类,后来在《研究中国文学的新途径》中作了调整,仍为九类,不过类目及明细有了新的变化:短篇小说与长篇小说同列"小说"类,还加了"童话及民间故事集";杂剧传奇则与总集、近代剧、皮黄戏等同为"戏曲"

---

① 郑振铎:《漫步书林·谈整书》,《郑振铎全集》(第六卷),花山文艺出版社,1998年版,第679页。

② 郑振铎:《漫步书林·谈整书》,《郑振铎全集》(第六卷),花山文艺出版社,1998年版,第680页。

类;笔记小说与史书传记不见于此九个大类,却另辟"总集与选集""散文集""个人文学""佛曲弹词与鼓词"。前者旨在力破"四库"集部文学书目的芜杂,驱性理考证之文而升小说戏曲于内,后者受西方文学理论影响,分类相对合理,然其提升民间俗文学作品的意图亦太过明显。尽管"整理旧文学"时郑振铎多斥四部分类法于文学与非文学边界上的模糊混杂,他认为古籍整理大可不必"中外统一",尤其不可纠结于"分类法",而是应以尽快整理利用为务,体现了他实事求是的务实态度。

第二,专题目录编制。据笔者统计,《郑振铎全集》共收其自编目录22种,另有未收14种散见于书刊与《西谛书跋》,此多为推介目录与藏品目录。此外,他还在《中国俗文学史》每章附参考书目共计117条,《插图本中国文学史》附有518条,《文学大纲》所附更达897条。这些书目,清晰地呈现出了郑振铎进行文学史撰著时所采用的参考文献,这一方面证明郑振铎阅读范围之广,另一方面也体现了其一贯以学术为"公器"的学者胸怀。

郑振铎所编目录,按功能来说分为三种:研究使用文献目录、推介目录与藏品目录。作为一名从编辑岗位踏入文学研究的学者来说,他擅长将参考文献汇总并介绍给读者,如《关于文学原理的重要书籍介绍》《关于〈诗经〉研究的重要书籍介绍》《关于中国文学研究的重要书籍介绍》《各国文学史介绍》《关于戏曲研究的书籍》《中国文学研究的重要书籍介绍》等。作为一名一生视学术为天下公器的无私学者,他又每每将自己最新收藏或最新发现的图书制成提要式目录,公布出来以供学界参考,如《劫中得书记》(包括续记)、《西谛所藏散曲目录》、《佛曲叙录》、《中国戏曲史料的新损失与新发现》等。

以所载内容及体例言,目录又大体可别为三:登记式、提要式和题跋式。登记式一般只记录书名、卷数、作者和版本,像《几部词集》《中国的戏曲集》《中国的诗歌总集》《四库全书中的北宋人别集》等。提要式一般篇幅较长,类似于作品的内容缩写,如《中国小说提要》《读曲杂录》《元曲叙录》等,每部小说(或杂剧)的情节介绍都很完整。题跋式一般详细记录该书版本信息与得书过程,于作品内容则少有述及,典型的如《劫中得书记》《劫中得书续记》。

以私家藏书为基础编制通俗文学书目的学者,以王国维《曲录》

（1909）为先，叶德辉、缪荃孙、胡适、鲁迅、马廉、吴梅、郑振铎、傅惜华、阿英等继踵其后，他们所撰书目超越了传统的著录内容——书名、卷数、版本与作者，兼指得失与创类例及作品导读，开创了以文献学为中心的通俗文学研究思路。当然，将郑振铎的书目与孙楷第先生比，则其体例与用语均可见出专业素养深浅的不同。郑振铎自己也不讳言其间的差别："执子书先生的这部书和我的未完成的《中国小说提要》一比较，便知道其间的差别；也可以显示出这六七年来中国小说的研究是走在如何进步的一条道路上。"①其实，只有将这些目录置于当时的学术环境，其价值与意义才可得到真实评判（参见表3、表4）：

**表3　黄文旸/董康、吴梅、郑振铎所撰书目比较**

| 项　目 | 黄文旸/董康 | 吴　梅 | 郑振铎 |
|---|---|---|---|
| 目　录 | 《曲海总目提要》(1930) | 《奢摩他室曲丛目》《奢摩他室藏曲待价目》 | 《佛曲叙录》(1926)；《西谛所藏弹词目录》(1926)；《元曲叙录》(1930) |
| 体　例 | 书名；作者；内容简介；按语 | 书名；版本；作者 | 书名；卷帙；版本；内容简介（《西谛所藏弹词目录》无内容简介） |
| 内　容 | 四十六卷收曲694种，不分类 | 《奢摩他室曲丛目》收曲264种，分为散曲别集、散曲总集、杂剧、传奇四类；《奢摩他室藏曲待价目》收曲76部327种，不分类 | 《佛曲叙录》收宝卷等民间叙事诗44种；《西谛所藏弹词目录》弹词116种；《元曲叙录》收元剧68种 |

**表4　马廉、郑振铎、孙楷第所撰书目比较**

| 项　目 | 马　廉 | 郑振铎 | 孙楷第 |
|---|---|---|---|
| 目　录 | 《中国通俗小说考略》(约1931) | 《中国小说提要》(1925)；《巴黎国家图书馆之中国小说与戏曲》(1927) | 《中国通俗小说书目》(1932) |
| 体　例 | 书名；卷帙；标叶、叙、评、较、图之行款；目次（《中国通俗小说考略》多有他目著录存佚与按语） | 书名；内容提要；作者；版本 | 书名；卷帙；存佚；行款行式；藏所；异名异本；作者；序者；间有按语 |
| 内　容 | 《中国通俗小说考略》载小说129种，上编为宋元小说与宋元小说汇刻两类，中编为短篇小说，分曾单行者与短篇集，其中短篇集又有历史人物、公案、淫猥、明季、杂说古今"之分，下编已佚 | 《中国小说提要》收古代通俗小说8种；《巴黎国家图书馆之中国小说与戏曲》收巴黎国家图书馆藏罕见中国长篇小说25种，短篇小说7种，戏曲6种，唱本4种 | 收语体旧小说八百余种，厘为四部七卷，实为三类：宋元、明清讲史、明清小说，其中明清小说部又分四类：烟粉、灵怪、说公案、讽谕，另附存疑目、丛书目与日本训译中国小说目录 |

如上所示，20世纪20—30年代，小说、戏曲文献才刚进入学者的整理视野，学科根基还非常之浅，郑振铎的目录置身于此，丝毫不显局促与外行，因为此时的资源还不普及，除少数藏书家外，普通读者

———————
① 郑振铎：《中国通俗小说书目序》，《郑振铎全集》（第四卷），花山文艺出版社，1998年版，第456页。

很难得见比较齐全的小说、戏曲资料。所以他总是不厌其烦地介绍作品内容与版本信息，而且目录也基本是随到随记，没有很明显的系统性。因此，郑振铎的编制目录的基本目的是既示后来者以研究文学的门径，又可发掘僻书公之于世，引起研究者关注。其目录篇数众多，相对孙楷第、王重民等专业目录学家来说，其目录显得分散而不够系统，现在也基本不再具备检索的功用了。但是，当我们把这些目录还原到它们发表（或出现）的年代，我们便不能不惊叹——那是一个小说与戏曲等专题目录刚刚开始创立的时代，正是如此众多而稍显粗浅的目录才一步步奠定了通俗文学文献学的根基。后出者虽精，然先人的开拓之功亦不能就此抹煞。以一个广涉各类的藏书家而言，其率先介绍已经为后学者切入研究指引了方向。以小说目录学之集大成者孙楷第先生论，其《日本东京所见中国通俗小说书目》与《中国通俗小说书目》，无论从学科建设角度还是从学术史角度看，均属上乘之作，因为他依托的是通俗小说藏品首屈一指的孔德中学图书馆、旧大连图书馆、日本内阁文库等中外图书馆的小说资源。不过同样应该铭记的是，除了公藏图书馆，许多私人藏书也给了他成此巨著之重大帮助，其中就有马廉和郑振铎。据笔者统计，《中国通俗小说书目》中注明据自"郑西谛"所藏者共33种，其中有21种仅见于郑藏。这其实从另一个侧面证明了郑振铎藏书及书目对于通俗文献建设的价值。不仅仅是孙楷第，后来许多的目录编者都可以从郑振铎等先辈的目录成果中汲取丰富的营养，并将他们不够成熟的尝试写入参考书目[①]。

因此，总体而言，郑振铎在目录学上的成果充分体现了他藏书家与学者相结合的独特性。其书目介绍在著录书名、篇卷、作者、版本、存佚、真伪之外，偶及考证与评述，尤其着重介绍书的内容。以《佛曲叙录》为例，佛曲（即俗文、变文与宝卷等）是由于敦煌文献重现天日与民间文学受到重视才引起研究界重视的，郑振铎首先著录出处、藏本，紧接着叙其主要内容，间有价值判断，基本不及校雠，也罕有作者生平，偏重于内容简介而少有校勘。一方面，这是与当时公共图书馆与

---

① 明确提到参考过其书目的有傅惜华《北京传统曲艺总录》（中华书局，1962年版），谭正璧、谭寻《弹词叙录》（上海古籍出版社，1981年版），孙崇涛《戏曲文献学》（山西教育出版社，2008年版），车锡伦《中国宝卷总目》（北京燕山出版社，2000年版）等。

古籍印刷尚不够普及的客观环境紧密相关的。有读者就曾十分称赏这类内容介绍式的目录:"郑先生介绍了许多平话的内容及其目录,使我们这般不能见到原书的人能够知道诸书的大概,实在应该感谢。"①另一方面,古代通俗文学作品虽受众颇广,作者却罕有留名,至于各版本在传钞过程中的讹误与变迁,一般极为复杂,非一短短提要所能概括。郑振铎一收到秘本、异本即公之于世,随到随录,关于版本考证一般见于题跋,故其提要式目录偏重介绍具体内容,无暇兼及校勘。虽然有些目录在今天已经失去了检索功能,但它于俗文学目录建设史上起的指南与附识作用却是不可抹杀的,后人编撰小说、戏曲、宝卷、弹词等专题目录,也还少不了将其列为参考(参见表5)。

**表5 郑振铎所编目录**

| 序 号 | 目录名 | 内 容 | 出 处 |
|---|---|---|---|
| 1 | 《文学研究会丛书目录》 | 出版目录 | 《民国日报·觉悟》1921年5月27日 |
| 2 | 《研究劳农俄国的参考书》 | 推介式目录 | 《时事新报·学灯》1921年8月5日 |
| 3 | 《关于文学原理的重要书籍介绍》 | 提要式,介绍国内外文学原理书籍(主要为英语论著)50种 | 《小说月报》1923年第1期 |
| 4 | 《几部词集》 | 登记式,介绍词集10种 | 《小说月报》1923年第2期;《郑振铎全集》第六卷第167页 |
| 5 | 《关于〈诗经〉研究的重要书籍介绍》 | 登记式,间有简要评述,介绍《诗经》版本与各种研究书籍210种 | 《小说月报》1923年第3期;《郑振铎全集》第四卷第23页 |
| 6 | 《中国的戏曲集》 | 登记式,载古代戏曲选集12种 | 《小说月报》1923年第4期;《郑振铎全集》第六卷第390页 |
| 7 | 《中国的诗歌总集》 | 登记式,载古诗及古乐府与五七言古律诗的总集26种 | 《小说月报》1923年第5期;《郑振铎全集》第六卷第108页 |
| 8 | 《关于中国戏曲研究的书籍》 | 登记式,历代戏曲研究史料30种 | 《小说月报》1923年第7期;《郑振铎全集》第六卷第387页 |
| 9 | 《关于俄国文学的重要书籍介绍》 | 提要式,介绍关于俄国文学一般研究的论著29种,英译作品20种,中译作品9种 | 《小说月报》1923年第8期;《郑振铎全集》第十五卷第529页 |
| 10 | 《中国文学研究的重要书籍介绍》 | 登记式,间有简要评述,介绍中国文学研究书籍247种 | 《小说月报》1924年第1期;《郑振铎全集》第六卷第11页 |
| 11 | 《各国文学史介绍》 | 提要式,共介绍文学史相关著作120种,其中通史11种,各国文学史98种,附录丛书3种 | 《小说月报》1925年第1期 |
| 12 | 《中国小说提要》 | 两篇,提要式,分别介绍古代通俗小说8种和12种 | 《鉴赏周刊》1925年5月18日起;《中国文学研究》;《郑振铎全集》第六卷第242页、第四卷第312页 |

---

① 邹啸:《〈中国文学论集〉简介》,《文学》,1934年第3卷第3号。

续表

| 序　号 | 目录名 | 内　　容 | 出　　处 |
|---|---|---|---|
| 13 | 《安徒生的作品及关于安徒生的参考书籍》 | 登记式,间有简要评述,介绍安徒生的丹麦文著作20种,英译本12种,英文研究论著8种,中译本43种,中文研究论著15种 | 《小说月报》1925年第8期;《郑振铎全集》第十三卷第22页 |
| 14 | 《四库全书中的北宋人别集》 | 登记式,著录《四库全书》中的北宋人别集124部(文内称122部) | 《时事新报》1925年10月10日增刊;《郑振铎全集》第六卷第606页 |
| 15 | 《缀白裘索引》 | 依《缀白裘》所录剧名编制索引92条 | 《文学周报》1926年12月5日;《郑振铎全集》第四卷第751页 |
| 16 | 《中国戏曲的选本》 | 简单提要式,介绍古代戏曲选本16种,并将其中五种所选各剧列表,收剧141种 | 《小说月报》1926年号外《中国文学研究》;《郑振铎全集》第六卷第392页 |
| 17 | 《佛曲叙录》 | 提要式,收宝卷等民间叙事诗44种 | 《小说月报》1926年号外《中国文学研究》;《郑振铎全集》第五卷第233页 |
| 18 | 《西谛所藏弹词目录》 | 登记式,收西谛个人所藏弹词116种 | 《小说月报》1926年号外《中国文学研究》;《郑振铎全集》第五卷第256页 |
| 19 | 《中国文学年表》 | 登记式年表 | 《小说月报》1927年第6期 |
| 20 | 《巴黎国家图书馆之中国小说与戏曲》 | 提要式,间有考证,收巴黎国家图书馆藏罕见中国长篇小说25种,短篇小说7种,戏曲6种,唱本4种 | 《小说月报》1927年第11期;《郑振铎全集》第五卷第415页 |
| 21 | 《中国文学者生卒考》 | 登记式年表 | 《小说月报》1928年第1期起 |
| 22 | 《文艺家生卒表》 | 登记式年表 | 《小说月报》1928年第1期起 |
| 23 | 《元曲叙录》 | 提要式,收元杂剧68种 | 《小说月报》1930年第1期起;《郑振铎全集》第六卷第429页 |
| 24 | 《明清二代的平话集》 | 题跋式,介绍明清平话集29种 | 《小说月报》1931年第7、8期;《郑振铎全集》第四卷第337页 |
| 25 | 《中国戏曲史料的新损失与新发现》 | 登记式,载损失曲本108种,新发现9种。 | 清华大学生《文学月刊》1932年第4期;《郑振铎全集》第四卷第600页 |
| 26 | 《跋传奇十种》 | 题跋式,收传奇10种 | 《大公报·文艺副刊》1933年9月27日 |
| 27 | 《读曲杂录》十则 | 提要式,收曲本10种 | 《文学》月刊1934年第6期"中国文学研究"专号;《郑振铎全集》第四卷第698页 |
| 28 | 《元明以来杂剧总目》 | 登记式,未见 | 《文学季刊》1934年第4期 |
| 29 | 《词林摘艳里的戏剧作家及散曲作家考》,附录《索引》与《首句对照表》 | 附录,登记式,收戏文5种,杂剧34种,南曲76支,北曲274支 | 《暨南学报》1937年第2期,《郑振铎全集》第四卷第608页 |
| 30 | 《清代文集目录》 | 未见,仅余一序 | 《郑振铎全集》第六卷第940页(仅见序) |
| 31 | 《劫中得书记》 | 题跋式,收抗战中得书题跋88则 | 上海开明书店《文学集林》,1939年版;《郑振铎全集》第六卷第776页 |

续表

| 序 号 | 目录名 | 内 容 | 出 处 |
|---|---|---|---|
| 32 | 《劫中得书续记》 | 题跋式,收抗战期间藏书题跋60则 | 上海开明书店《文学集林》1940年版;《郑振铎全集》第六卷第842页 |
| 33 | 《读书小记》40则 | 题跋式,载书40种,《郑振铎全集》未见,《西谛书跋》全录 | 《困学集》,长沙商务印书馆,1941年版 |
| 34 | 《西谛书目》 | 登记式,收郑振铎藏线装书7 740种 | 北京图书馆善本组编,文物出版社,1998年版 |
| 35 | 《西谛题跋》 | 据郑振铎手稿整理,《西谛书跋》收218则,比北京图书馆善本组整理的《西谛题跋》溢出45则,《郑振铎全集》据此编为集外与补遗 | 《西谛书目》附;曾以《西谛藏书题跋选录》刊载于《图书馆》1961年第3期;《郑振铎全集》第十七卷第597页(并集外与补遗) |
| 36 | 《所见古书录》 | 手稿,未见整理 | 稿本(现藏国家图书馆),《西谛书跋》录34则 |
| 37 | 《长乐郑氏纫秋山馆行箧书目》 | 手稿,未见整理 | 稿本(现藏国家图书馆),《西谛书跋》录8则 |
| 38 | 《长乐郑氏所藏版画书目录》 | 手稿,未见整理 | 稿本(现藏国家图书馆),《西谛书跋》录5则 |
| 39 | 《新收旧版书目》 | 手稿,未见整理 | 稿本(现藏国家图书馆),《西谛书跋》录11则 |
| 40 | 《纫秋山馆书目》 | 手稿,未见整理 | 稿本(现藏国家图书馆),《西谛书跋》录7则 |
| 41 | 《玄览堂书目》 | 手稿,未见整理 | 稿本(现藏国家图书馆),《西谛书跋》录5则 |

## 二、古籍题跋与价值

　　收藏古籍,除了以"求其善价"为目的的掠贩家外,无论是考订家、校雠家还是赏鉴家,其收藏的着眼点不外乎历史文物、学术研究与艺术品评:考订家与校雠家看重古籍的实物见证与版本内涵,赏鉴家看重印刷装帧与历史价值。藏书家对自己藏品的整理利用与赏鉴,一般体现于其藏书题跋与目录之中。作为学者型藏书家的郑振铎,其藏书题跋的数量虽远不能与其藏书数量成正比(仅640余则),但也不枉他追慕祁承㸁、黄荛圃"不作一字虚语"的期许。至于目录,今天看来已很难想象其当时的价值了——因为那些当时属于难得一见的资料,在今天各大图书馆中已可轻易获取。但是,当我们站在巨人肩上坐享学术成果时,我们又岂可因其时代拘限而苛求前人呢?

　　郑振铎现存的藏书题跋,搜罗最完备者为吴晓铃先生整理的《西谛书跋》[①]。除引用一些已见诸报刊或文集的如《劫中得书记》、《西谛题跋》、

---

　　① 郑振铎:《西谛书跋》,文物出版社,1998年版。

《楚辞图解题》、《西谛所藏散曲目录》及《清人杂剧初集》(包括二集)、《世界文库》、《中国版画史图录》、《中国古代版画丛刊》等所载题记外,吴先生还亲自翻阅过捐给北京图书馆的郑振铎手稿,从《读书小记》(曾载于《困学集》,《郑振铎全集》失收)、《所见古书录》、《长乐郑氏纫秋山馆行箧书目》、《长乐郑氏所藏版画书目》、《新收旧版书目》、《纫秋山馆书目》、《玄览堂书目》等手稿中录出题跋 70 则,均未见于《郑振铎全集》。检视这些题跋,既可考见郑振铎治学范围之广与考订版本之妙,又能于跋文中窥其对古籍搜藏的可爱痴狂。其内容具见以下各端:

(一)记录得书因缘,慨叹求书之艰与遇合之奇。收藏古籍,很多时候是可遇而不可求,藏家得书之后,一般会在题跋中记录下得书的因缘。财力有限的郑振铎,其搜书的成果往往来自"日必阅肆"的坚持与对古籍版本的精熟。览其《求书日录》《蛰居散记》《劫中得书记》《劫中得书续记》诸文,得书的艰难溢于言表,哪怕只能"存十一于千百",他也从未放弃,甚至举鼎绝脰、典衣节食,也要为传承民族文化而奋起为之。《西谛题跋》,即忠实地记录了他得书时的惊喜与遗憾:

> 余性喜聚书,二十年来节衣缩食所得尽耗于斯……唯一书之获,往往历尽苦辛。有得而复失,失而复于他时他地得之者。有失而终不可复得者。有始以为终不可得而忽一旦得之者。有初仅获一二残帙于数月数年后始得全书者。①

有的书久慕其名,似将得之又擦肩而过,有的得之数次,却恰成完帙。如清乾隆六十年内府刊本《皇朝礼器图式》,被书贾割为数部,"夫时近二月,地隔平、沪,书归三肆,余乃一一得之,复为之合成全帙",堪称遇合之巧。还有《素园石谱》,第三及第四卷得之北平,十五六年之后不意于忠厚书庄得第一、二卷,恰为不远复斋旧藏之一部,正好配成全书。看似偶然,实际深藏访书之不易。如《花镜隽声存九卷》跋云:

> 余前得马曼生《花镜隽声》八卷于北平,自汉魏诗至历朝词均全,自以为系全书矣。项复于中国书店得残本二册,第一册为卷

---

① 郑振铎:《西谛所藏善本戏曲目录不分卷》,《西谛书跋》,文物出版社,1998年版,第637页。

一至卷四,卷五以下缺。第二册复为卷一至卷六(中阙卷五),即
系明诗,为余本所无。乃复收之。卷六以下仍阙佚,相隔数年、得
之两地,仍未能配全,一书之不易得有如是乎! ①

其他如《唐诗纪》跋语感慨寒士得书之不易,《秦词正讹》跋叙偶得
秦时雍散曲之甚以为喜,等等,均亲切动人,喁喁而谈,得书过程中的
艰辛与窃喜形诸笔端。

(二)说明行款格式、钞录凡例、卷数、卷目及版刻情况,间有与其
他版本的对校心得。自赵宋雕版兴盛之后,藏书家题跋普遍重视书之
行款行式,详尽靡遗,意在鉴古②。黄丕烈《士礼居藏书题跋记》之所以
深得藏书家重视,就是因为其"每得一古本精详考核,将其读书之心
得,与夫书之源流始末,详诸尽题跋"③。详细记录书籍版本乃至源流
始末,是一般藏书题跋的主要内容。这有利于考订家进行版本鉴定,
进而借用校勘来断其优劣,梳理出版本的系统源流。因为古籍善本的
判定除依赖文字内容之外,很大程度还取决于印纸墨色、字体行款、版
式风格、书口鱼尾、刻工讳字与藏印题跋等外在方面体现出来的版本
学价值。郑振铎的藏书题跋大多会记录书名、卷数、凡例、撰者及刊刻
信息,间有引用各家书目以定其真伪。如他从友人张葱玉处得20卷
明钞残本《南疆逸史》,即持之与道光间李瑶之勘定本相较,认为钞本
虽破璧残圭,其犹存温睿临本来面目,不若李氏之窜乱原书,故善于李
本。后从邓氏风雨楼又得40卷钞本,从大兴傅氏得56卷钞本,与之详
勘后认为,傅氏钞本应非温氏原本,也许只是傅氏的重辑之本,亦非杨
凤苞曾睹之原本。所列证据,条条俱从比勘中得来,可谓所疑有理有
据。再如《养正图解》跋云,本来他只得玩虎轩刊残本数叶,然正是这
寥寥数叶,证明了康熙己酉年间曹钤的所谓重刊本,不过是曹氏将玩
虎轩版片据为己有以湮其攘夺之实的花样。因此,郑振铎感慨"可见
复本残帙,殆无不有可资考证之处也"④。而明天启刊本《筹海图编》,
虽非原刊本,郑振铎通过与各倭患史籍相较,发现其图中所绘之"望

① 郑振铎:《花镜隽声存九卷》,《西谛书跋》,文物出版社,1998年版,第294页。
② 孙楷第:《日本东京所见中国小说书目》"缘起",上杂出版社,1953年版。
③ 孙祖烈:《士礼居藏书题跋记续编》"序",北京图书馆出版社,2006年版。
④ 郑振铎:《养正图解存一卷》,《西谛书跋》,文物出版社,1998年版,第33页。

斗",实为他书所未见。不过与黄尧圃的精审细致相比,郑振铎所载稍显随意——虽然他非常善于从纸张、字体、刻工及版式等方面判定古籍,却很少在题跋中详细记录这些信息。

(三)针对该书内容,从学术史和艺术史角度评定其价值。古籍虽是古代学术最主要的载体之一,但其价值评定却不仅仅依据书籍本身的内容,它还有作为文物存在的历史和艺术价值,这种价值往往可以通过流通转化为商业价值。郑振铎题跋评点古籍价值时从不于收藏市值上着眼,间有珍籍,亦立足于"天壤间罕有"而论。正如他一向倾慕的黄跋毫无"商贾气"一样,郑跋所评亦多从学术史、艺术史角度着眼。如《易经开心正解》之类的童蒙读物,"诸藏家殆皆未见,即见,亦未必收",但他却认为此类书"于论述近古童蒙教育者,或不为无用"[1]而收入囊中。再以他称为"国宝"的《程氏墨苑》为例,当然"人间恐无第二本"是其罕见之由,但它更重要的价值在于"今所知之彩色木版画,当以此书为嚆矢……后来诸色套印本,盖即从此变化而出"[2]。是以,他珍为异宝者,并非收藏家眼中巨可升值之物,而是于学术研究大有关系之书。对于许多无人注意的僻书,他均从文学史乃至文化史的角度肯定其文献学价值。如他评《日月刻度通书》为"此为今存第一部中西合璧历书,于东西文化交通史上关系极大"[3]。明人经解向不为学界所重,故亡失最易,郑振铎却能从时代着眼评凌濛初之《诗逆》与冯梦龙之《春秋衡库》为明末双绝。又从《图绘宗彝》中"可见杭郡书业和安徽匠人间的关系的密切"[4];《汝水巾谱》以其"刊刻极精"而"洵异品也"[5];《庶物异名疏》则因"体例颇为谨严"而名列"采集事物名辞者必须参考之一书"[6];等等。这些传统藏书家不太重视的冷僻古籍,经郑振铎的弘扬,其学术上之杰出,艺术上之特质,都可成为印刷技术史上一个时代的代表之物。相反,对于市面上一些藏价日高实则学术价值一般的古籍,郑振铎往往力驳其非"善本",如闵刻朱墨本,因坊间不多见,故必索高价,然其曰"闵刻读本,虽纸墨精良,实非上品。每每任意

---

① 郑振铎:《新刻金陵原板易经开心正解四卷》,《西谛书跋》,文物出版社,1998年版,第1页。
② 郑振铎:《程氏墨苑存十二卷》,《西谛书跋》,文物出版社,1998年版,第135-136页。
③ 郑振铎:《日月刻度通书一卷》,《西谛书跋》,文物出版社,1998年版,第99页。
④ 郑振铎:《图绘宗彝八卷》,《西谛书跋》,文物出版社,1998年版,第119页。
⑤ 郑振铎:《汝水巾谱一卷》,《西谛书跋》,文物出版社,1998年版,第136页。
⑥ 郑振铎:《庶物异名疏三十卷》,《西谛书跋》,文物出版社,1998年版,第164页。

删节旧注,未可称为善本"①。再如书虽贵旧钞本,尤其是宋、元人集之旧钞者,但也有如《史外》之钞本反不如刊本者,郑振铎认为遇此类钞本,应实事求是,"舍钞而取刻"②,而《西湖志类钞》虽"论述西湖胜迹者,当以此书最为简单明了",但因为其资料全节取自田汝成《西湖游览志》,未及他书,郑振铎即评其"未免寒俭"③,可见其注重书籍内容、不同于流俗的文献价值观。

(四)记录阅读感想,间有不同流俗的歧异评介等独到之处。如《古逸民史二十二卷》跋语,在肯定陈眉公著书实有所感之后,连问"眉公果何所托而'逃'乎"。对明人嘲笑其"山人"诗曲,郑振铎为其正名曰"惟眉公虽优游林下,享名甚盛,却非专事'飞来飞去宰相衙'者流。其殚心撰述,主持风雅,亦未可加以蔑视也"④。再如题《敦煌石室真迹录》,对于国人深贬罗振玉之保皇能深具同情之理解,且不因人废学:"罗氏为近五十年来最努力之学者"⑤,"翁卒后毁誉不一,实则翁为三十年来新学术研究之先导,而魄力雄伟尤在静安之上"⑥。在他自编的《清代文集目录》序中,他直陈了无论"竹头木屑,无不有用"的藏书取舍观:

> 辑序跋,则可自成一书;辑碑传,则可被缪、阅诸集;收诂经之文,则可成一弘伟之诂经文钞;录论史之作,则可集为史学史之资料。⑦

其他如读《瑞世良英》,则感慨劫火弥天却报国无方,仅以"抱残守阙,聊以自慰";重阅《楚辞辩证》,即发"日处虎窟中,魑魅横行,群伥跳梁,惟闭户读《骚》以自遣"⑧之忧。如此种种,书生本色,爱国之情与无奈之举尽在此间矣。

(五)见证学界朋友间的友情。郑振铎题跋,多次记录与同好互

---

① 郑振铎:《批点考工记二卷》,《西谛书跋》,文物出版社,1998年版,第6页。
② 郑振铎:《史外八卷》,《西谛书跋》,文物出版社,1998年版,第27页。
③ 郑振铎:《西湖志类钞存二卷》,《西谛书跋》,文物出版社,1998年版,第59页。
④ 郑振铎:《古逸史二十二卷》,《西谛书跋》,文物出版社,1998年版,第33页。
⑤ 郑振铎:《古器物学研究议不分卷》,《西谛书跋》,文物出版社,1998年版,第65页。
⑥ 郑振铎:《大云书库藏书题识四卷》,《西谛书跋》,文物出版社,1998年版,第73页。
⑦ 郑振铎:《清代文集目录序》,《西谛书跋》,文物出版社,1998年版,第270页。
⑧ 郑振铎:《楚辞辩证二卷》,《西谛书跋》,文物出版社,1998年版,第199页。

贻藏品的佳话,尤为可贵的是其中还有好友钞贻给他的。现存西谛藏书之善本,为书友所赠者有:高一岑赠《重订浙江公立图书馆保存类目录四卷》,李紫东贻《宝礼堂宋元本书目》,若英手钞《磨剑室藏革命文库目录》见惠,张葱玉赠清康熙刊本《西厢觞政》,马廉赠明天启朱墨套印本《艳异编》、明万历刊本《明农轩乐府》和明万历本《鹤月瑶笙》,潘博山赠影印本《明清藏书家尺牍》,徐森玉赠清康熙本《群雅集》与影印本《金鱼图谱》,周越然赠明嘉靖刊本《王西楼先生乐府》,陆侃如夫妇钞赠《双溪乐府》及《芳茹园乐府》,卢冀野钞贻《程仲权先生集》,任二北精钞辑赠《一片翠》,钱先生贻明嘉靖刊本《清平山堂话本》,等等。当然,题跋中也记录了郑振铎钞赠或交换或借予他人阅览者:如他将竹纸初印残本《列女传》送给王孝慈;将《十国春秋》及《水道提纲》赠予王伯祥;将明崇祯刊本《南曲次韵》借给卢冀野影刊;将明天启本《文通》借予郭绍虞一阅;因张菊生赠其明崇祯本《汝水巾谱》则报之以影印本《顾氏画谱》;尤其是陆侃如、冯沅君夫妇所赠的传钞本《双溪乐府》,卢冀野又转借影刊,去一年有余,归还时发现经瞿庵(吴梅)校改者不少,"此钞本朱笔抹注处,俱为瞿庵手迹。犹足考见其润改之苦心也"①。此一钞本,辗转往复,堪称民国学人间交流讨论的最佳学术见证。

(六)语言优美,部分题跋即精美散文,几可追步黄荛圃"至性流露之至文"。郑振铎追慕荛圃题跋"最富人性,最近人情",其实他自己那些用散文笔法作成的书跋,含蕴丰富、文字清新,较之黄跋毫不逊色。如《燕京岁时记》与《笠泽游记》二跋,实乃精致温润之散文:

> 尝于春日立天安门之石桥上,南望正阳门以内,繁花怒放,红紫缤纷,自迎春之一片娇黄,至刺梅之碎雪飘零,几无日不在闹花中过活。每独自徘徊于花影之下,不忍离去……清茗一盂,静对盆大之花朵,雪样之柳絮,满空飞舞,地上滚滚,皆成球状。不时有大片之白絮,抢飞入鼻,呼吸几为之塞。夏日则荡舟北海,荷香拂面,时见白鹭拳一足立于木椿上。远望塔影横空,钓者持长杆静坐水隈,亦每忘其身在闹市中。②

---

① 郑振铎:《双溪乐府二卷》,《西谛书跋》,文物出版社,1998年版,第384页。
② 郑振铎:《燕京岁时记一卷》,《西谛书跋》,文物出版社,1998年版,第53页。

予去冬游洞庭东、西山,甚得山水之趣。从龙头寺到包山寺,十里之间,皆梅林也。如遇花时,一白如雪,芳馨触鼻,必大胜邓尉之梅。东山之滨,更多荷田:荷叶田田,绵延数十里。若遇盛夏,荷花大开,则其清芬远送,必更令人心醉。……读此《笠泽游记》五篇,似重温旧游一遍也。①

《西谛书跋》记录的行款、格式等版刻信息,已成为藏书史上判定文献价值与版本变迁极为重要的依据。与郑振铎十分仰慕的清人黄丕烈相较,其题跋记录得书过程与阅后心得为多,校勘版本为少,成就自然及不上荛圃,但他因爱书成痴练就的如炬目力及兼收并蓄之藏书思想,实堪为黄丕烈的异代知音。

郑振铎仰慕祁承爗与黄荛圃已久,他在《劫中得书记》中自言"体例略类黄荛圃藏书题跋"。黄氏乃清代著名版本目录学家,因其爱书成痴,时人目为"书淫",他对藏书真正做到了藏之丰富、读之深解、校之精审和刊之勤力。其一生共为八百多种珍善古籍写下了上千篇题跋,以至当他身故之后,凡有其题跋者专号"黄跋书",其价百倍不止,因为"古书面目赖此以存"②。世人重视其跋,主要看重的是黄丕烈对于版本研究的精核:"于其版本之后先,篇第之多寡,音训之异同,字画之增损,及其授受源流,缮摹本末,下至行幅之疏密广狭,装缀之精粗敝好,莫不心营目识。"③黄丕烈最为声名远播者乃其对宋版书的偏爱与鉴定,曾自号"佞宋主人"。其实,他并非一个死守宋元之刻的藏书家,与远碧楼之拘泥于《四库全书》,导致龙蛇莫辨的收藏思想相比,黄丕烈藏书范围还是非常广的,种类也相当齐全。以当时还远远没有"五四"之后身价的戏曲作品而言,黄丕烈虽然"不喜词曲"却"所蓄词极富"。其藏《阳春白雪》《太平乐府》《琵琶记》《荆钗记》等戏曲并为之作跋,益可见其藏书之"兼收并蓄":

---

① 郑振铎:《笠泽游记一卷》,《西谛书跋》,文物出版社,1998年版,第54页。
② 黄丕烈:《士礼居藏书题跋记》,书目文献出版社,1989年版,第2页。
③ 王芑孙:《陶陶室记》,转引自江标撰、王大隆补、冯惠民点校:《黄丕烈年谱》"整理说明",中华书局,1998年版,第1—2页。

　　世之好书者绝少,好书而及词曲者尤少……拟衷有藏词曲等
种汇而储诸一室,以为学山海之居,庶几可为讲词曲者卷勺之助
乎!①

　　这段也是园藏赵清常钞《古今杂剧六十六册》所作的跋语,真正表
达了他客观的藏收思想——即并不以己之好为尚,真正实现了不分种
类的收书之博。这段跋语后来也极受戏曲文献学家所重视,王国维据
此推定元刊杂剧不仅仅三十种,并最终在郑振铎手上实现了《脉望馆
钞校本古今杂剧》的重现天日。
　　黄丕烈自言"余好古书,无则必求其有,有则必求其本之异。为之
手校,校则必求其本之善,而一再校之。此余所好在是也"②。他每得
一书,必考订源流,网罗众本,细心校勘,考辨订误,俾成善本。这就是
黄跋极受藏书界重视的根本原因。郑振铎亦极端重视古籍版本,尽管
从《南疆逸史》等跋语来看,郑振铎的校书功底也是毫不逊色的,但他
大部分题跋显然重点并不在于校勘,也没有耐心如黄丕烈那样专心致
志地进行考订。以他们都曾收藏《蔡中郎文集》所作的题跋为例,黄丕
烈网罗众本,计有明刊六卷本、钞校十卷本、明活字本(2种,附外
集)。从题跋可知,莪圃此书原为述古藏弃者,先从顾千里言知天圣间
欧静所辑本为最古,后留心搜访,得明徐子器刻本于书商胡立群处。
黄氏从"朴学斋""归来草堂"两图记断其为叶石君旧藏,又翻《钟山札
记》证顾千里所言至善。得书后,黄氏即借香严书屋所藏旧钞本与之
校勘,又参校何梦华藏华氏活字本,并影钞兰雪堂本覆勘,后又用《后
汉书》参订,如此多本相勘,最后得出结论"旧并不误,而徐子器刻时妄
改",因此评价曰"当以钞本为最佳,活字板次之,徐子器本所其浅近者
或有是处,稍难读则每不知而作矣"。并言自己"不揣梼昧辄加评论,
虽未得评备,然准例求之无难也,宋椠若出必足证我之非谬"③。郑振
铎的藏书功夫明显不在于此,其题跋仅曰"《蔡中郎集》以明华坚活字
本为最罕见,次为徐子器本,又次为余汝成本"。华坚活字本已收入
《四部丛刊》,其书已收,此跋乃镌明万历茅一相刊本后,虽然他也说

----

　　① 黄丕烈:《古今杂剧六十六册》,《莪圃藏书题识》,北京图书馆出版社,2006年版,第615页。
　　② 黄丕烈:《士礼居藏书题跋记》,书目文献出版社,1989年版,第256页。
　　③ 黄丕烈:《蔡中郎集十卷》,《士礼居藏书题跋记》,书目文献出版社,1989年版,第376页。

"斟酌诸本异同,颇为精善",却并未如黄氏那么用功费心去参校诸本再三订正。

当然,对于罕见孤本,郑振铎也曾花巨大功夫去做长篇题跋,最典型的例子便是其《跋脉望馆钞校本古今杂剧》。该书之重现天日,"不仅在中国文学史上增添了许多本的名著,不仅在中国戏剧史上是一个奇迹,一个极重要的消息,一个变更了研究的种种传统观念的起点,而且在中国历史、社会史、经济史、文化史上也是一个最可惊人的整批重要资料的加入"①。此书如此重要,郑振铎也毫不含糊,用逾三万言的篇幅,不吝赞颂之辞,极尽周详之至。他首述得书过程为:此前王国维曾发现《元刊杂剧三十种》,并幻想推测元曲不止此三十种,许还有别编尚存人世。郑振铎后从《黄荛圃题跋续记》中得到丁祖荫曾见过《古今杂剧》的蛛丝马迹,遂辗转相询,并赴南京访旧山楼藏书,俱不得其踪。然精诚所至,金石为开,《古今杂剧》竟在抗战期间重现沪上书市! 他欣喜若狂,自己就算倾家荡产亦无力收入囊中,遂力促北京图书馆全力购置。题跋中述访书之失落与得书之狂喜,拳拳心意溢于言表。

该跋长述得书之艰辛,也论及了《古今杂剧》在各藏家手中的聚合离散,尤其是整理了该集与现存元剧之间剧目与内容的对照,得出许多孤本的结论。不过,对比孙楷第先生的同题之作《述也是园旧藏古今杂剧》,《跋脉望馆钞校本古今杂剧》虽占首发之机,却"所论犹未周至,且间有疏失"②。孙文以"上篇"述收藏经过,与郑振铎不同的是,他并没言及郑氏如何从书市购得,而是以目录史家之眼,从原书题跋疏理出赵琦美、钱谦益、董其昌、钱曾、季振宜、何煌、顾氏试饮堂、黄丕烈、汪士钟、赵宗建、丁祖荫等相继藏书家。这比郑振铎所列授受源流表多出2人,并纠正郑振铎将何煌与顾氏试饮堂混为一谈之误。所引目录除与郑跋相同之赵琦美《脉望馆书目》、钱曾《也是园书目》《读书敏求记》《述古堂藏书目》及《季沧苇藏书目》、黄丕烈《也是园藏书古今杂剧目》及《待访古今杂剧目》、王国维《曲录》与丁祖荫跋文外,还以《钱陆灿调运斋集》所载《答孙蕉庵诗》考定钱曾居也是园年月;引瞿氏

① 郑振铎:《古今杂剧存二百四十二种二百四十二卷》,《西谛书跋》,文物出版社,1998年版,第455页。

② 孙楷第:《述也是园旧藏古今杂剧序》,《图书馆季刊》专刊第一种,1930年12月,第5页。

《铁琴铜剑楼书目》及《吴县志》补汪士钟收藏经过;以《也是园书目》勘黄氏《古今杂剧目》,究丁祖荫欺人之语以正郑跋之误。详参众书,对该杂剧集藏剧总数、钞刊原本、授受源流、孤本篇目等均作了详细考订,纠正了郑振铎长跋的许多沿误之处。观其引书150余种以考旧事、计多寡、论点画、列条目,在此基础上定今本之价值,实"多能发郑君所未发,亦不失为郑氏诤友也"①。两文相较,虽均以版本目录立论,郑振铎擅长高屋建瓴,从宏观着眼,气魄特大,其立足点在于向学术界宣示此书的发现经过与学术史价值;孙楷第则以详参目录、考订精细见长,立足点在于对该书具体细节的推究与探索。两位前辈学者对《脉望馆古今杂剧》的研究,至今未见超越。

　　通读郑振铎的藏书题跋,可以看出其版本信息与推断虽大多言之有据,然其作题跋之初衷却似无特定目的,大多随性而录,更多的是记录自己得书时的感受。当然,他并非不能为考订之语(他的《反离骚》跋、《十竹斋印》跋等堪称精严),实乃无暇于斯,以他藏书近十万册来论,每日至少阅书7册,更何况他还每日阅肆淘书,并担任繁重的编辑或教学工作,他作题跋,往往在购书后匆匆一阅的情况下写就,正如他为《芥子园画传三集》所作的跋语中云"收异书于兵荒马乱之世,守文献于秦火鲁壁之际,其责至重,却亦书生至乐之事也"②。其爱国护典之情于题跋中历历可见。

　　总之,郑振铎认为祁承爜与黄荛圃之跋"甘苦深知,乃不作一字虚语",且"最亲切动人,不作学究态,亦无商贾气"③。批评刘晦之远碧楼藏书之龙蛇莫辨、眉目难分:"仅知充目,诚非藏书家之藏书也,更不足以语读书者之藏书。"④他自己的题跋,其实亦可切"亲切动人,最富人性"之评,不愧为黄氏之异代知己。虽然数量与文献学价值还不足与黄跋并肩而视,但从这些题跋,不仅可以略窥郑振铎"收异书于兵荒马乱之世,守文献于秦火鲁壁之际"的爱国书生本色,更可考见其"不作学究态,亦无商贾气"的学者型藏书家品味。

---

① 孙楷第:《述也是园旧藏古今杂剧后序》,《图书馆季刊》专刊第一种,1930年12月,第3页。
② 郑振铎:《芥子园画传三集存二卷》,《西谛书跋》,文物出版社,1998年版,第131页。
③ 郑振铎:《澹生堂藏书训约四卷》,《西谛书跋》,文物出版社,1998年版,第86页。
④ 郑振铎:《远碧楼善本书目五卷》,《西谛书跋》,文物出版社,1998年版,第77页。

# 第三节　藏书与学术研究的关系

　　鲁迅1932年曾在致台静农的信中如此评价郑振铎："郑君治学，盖用胡适之法，往往恃孤本秘笈，为惊人之具，此实足以炫耀人目，其为学子所珍赏，宜也。"①此语本为鲁迅私下回答台静农所询郑著文学史一事，后来却被研究者频频引作论证郑振铎治学方法，乃至成为《插图本中国文学史》学术价值的断语，且几成定评：鲁迅的眼光相当敏锐，这大概是第一次在学术领域里将郑振铎、胡适置于一处加以讨论②。其实鲁迅此语，直接针对的乃是郑振铎发表于《小说月报》的小说研究各文，虽曰："此乃文学史资料长编，非'史'也"，实则鲁迅写信时《插图本中国文学史》尚未出版，他大概只看到的是刊载于《东方杂志》或《北平晨报》的《自叙》及北平朴社出的预约样本，抑或此前毁版于"一·二八"之役的"中世卷"数章。

　　不过，鲁迅此言毕竟一针见血地点出了郑振铎治学成就与藏书之间的密切关系，以郑氏十万巨册的藏书而言，在小说戏曲等俗文学研究界确实有着"恃孤本秘笈"的雄厚实力。然而，古来藏书家多矣，真正能将丰富藏书运用于学术研究领域并超越藏书家进而达于学者的却并不多见，有"孤本秘笈"可恃固然是研究的有利条件，然在"孤本秘笈"与"惊人之具"间，并不能如此简单地划上等号。

## 一、"恃孤本秘笈"：基于藏书

　　邵洵美曾在其《儒林新史》称，他印象中的郑振铎是一个收藏小骨董并靠小骨董吃饭的学者：

　　　　振铎当时所给我的印象的确像是一个收藏小骨董，和靠小骨董吃饭的。这个印象到现在仍旧没有模糊；他的文学史纲，他的中国文学史，他的一切研究著作，便是他所收藏的小骨董的几部目录。③

---

　　① 鲁迅：《致台静农》，《鲁迅全集》〈第十二卷〉，人民文学出版社，2005年版，第321页。
　　② 徐雁平：《胡适与整理国故考论：以中国文学史研究为中心》，安徽教育出版社，2003年版，第198页。
　　③ 邵洵美：《郑振铎的小骨董》，《儒林新史》（回忆录卷），上海书店出版社，2008年版，第117页。

邵洵美的印象没错,终郑振铎一生,无论是收集古书还是明器陶俑,乃至后来担任文物局局长主抓考古工作,"收藏小骨董"一直是他工作的重心,其创作与研究也确实是基于"小骨董"之上。然用"一切研究著作,便是他所收藏的小骨董的几部目录"来评价则明显以偏概全,忽视了他撰史乃至深入研究的努力。不过,这也正好从另一个侧面说明了学界对郑振铎学术成就与藏书之间的关系有着客观清醒的认识及评价。鲁迅之所以会有"恃孤本秘笈"的印象,主要原因就在于郑振铎此前发表小说演化的几篇论文,无一不是赖其收藏到的稀见版本才有惊人之见。以这些论文所涉及的版本数量与同时代学者相较,尤其是与遍访各大图书馆而成的《中国通俗小说书目》较,我们就可惊叹:郑振铎小说研究成就的取得,确实是建基于"竭尽本土所藏"(参见表6)。

表6　郑振铎与同时学者所据版本比较

| 小说 | 郑振铎所据版本 | | 同时学者所据版本 | |
| --- | --- | --- | --- | --- |
| | 论文所涉版本数 | 《西谛书目》 | 同时代论文所涉版本数 | 《中国通俗小说书目》 |
| 《水浒传》 | 10种 | 著录15种。其中3种为民国铅印本。另有论文未涉者:清圣德堂刊"英雄谱"本 | 胡适《〈水浒传〉考证》:4种(除水浒戏外);《〈水浒传〉后考》:6种;神山闰次《〈水浒传〉诸本》:9种;孙楷第《〈水浒传〉旧本考》:1种 | 著录17种 |
| 《三国志演义》 | 16种 | 著录7种:其中民国影印本2种 | 马廉《旧本三国演义版本调查》:16种 | 著录25种 |
| 《西游记》 | 11种 | 著录16种。其中民国印本3种,论文未涉者:含晶子注清光绪十八年刊本;清锦盛堂刊本;清汪象旭等撰黄太鸿评清初刊本;九如堂刊本 | | 著录12种 |
| 《岳传》 | 5种 | 著录9种。论文未见者:清经元堂刊本;清两仪堂刊本 | | 著录6种 |

通过表6的比较,我们可以发现,郑振铎之所以在胡适的考证与鲁迅的史略之外还能再出新意,最得助力的支撑便是他所收集的各种小说版本。鲁迅虽然并不赞同他的"炫耀人目"之举,且自信所著《中国小说史略》即便"域外奇书,沙中残楮"时有发现,也"尚无需因此大改"①。但后来在1935年的《中国小说史略》日译本序中还是接受了郑振铎等人的考证成果②。

除论证小说演化外,郑振铎还充分利用他无我有的稀见材料——

① 鲁迅:《致台静农》,《鲁迅全集》(第十二卷),人民文学出版社,2005年版,第322页。

② 鲁迅:《〈中国小说史略〉日本译本序》,《鲁迅全集》(第六卷),人民文学出版社,2005年版,第359页。

真正的"孤本秘笈",来拓展自己的研究领域,并取得许多先人一步的成绩,为后人开了研究的先路。此间的表现主要在于戏曲、敦煌变文及宝卷、弹词、鼓词以及版画的收藏与研究上:

(一)《脉望馆钞校本古今杂剧》,罗振玉、王国维曾于黄荛圃旧藏《元刊杂剧三十种》书签所题之"乙编"二字而心生幻想——除此三十种外是否还有别的三十种?然终无缘得窥。此"国宝"虽并未为郑振铎所得,却假他之手而最终归之北平图书馆。利用此书寄存他家近一年的机会,郑振铎得以先人一步窥其全貌,并以极其兴奋的语气记录下了自己亲历"国宝"购藏的经过——《跋脉望馆钞校本古今杂剧》。该长跋除第一次记载了国宝辗转三百余年的收藏历程,更是首次披露了各辗转过程中缺失掉的剧目70余种,并录出尚存元人剧目92种,其中据其鉴定属人间孤本者29种!虽与后出的孙楷第《述也是园藏古今杂剧》相比尚有不少遗漏和讹误,但毫无疑问,正是郑振铎此跋第一次将该书详细介绍给学术界,并引起了戏曲研究者的普遍重视与震撼,进一步改写了此后的戏曲史与戏曲文献史。

(二)变文、宝卷、诸宫调及其他民间文学①等,郑振铎曾在《中国俗文学史》中详细引用了九种变文的原文:《维摩诘经变文》《降魔变文》《八相变文》《伍子胥变文》《大目乾连冥间救母变文》《阿弥陀经变文》《有相夫人升天变文》《王昭君变文》《舜子至孝变文》,这几乎占了当时所发现变文文本的一半。虽然这些写本并非初次面世——罗振玉《敦煌零拾》与刘复编的《敦煌掇琐》都已载过变文,然真正将变文作为一种文体写入中国文学史的,他却是第一人。他不但在《插图本中国文学史》中设有专章《变文的出现》,而且在《中国俗文学史》里用了整整60页的篇幅来登载原文与论述其文学史价值。其所据的材料除了北平图书馆所藏与上述罗氏、刘氏及胡适、伯希和各书内容之外,更精确的来源是他1927年亲赴巴黎与伦敦通过背诵默写而抄带所得,在王重民等人的抄录成果未公布之前,郑振铎的钞本不啻为"孤本秘笈"。其他民间讲唱文学如诸宫调《刘知远传》,子弟书《东调选》《西调选》,明代民歌《白雪遗音》《童痴二弄》,等等,它们的首次整理出版均少不了郑振铎藏书的参与,所以赵万里赞

————————

① 郑振铎曾列自编《变文宝卷选》于《中国俗文学史》第六章参考书目,然此书《郑振铎全集》未曾言及,亦未见于各图书馆,应是拟编而未最终出版的书目,据推测应该是刊载郑振铎所藏的变文、宝卷等原文选。

他是"搜集和研究俗曲的第一人"①。

（三）版画。第一个关注版画的现代大学者当属鲁迅，他不仅关注古代小说中的插图，更留心于现代木刻画的推广与扶植。然真正大规模搜集版画并开始中国版画史研究的却是郑振铎。其《插图之话》《关于版画》《〈中国版画史图录〉序》《〈中国古代木刻画选集〉序》《〈中国古代版画丛刊〉总序》《〈中国古代版画选〉序言》以及《中国古代木刻画史略》，均是古代版画进入现代研究的开山之作。周心慧称其研究追本溯源，条分缕析，至详至明。《中国版画史图录》出至第五辑，洋洋20册，收图1 700多幅，大多是他自己的收藏："编者毕生心力，萃于有关版画图籍之收藏……本书所采，大致以编者所自藏者为主。"②正因为有着如此丰富的藏品为后盾，郑振铎才能大气磅礴，撰成《中国古代木刻画史略》。而今言中国版画史研究，郑振铎已成为当仁不让的第一人。如此硕果的取得，当然全赖其收藏之助——"虽零篇断简，无不兼收并畜"。然而可惜的是，其弟子吴晓铃先生所藏4 000多幅版画已经马文大、王致军整理全编出版③，而收藏更广、研究更早的郑振铎先生所藏版画却始终未见整理，连其早年著作《中国版画史图录》与《中国古代版画丛刊》都已难觅其踪，这不能不说是一个遗憾。

此外，郑振铎的推介性书目也处处可见其藏书的助力。如《关于诗经研究的重要书籍介绍》，郑振铎列出的诗经研究书目共210种，每种之后均附其可见版本。尤其是对于较少流传的苏辙《诗经传》20卷（明焦氏刊《两苏经解本》）、牟庭《诗篇义一卷》、郑樵《诗辨妄二卷》（顾颉刚从周孚《非诗辨妄》及《六经奥论》里辑出）等，都在书目后特别加以按语，引起读者重视。其他如《宋嘉定本天竺灵签》《明正统本圣迹图》《明弘治本历代古人像赞》《明万历本忠义水浒传插图》为他所仅藏的木版画图籍；《游仙窟》影印自郑振铎辗转得来的从日本古典保存会印行之元钞本（所藏为日本影印之醍醐寺藏康永三年钞本）；《挂枝儿》是他得的一部小选本，共41首民间歌曲（后来他又购得其姊妹书明末刊本《山歌》十卷）；《白雪遗音选》据他藏清代华广生辑之道光八年刊四卷本而选；《清人杂剧初

①赵万里：《西谛书目序》，国家图书馆古籍馆编《西谛藏书善本图录》，中华书局，2008年版，附录第5页。

②郑振铎：《〈中国版画史图录〉自序》，《郑振铎全集》（第十四卷），花山文艺出版社，1998年版，第250页。

③马文大、王致军整理：《吴晓铃先生珍藏古版画全编》，学苑出版社，2003年版，第6页。

集》所印皆西谛"十余年来,所聚清剧";《中国短篇小说集》所选传奇系小说的范围,"以编者个人所见的书为限";尤其是《长乐郑氏汇印传奇第一集序》,完全是郑振铎个人的藏品的展示……

以上都是郑振铎充分利用其藏书而完成的整理与研究工作,郑振铎的学术成就与地位尽管学界看法不一,但对他的整理功绩是有目共睹的。尤其值得一提的是,郑振铎还首次从刻书兴衰的角度见出当时书籍的流行程度——在西方理论以读者角度解读文学作品之方法尚未风行的时候,只有遍阅丰富藏书的学者方能立此新论。虽然这些新见心得只是如珠玉一样散落在他的藏书题跋里,其整理也还大多停留在第一阶段,但其探索性尝试与对后世的启示却不容忽视。

## 二、"为惊人之具":超越藏书

藏书是多数学者得以取得巨大成就的重要研究基础——就算是反对孤本秘笈的鲁迅,其所藏线装书亦近千种。然用外在条件之利来总括郑振铎的治学方式,是否遮蔽了他所付出的其他努力呢? 答案是肯定的。陈福康先生《郑振铎论》专以近2 000字的篇幅从治学方法与郑著价值两个方面对此蔽进行了辨析,他以《文学大纲》和《插图本中国文学史》所列参考书目多数都是铅印本、石印本、流行的坊刻本、丛书本以及影印本,来证明其并非"恃孤本秘笈"。而那些被郑振铎视作"珍籍"的民间讲唱文学,是因为他想抬高其文学史地位而特意加以突出的。"如果说,鲁迅因为当时没有读到原书而有误会是可以原谅的话,那么,后人借这句话来贬斥郑振铎此书就太无道理了。"①

朱文华先生则更为深入,他从鲁迅的评语里品出了直指胡适的讥刺意味:虽以郑振铎为对象,实则表明的是对胡适学术研究方法的某种否定②。当然,朱文立论的重点已经从辨析其书是否据"孤本秘笈"中跳脱出来,而是将目光投向更深层次的文学史该如何写作以及"胡适之法"的治学理念问题。陈朱二文已基本廓清了《插图本中国文学史》是否据自"孤本秘笈"及"胡适之法"能不能一味否定等诸问题,论据确凿,此不赘述。笔者想探讨的是,在治学方法上,依靠"孤本秘笈"与用"通行之本"间是否真的对立? 从秘笈中取得的突出成绩是否可

---

① 载思:《谈鲁迅对〈插图本中国文学史〉的看法》,《鲁迅研究月刊》,1987年第9期,第20页。
② 朱文华:《关于鲁迅讥评"胡适之法"的几个问题》,《鲁迅研究月刊》,2001年第2期,第56页。

以被轻视？站在藏书家的立场,坐拥秘笈者夥矣,以版本目录学成就骄人者亦众,然能真正将版本目录学运用于自己的学术研究,在抄书辑佚之外致"惊人之具"的成功者,却并不算多。有秘笈可"恃"而不用,岂不更令来者扼腕？

陈寅恪先生在《王静安遗书序》中概括王国维的治学方法有三,其中两者及于学术资源的重现天日:即"地下之实物"与"异族之故书";余则关乎学术资源的重新认识——取外来之观念与固有之材料互相参证。这三种方法都是以重识材料为基础,是王国维学术研究能够"足以转移一时之风气,而示来者以轨则"的支撑。20世纪初能在治学领域开一代风气的学者,每一个都以丰富的藏书为根基:王国维如此,梁启超如此,胡适如此,就连鲁迅,其日记中记载下来的所购书目即超过了3 977种,与郑振铎同在民国时期著名学者藏书家之列(据范凤书《中国私家藏书史》)。这是一个有"孤本秘笈"可恃的时代,除了"地下之实物"与"异族之故书",更多的新材料来自治学观念变革后的重新审视——这才是直接促成文学研究现代化转型的主要基础。

于是,我们不难理解,在俗文学学科刚刚创建尚未普及的时候,每一位取得显著成就的研究者都必须依赖于藏书,所别者不过在于"通行之本"与"孤本秘笈"的差异而已(参见表7)。

表7 鲁迅、吴梅、马廉、郑振铎所用版本差异

| 项 目 | 鲁 迅 | 吴 梅 | 马 廉 | 郑振铎 |
|---|---|---|---|---|
| 收藏古籍 | 线装书930种。以文学艺术类为主,约占三分之二,其他包括史学、地理学、佛学及自然科学之矿物学、生物化学、人类学等 | 《瞿安藏书目》著录1 491种,多为词集与曲本 | 928种,其中小说372种,戏曲364种 | 线装书7 740种,其中通俗小说682种,曲本667种,弹词鼓词289种,宝卷91种 |
| 目录著作 | 《历年购书帐目》(鲁迅日记);《鲁迅译著书目》;《说目》(俗文目录);《采录小说史料目录》;《旧绍兴八县乡人著作目录》 | 《奢摩他室曲丛目》;《奢摩他室曲待价目》;《瞿安藏书目》;《百嘉室藏书目》 | 《中国通俗小说考略》;《墨憨斋著作目录》;《〈永乐大典〉戏文、杂剧目录》;《大连满铁图书馆所藏中国小说戏曲目录》;《小说戏曲目录五种》;《不登大雅文库书目》 | 《西谛所藏善本戏曲目录》;《清代文集目录》;《纫秋山馆行箧书目》;《西谛所藏弹词目录》;《西谛所藏散曲目录》;《佛曲叙录》;《宝卷目录》;《鼓词目录》 |
| 研究成果(序跋除外) | 《中国小说史略》;《汉文学史纲要》 | 《顾曲麈谈》;《曲学通论》;《中国戏曲概论》;《元剧研究ABC》;《词学通论》 | 《旧本三国演义版本的调查》;《三国演义版本六种》;《清平山堂话本与雨窗欹枕集》;《〈录鬼簿〉新校注》 | 《中国文学研究》;《文学大纲》;《插图本中国文学史》;《中国俗文学史》;《中国古典文学文论》 |

由表7可见，开小说与戏曲学科史研究之先的鲁迅与吴梅，所据藏书均不在少数。当然，鲁迅与吴梅所撰小说史和戏曲史筚路蓝缕，文字简练而立论弘伟。宏观立论，所要讨论的是整个文学发展的脉络，及该作品所处的历史地位。相比之下，具体作品的刊刻、流转以及异文虽随版本殊异，核心内容却万变不离其宗，是以"通行之本"并不会妨碍总体立论，但执其某端而溯源探流的考证却也不可或缺。郑振铎与马廉的研究路数本就不同于鲁迅、吴梅，他们走的就是胡适之版本考证的路子，必须从微观入手，立足于具体某部小说的演化。故不能不借助各种版本，以其变迁作依据进而描绘出小说演变的源流授受图。郑振铎与马廉的研究成果，很多本身即"就版本而论版本"，当然要以孤本秘笈为尚。

"孤本秘笈"与"通行之本"表面看只是材料选取和资源占有上的不同，实则内中深藏着治学思路与研究特点的迥异。就具体作品的研究而言，王国维的《〈红楼梦〉评论》和胡适的《〈红楼梦〉考证》分别从艺术内涵和文本考证两个方面代表了小说研究之"内在"与"外围"研究的两种典范，奠定了现代意义的小说研究基础。鲁迅的《中国小说史略》乃第一部小说通史，高屋建瓴，勾要提玄，多精辟之论，但其成就建基于他自身深厚的学养和卓越的史识之上，这并不是每个学者努力可以达到的。相反，胡适所示范的版本排列、作者考证、文字对校等方法却有着很强的可操作性，他用"历史演进法"为小说文本寻找到的祖孙关系，以"疑古"精神打倒此前的种种索隐与附会，将小说从历史中还原成文学，又从历史尘埃中扒掘出小说的作者，这种方法很容易被模仿学习并作出成绩。所以，胡适文章一出，立刻掀起了古小说研究界争相寻根溯源、考证"演变过程"的热潮。除郑振铎外，还有李玄伯《水浒故事的演变》，陈寅恪《〈西游记〉玄奘弟子故事之演变》，秦女、凌云《白蛇传考证》，李振芬《孙行者闹天宫故事之演变》，李家瑞《从石玉昆的〈龙图公案〉说到〈三侠五义〉》等同类型文章见刊。

因此，超越版本的史识与大气固然是学者得以成其大的自身条件，文学发展的总体趋向当然值得研究，但对具体作品的分析与微观考察亦不可缺少，它们都是古典文学研究进程中并行不悖的两翼，也是现代化进程中形成的两种互补的学术传统。

其实，除了版本考证与珍籍刊布，郑振铎在学术上的成就，还有许多方面是超越了藏书的：他以创作小说、诗歌和散文成名，是新文学运动干将；他翻译（或译述）了大量外国作品与论著，篇幅占到了20卷全集中的整整4卷；他著三种文学史，以世界文学的眼光和进化论观点树立了中国文学史撰写的叙述模式。真正可称为资料长编的，恰恰是鲁迅并未得见的《中国俗文学史》。即便是资料长编，也未尝不是文学史写作进程中的准备——鲁迅本人就曾在致曹聚仁信中表达过欲编文学史稿先作长编的意愿。即以被他诟病的《中国文学研究》与《插图本中国文学史》为例，其真正具备长久学术生命力的"惊人之具"，并不是那些足以炫耀人目的"珍籍"，而是郑振铎引领时代之流的学术敏感与敢为人先的尝试：《论金瓶梅词话》《元代"公案剧"产生的原因及其特质》《论元人所写商人、士子、妓女间的三角恋爱剧》就超越了小说版本，运用社会分析法来深入阐述小说戏曲的思想内涵与时代背景；《插图本中国文学史》更是终结了文学史写作的原有模式，在胡适《白话文学史》基础上确立了一种崭新的叙事格局，并成为新的被效仿的传统。所以，苏精评其"成名虽早，影响也大，可是一般对他的成就却看法不一"，确是一语中的。因为外行无权置喙，而内行又往往极专，导致偏一隅而难以窥全貌：

> 民国以来的文学界，有不少人以一身扮演多样的角色，但除了胡适、鲁迅等极特殊的例子，能在每个角色上都有很高的成就和深远的影响外，通常只是在一二专门研究或创作方面出类拔萃，学有余力时再旁及其他，很少人会像郑振铎一样，由于对文学的万分热忱和强烈的使命感，成为一个中外不拘、新旧不挡，翻译、创作、研究多管齐下，极其"复杂"的文学家。[①]

# 小　结

访书、买书、藏书、印书、读书、著书——郑振铎的一生，就是为书籍的一生。从幼年尚无余裕置书开始，"爱书"就已深深地铭刻在了他

---

① 苏精：《近代藏书三十家》，中华书局，2009年版，第188页。

的生命里。后任职商务印书馆,薪酬优渥,嗜书成癖加上地处江南藏书聚散中心,乃节衣缩食大力购藏。抗战期间,出于对中华民族亡国灭种的深重忧虑,以书生之微力为保存先民文献做了大量工作,"收异书于兵荒马乱之世,守文献于秦火鲁壁之际",为搜购祖国珍稀古籍,防止孤本秘本流失海外作出了重要贡献。1949年后,郑振铎先后任职国家文物局与中国科学院文学研究所,并分管图书馆工作,为新中国的文物古籍整理事业奠定了基础。其一生学术兴趣间有转移,研究内容也极驳杂,但所有的学术成就,均建基于他丰富的藏书与对藏书的利用之上。毫不夸张地说,郑振铎的藏书,就是成就他"百科全书"式学者最为独特也最有利的研究基础。

# 第三章  学术成就与藏书之关系
## ——以文学史研究为例

宇文所安在《过去的终结：民国初年对文学史的重写》中说："'五四'一代人对古典文学史进行重新诠释的程度，已经成为一个不再受到任何疑问的标准，它告诉我们说，'过去'真的已经结束了。"①如果说胡适《白话文学史》是对过去文学进行终结宣判的话，郑振铎《插图本中国文学史》则标志着文学史撰写新传统以典范的形式真正得到了确立：

> 林、黄两种文学史著作，体例上、篇幅上都有很大差异，但都带有草创时期的共同缺陷：虽吸收了新观念，但其主体仍是中国传统学术的内容、模式。直到郑振铎《插图本中国文学史》在二十多年后问世，才表现出全新的特点：采用进化论的观点，将法国人丹纳所说的环境、时代、人种作为文学发展的三要素，注重外来影响和民间影响，采用古代、中世、近代分期法等，体现出较强、较系统的理论性。②

陈平原也将郑振铎归入"四代文学史家"中的第一代③，正是这代

---

① 宇文所安著，田晓菲译：《过去的终结：民国初年对文学史的重写》，《他山的石头记——宇文所安自选集》，江苏人民出版社，2002年版，第333-334页。

② 邓乔彬、赵晓岚：《学者闻一多》，学林出版社，2001年版，第382页。

③ 陈平原在《文学史的形成与建构》中如此描述第一代文学史家："第一代文学史家主要活动于1910年至1940年，代表人物均为上世纪生人。其特点是：第一，借助于西方'文学'及'文学史'观念，从事系统的'科学研究'。其学术思路，伴随着新教育体制的建立而迅速传播。第二，由于身处新旧交接时期，学者们大都有较好的旧学修养。在具体研究中，承继乾嘉遗风，注重考据辑佚，兼及金石与文史。第三，或从'新'新人转为'旧'学者，或将'新文学的建设'与'国故之新研究'合而为一，这一代的文学史家，其活动的天地，大都不局限于书斋与教室。第四，其开拓者的姿态，至今仍令人神往。开风气，立规则，跑马圈地，四面出击——至于在所难免的粗疏与乖谬，自有后人加以纠正。"广西教育出版社，1999年版，第10页。

文学史家的不断尝试和努力,中国文学史的叙述在某个共识下才变得口吻一致,而后渐渐固成一个"模式"①。其实,《插图本中国文学史》的体例、内容、文学史观及分期方法等并非始创于郑振铎,却是他第一次将其完整系统地有机糅合到了一起。今天我们给"文学史"的定义——在一定理论观点指导下阐述各种文学内容、文学形式、文学流派的产生、发展和演化,已成为学界共识,这正是第一代文学史家不断摸索后直至20世纪30年代才凝结而成的新传统。因为在文学史写作的幼年时期,连"文学"的范围都众说纷纭,更别说要寻求规律了。因此,郑振铎虽不是第一个用进化史观与白话文来讲述中国文学发展故事的人,但其相对成功的叙述模式却被代代继承,尽管具体的探讨远无止境,此一书写模式却成为了一个相对稳定的借鉴对象。

## 第一节  叙述模式与文学史观念

中国古代本无"文学史"概念。"文学史"之名,起源于西方的history of literary ,转道日本而输入中国。它最初附着于历史(history),也就是一种以"文学"为对象的历史述说。故"中国文学史的编纂,是建立了近代'史'的观念之后的产物,同时也与'西风东渐'大有关系"②。20世纪初,中国新文学创造者借用这种历史叙述的形式来重新讲述一个有关"中国古代文学"的故事,以期得出"旧文学"已经"死去"的结论。他们试图以崭新的视角与方式对历代文学的源流、变迁加以重新认识与描述,在为"新文学"之白话主张寻找历史根源的同时,也为中国文学寻找世界性定位。

正如戴燕在其《文学史的权力》中所言:"文学史是借着科学的手段,以回溯的方式对民族精神的一种塑造,目的在于激发爱国情感和民族主义。"③20世纪20—30年代呈现的"文学史"撰著热,从根本上说是深刻地反映了民族精神在现实环境困扰下的学术界一种普遍的焦虑:"一个占优势的成年文明,突然发现自己在世界上处于未成年的地

---

① 参见董乃斌、陈伯海、刘扬忠主编:《中国文学史学史》(第二卷),河北人民出版社,2003年版,第71页。

② 邓乔彬、赵晓岚:《学者闻一多》,学林出版社,2001年版,第381页。

③ 戴燕:《文学史的权力》,北京大学出版社,2002年版,前言第2页。

位。"①中国知识分子不甘心在物质文明落后于西方列强的同时也丧失中国文化在精神文明领域的话语权,他们急欲在世界舞台上证明中国的存在。他们套用西方的文学理论,试图重新阐释中国古代文学的精髓,同时宣判"旧文学"的走向末日。因此,"研究'文学史'从来不是'为历史而历史',从来不是为了纪念'过去',而是通过追溯历史为现实服务"②。20世纪20—30年代,层出不穷的"文学史著"实际反映出的是中国文学界欲重建民族信心的共同焦虑——因为中国文学伴随着国家文化的沉暮以及语言文字的隔阂而被世界文学研究者所忽视,世界流行的文学创作方式与研究理论又与中国传统文学模式相距甚远,为了融入世界潮流,在世界上重建中国形象,尤其是世界文学界争得自己的话语权,他们必须宣判中国"旧文学"的种种落后,从而为导入"新文学"扫清障碍。从林传甲到黄人再到谢无量、朱希祖,他们力图套用新传入的观念来归纳中国古代文学,却总是逃脱不掉传统学术模式带给他们的束缚,直到郑振铎《插图本中国文学史》在20多年后问世,才表现出全新的特点③。进化的观念、社会的分析、外来的影响与民间文学的作用,从此成为后来无数文学史撰著者沿用的新传统,白话作为文学以及文学史叙述语言被接受并纳入真正完整的文学史,"我想我们应该记得它的历史性——它是从《插图本中国文学史》开始的"④。

我们今天见到的文学史著,无论是断代还是通史,亦不管是标榜"重写"还是"重绘",其叙述模式与编撰体例都已没有太大差别。"现在的文学史以背景、传记、思想艺术三分天下的体裁已自成一格,以撰述者口吻写来的叙述形式也大致定型。"⑤由最初林传甲的目录式学术史到谢无量的"大文学史",文学史虽作为教育学科已开设了好几年,各种讲义也纷纷涌现,其叙述方式却还没有一个普遍认可的标准:文学

---

① 费正清编,杨品泉、张言、孙开远等译:《剑桥中华民国史(上)1912—1949》,中国社会科学出版社,1994年版,第1页。

② 李杨:《文学史写作中的现代性问题》,山西教育出版社,2006年版,第167-168页。

③ 邓乔彬、赵晓岚:《学者闻一多》,学林出版社,2001年版,第382页。

④ 宇文所安著,田晓菲译:《过去的终结:民国初年对文学史的重写》,《他山的石头记——宇文所安自选集》,江苏人民出版社,2002年版,第321页。

⑤ 葛兆光:《陈列与叙述——读谢无量〈中国大文学史〉》,陈国球、王宏志、陈清侨编《书写文学的过去:文学史的思考》,麦田出版股份有限公司,1997年版,第351页。

观念在"纯文学"与"杂文学"之间徘徊;叙述语体在文言与白话间摇摆。傅斯年说以旧法著中国文学史,"为文人列传可也,或变黄全二君'学案体'以为'文案体'可也,或竟成《世说新语》可也",但是"欲为近代科学的文学史",则"不可也"①。那么,文学史是陈列过去的文学现象还是用先入为主的史观牵合材料? 显然,在外国文学史著之"新法"已渐渐引入的时代,再用"旧法"著史已不能为学界所承认及满意了,然那些尝试性史著都有不尽如人意之处,却一时还没有通行的可压倒他著的范本。

## 一、叙述模式

第一,语体:白话的确立。最先出版标举"国语"(即白话)的中国文学史虽为凌独见所撰,实则是胡适。凌氏曾为胡适弟子,其《国语文学史》多有借用乃至剽窃胡适《国语文学史》讲义之处。胡适后来正式出版的《白话文学史》不但叙述内容是"白话文学",本身也是一部白话作品,许多标题还故意保留了讲课时的口语特色:如"我为什么要讲白话文学史呢""古文是何时死的""故事诗的起来""歌唱自然的诗人"等等。此语体用来撰著"白话文学史"固无问题,然要作为中国文学史的叙述语言,有异议者则大有人在了。 曾毅在1930年《订正中国文学史》改编大旨里的自白,大概可以揭示出撰著者摇摆于文言与白话之间的心态:

> 今人叙述,多用白话文学,以为时髦,本编则以浅显之文言行之。良以文学史与他种不同,欲明文学史,必须晓读古书,若于文言以为难,可无庸再讲文学史也,故不欲从俗。②

该文学史初版在1924年,其时白话已开始成为"时髦",曾著基本采用文言——不过是浅显之文言,其过三万册的销量已证明了受欢迎程度。但到订正再版时"白话"的地位则今非昔比——大有取代文言之势了。故曾毅特意阐明自己"不欲从俗"。其理由倒值得今天的撰史者一道深思,即古代文学客观上一直是"古文传统史",也就是文言

---

① 傅斯年:《王国维之宋元戏曲史》,《新潮》,1919年第一卷第一号,署名"孟真"。
② 曾毅:《订正中国文学史》"改编大旨",泰东书局,1930年版,第1—2页。

的天下,用新近得势的白话来讲述文言的过去,是否真的切合中国文学史实际？郑振铎的处理是用白话串起原文的文言,既不是后世成熟的纯粹白话论述,文言仅作直接引文,也不是前辈所用的经传语体。如论《离骚》:

> 自"帝高阳之苗裔兮,朕皇考曰伯庸"起,始而叙述他的身世性格,继而说起他自己在"惟党人之偷乐兮,路幽昧以险隘"之时,不得不出来匡正。"岂余身之惮殃兮,恐皇舆之败绩",不料当事者并不察他的中情,"反信谗而齌怒"……①

全书除鸟瞰等论述部分全用白话外,作品分析与作家介绍总是免不了文白夹杂,这也成为吴世昌指责其一手抄"文苑传"一手抄"疑年录"的口实。其实,这恰恰表现的是白话刚被确立为文学史论述语体时对文言作品的消化不良。

20世纪30年代前的文学史,林传甲不用说,张之纯曰"经传为文学之正宗,一切文学体例本于经传者居多"②,写作自是使用经传语体,即纯粹的文言——因为这个时候他们还不会想到有朝一日通用语体会变成白话。就是王国维、鲁迅、刘师培、刘毓盘等人被吴世昌列举为典范的几部史著,也都是文言。连后来关注民间文学研究的胡怀琛,所著《中国文学史略》全篇亦为文言。因此,胡适之《白话文学史》虽然有力地证明了"白话也可成为撰史语体"的可行性,但质疑"未必不是白话即不好"③的声音大有人在,杨次道就一针见血地点出"白话文学三主张,乃修辞学上最低的限度,并非最高的能事"④。张大东也说作为文学史"应当高处观察,保持各时代文学演进趋势均衡的状态,不能偏重任何一方"⑤。可见学界对胡适毫不掩饰地偏重"白话"是不予苟同的。在文学史著里确立白话语体的主流地位,是从郑振铎《文学大纲》开始,到《插图本中国文学史》才真正得到承认。《文学大纲》因为译述自外国著作,其中国文学部分以白话出现自为理所当然,《插图本中

---

① 郑振铎:《插图本中国文学史》,《郑振铎全集》(第八卷),花山文艺出版社,1998年版,第55页。
② 张之纯:《中国文学史》"编辑大意",上海:商务印书馆,1915年版,第3页。
③ 丑文:《读胡适之的〈白话文学史〉》,《革命周报》,1929年第101—110期。
④ 杨次道:《读胡适之〈白话文学史〉》,《一般》,1929年第1—4期。
⑤ 张大东:《评胡适之〈白话文学史〉》,《国闻周报》,1929年第6卷第22期。

国文学史》则无论是标题还是内容都有意彰显"白话"地位的史著。如许多标题与论述能明显感觉到来自口语的书写:"律诗的起来""词的起来""西昆体及其反动""昆腔的起来"等等。这些口语化标题承自胡适,却在郑振铎这里得到确立,后来的陆侃如、冯沅君乃至刘大杰、林庚都有沿用。因此,《文学大纲》与《插图本中国文学史》便成了用白话语体叙述完整中国文学史的范本,从此,撰史者不再为选择文言还是白话而有所踌躇了,因为白话已经被证明了是既时髦又不失客观的可操作性语言体式。此后,撰史语体是文言还是白话便不再是一个值得讨论的话题——大家都不约而同会选择白话。

郑振铎本人,除藏书题跋外,创作与论文从一开始就是使用白话:"年十八九,从浙东到北平就学。时文学解放运动方开始,我乃立弃旧所习,发奋写作白话文。"①故其撰史之先,从未想过使用文言,何况他秉承胡适观点,认为中国文学史的真正中心乃在于"白话文学",是以更不会往那"古文传统史"的路上靠。与胡适《白话文学史》饱受"太偏见"的诟病不同,郑振铎选择了一种温和而兼顾客观事实的叙述方式。如其《文学大纲》虽大力标举中国古代小说戏曲的发生与发展,却也在《十八世纪中国文学》中给中兴的骈文以一定空间;《十九世纪的中国文学》虽还是将小说与戏曲作为该章开篇两节,却也没有忘记那些在文学史上应该留名的落寞诗人与古文家。《插图本中国文学史》虽然贯彻的是为"那许多曾经打动了无量数平民内心"之"真实名著"争地位的方针,其"辞赋时代""古文运动""西昆体及其反动""元及明初的散文""拟古运动"等章节,毕竟没有罔顾那些曾在文学史上产生过重要影响却被新文学运动者唾弃的作家与作品。

第二,结论:先验立场。当我们习惯了被各文学史著者灌输"文学进化"思想,再回头去看当年稍显粗浅幼稚的文学史时,我们就会发现,在当时运用了被视为进步文学史观念的各种文学史,不过是著者们以先入为主之见,借助古代文学材料论证自己观点的"私著",并不一定是中国文学发展进程的真正历史。所以,葛兆光反过来怀念谢无量的《中国大文学史》:

---

① 郑振铎:《中国文学论集序》(第六卷),《郑振铎全集》,花山文艺出版社,1998年版,第689页。

我反对用彬彬有礼的所谓"叙述"强加于人,把一部文学史"占为己有"并仍挂着"史"的招牌……谢氏此书虽然鲜有个人创见,但《中国大文学史》这种较少搀入主观见解,汇集古人评论以显当时文学观念,载录古代传记以存当时文学历史,摘引大段作品以明当时文学创作的"陈列"方式,无意中正好瓦解了强迫性的叙述语言与观察角度……更直接地展示了当时的文学创作。①

当然,作为一种历史叙述,纯粹的客观是不可能的。西方学者言"历史是一个任人装扮的小姑娘",中国学者言"任何历史都是当代史"。即使是最没有著者身影存在的史料,其删汰保存本身就暗含着时代思想的选择。故葛兆光先生的反对只能说是一个美好的想象,只要是个人著作,就必然含有著者的主观理念——哪怕其撰著的是所谓"历史"。问题就在于,如何让"占为己有"的私著成为他人可以接受并承认的公著呢?

郑振铎选择白话作为叙述语体乃自觉意识所致,其叙述结论则显然是他事先主观设定的——即那些"打动了无量数平民的内心"的"真实的名著",才是表现中国文学整个真实面目与进展历史的主角。进行文学史论述不过是驱遣材料为己服务罢了,因为他相信关于文学理论的讨论,大都起于一种先定的推理②。对于这一点,他毫不讳言自己的"先入之见":

唐、五代的许多"变文",金、元的几部"诸宫调",宋、明的无数的短篇平话,明、清的许多重要的宝卷、弹词,有那一部"中国文学史"曾经涉笔记载过……难道几篇无灵魂的随意写作的诗与散文,不妨涂抹了文学史上的好几十页的白纸,而那许多曾经打动了无量数平民的内心,使之歌、使之泣、使之称心的笑乐的真实的名著,反不得与之争数十百行的篇页么?这是使我发愿要写一部比较的足以表现出中国文学整个真实的面目与进展的历史的重

---

① 葛兆光:《陈列与叙述——读谢无量〈中国大文学史〉》,陈国球、王宏志、陈清侨编《书写文学的过去:文学史的思考》,麦田出版股份有限公司,1997年版,第355页。
② 莫尔顿著,傅东华译:《文学之近代研究》,《小说月报》,1926年第十七卷第一号。

要原因。①

这段自白表明，郑振铎不愿意在他的文学史里用"好几十页的白纸"去叙述事实上的"河汾诸老、前后七子"及"桐城、阳湖"们，而要把篇幅留给所谓"真实的名著"——至于这真实的名著到底是当时的名著还是郑振铎心目中的名著，我们现在已经不用争辩了。因此，宇文所安认为，在他们所写的文学史里，他必须讲述这样的一个故事：这个故事应该得出古典文学已然宣告终止的结论。这个结论控制了历史结构②。

《插图本中国文学史》就是这样处处用篇幅与论述表明著者立场的，无论当时代的文学主流如何，我们在这里得到的印象就是：古文运动的灿烂成果是传奇文；宋代文学除了词与江西诗派，似乎重点倒是鼓子词、诸宫调、散文与语录；明代文学的主角彻底让位于杂剧及小说。对文学现象与作品的评判更是带有明显的个人印记：西晋以前古代文学特点之一是纯然未受外来影响；古代的文字和语言本来是合一的；《诗经》的真价与真相因汉儒抬高其地位而被蒙蔽；《诗经》应该分为诗人的创作、民间歌谣与贵族乐歌三类；民间歌曲在与文士阶级接触前都是粗豪鄙陋的，是文士拟作给了其新生命；"抱残守缺"者乃是为着利禄之故，不敢修正整理先生之言；古文运动是对魏晋六朝骈俪文的反动；传奇的体例与组织完全是由印度输入……如此种种，因为先有了结论，其材料展示才围绕这个先验结论进行，哪怕是在论述过程中有所抵牾，他也不惜驱遣材料牵合其主要论点。如他关于近代文学的鸟瞰：

> 近代文学的意义，便是指活的文学，到现在还并未死灭的文学而言……在这四世纪的长久时间里，我们看见一个本土的最伟大的作曲家魏良辅，创作了昆腔；我们看见许多伟大的小说家们在写作着许多不朽的长篇名著；我们看见各种地方戏在迅速的发展着；我们看见许多弹词、宝卷、鼓词的产生。③

① 郑振铎：《插图本中国文学史·自序》，《郑振铎全集》（第八卷），花山文艺出版社，1998年版，第2页。

② 宇文所安著，田晓菲译：《过去的终结：民国初年对文学史的重写》，《他山的石头记——宇文所安自选集》，江苏人民出版社，2002年版，第311页。

③ 郑振铎：《插图本中国文学史》，《郑振铎全集》（第九卷），花山文艺出版社，1998年版，第339-340页。

郑振铎所定义的近代是指从明世宗嘉靖元年（1522）到五四运动前（1918）的四百余年，明代中期以及整个清代，科举考的是八股文、社会主流及青史上以文留名者均奉诗文为正体。但这段概述，完全不见诗文的任何作者，"伟大"者乃作曲家与小说家，"不朽名著"被戏文、长篇小说甚至弹词、宝卷与鼓词所取代。但郑振铎毕竟是搜藏明清两代文集极富的收藏者，他还是不能不对此盛极一时的诗文有所表示，于是他给明中后期诗人一个笼统的题目——拟古运动的第二期，但它所占的篇幅之少、叙述之随意，远远不能与此前戏曲、小说的声势相抗衡："昆腔的起来""沈璟与汤显祖""南杂剧的出现"及"长篇小说的进展"四大章，而"拟古运动"仅居一章之隅而已。所以，当戏曲不复为时代兴盛之体时，郑振铎就断定19世纪的中国文学，颇呈衰落之象①。

第三，论证方式：故事性描述。林传甲的《中国文学史》被郑振铎斥为"钞《四库提要》上的话"，这其实表明了文学史写作在幼年时期的迷惘：传统负"辨章学术，考镜源流"之责的正是目录与提要。既然要梳理"文学"之发展的源流，又须在有限的篇章内罗列众多作家与作品，最早的撰著者当然首选提要式著述方式。但是西方的文学史不是这样，他们是要讲述一个关于"文学"的故事——如约翰·玛西就直接将自己的世界文学史命名为《世界文学故事》（Story of the World's Literature）。谢无量的《中国大文学史》较少著者的主观评判，倾向于罗列历代诗文评里的已有叙述，从根本上说走的是与林传甲相同的路子，无怪乎张大东要说他"东抄西袭"②。

真正独具己见的史著首先来自胡适，他用"古文传统史"与"白话文学进化史"的死活对立来讲述一个白话文学如何成为"最热闹、最富于创造性，最可以代表时代"的过去。胡适在其《国语文学史》讲义的开篇就申明要讲述一个关于白话文学"很长又很光荣的历史"的故事，郑振铎则是要叙述一个"完整的中国文学的真实"的故事：它是关于"文学的过去"，首尾相连，并有着一个已设定的结局，串接各时代的线索上显示着故事进程的高潮与低谷，故事情节的发展有着"生、活、死、灭"的过程，等等。与林氏及谢氏等人的学术史相比，胡、郑二人的文

①　郑振铎：《文学大纲》，《郑振铎全集》（第十二卷），花山文艺出版社，1998年版，第386页。
②　张大东《评胡适之〈白话文学史〉》云："曾毅《中国文学史》空发议论，谢无量《中国大文学史》和刘师培《中古文学》东抄西袭。"见《国闻周报》，1929年第6卷第22期。

学史早在撰史之先,就已给这个故事想好了架构与结局,各章节的展开只是将故事发展各阶段的材料按时间填充进去而已。

故事性描述的另一个表现是文学化的叙事语言。我们现在已经习以为常地以为论文必是理性思维凝结的客观说理的集合。但在20世纪30—40年代,白话刚确立在文学语体与应用语体中的主流地位时,论说文也往往充满了诗性的激情。如郑振铎的一篇关于蝴蝶故事演变的论文,读来却是春意盎然,宛如优美散文。同样,其《插图本中国文学史》的论述中也充满激情的文字,有时更是可以想见作者因略显急促的语速而导致的稍欠修饰:"《楚辞》他们变更了健劲而不易流转的四言格式,他们变更了纯朴短促的民间歌谣,他们变更了教训式的格言诗,他们变更了拘谨素质的作风。他们大胆的倾怀的诉说出自己郁抑的情结从来没有人曾那末样的婉曲入微,那末样的又真挚,又美丽的倾诉过。"①这种口语化又文学化的叙事性语言,在今天的学术论著中已很少出现了,但在当时却颇为流行,尤其著名的是闻一多"诗中的诗,顶峰上的顶峰"之赞叹,两相对照,郑振铎的激情澎湃反而算不得出格了:

> 这是诗中的诗,顶峰上的顶峰。从这边回头一望,连刘希夷都是过程了,不用说卢照邻和他配角骆宾王,更是过程的过程。至于那一百年间梁陈隋唐四代宫庭所遗下了那分最黑暗的罪孽,有了《春江花月夜》这样一首宫体诗,不也洗净了吗?②

总之,处处借西方理念来疗救传统痼疾的"五四"一代学者,自然不会满意于承袭目录提要的"学术史"式文学史。他们批评"中国从古到今,不特无有文学原理的书的出现,且没有一部全备的文学史"③,故西方的"叙述"式编撰模式才是抱整理之目的的新文学者所乐于模仿的。胡适正是以西方文学史从拉丁语言文学走向民族语言文学为理由,得出中国文学史的终极目的是白话文学的结论。郑振铎的《插图本中国文学史》虽在新中国成立后处处删除了涉及胡适的字眼,但其

---

① 郑振铎:《插图本中国文学史》,《郑振铎全集》(第八卷),花山文艺出版社,1998年版,第52页。
② 闻一多:《宫体诗的自赎》,《唐诗杂论》,上海古籍出版社,2001年版,第16页。
③ 和:《文学批评与编辑中国文学史》,《晨报附刊·文学旬刊》,1924年第50期第1版。

关于新文体生长消灭的故事性描述,则毫无疑义是承自胡适。此一论题,研究者早有高论,此不赘述,兹引一段李杨先生的《文学史写作中的现代性问题》讲义,作为叙述模式的总体评价的论定:

> 中国文学史的叙事格局,大体形成在20世纪的20~30年代……"文学史"都有一个共同目标,那就是讲述一个有关"文学"的过去的故事,它要把过去的作品放在一个可以让人理解其前因后果的序列之中,也就是说,"文学"是为了印证这个因果序列——这个历史观服务的。在这种线性的历史观念中,既然有过去,就一定会有现在和未来。这样,研究"文学史"从来不是"为历史而历史",从来不是为了纪念"过去",而是通过追溯历史为现实服务。①

## 二、文学史观念

郑振铎的文学史观念是被论者论述特多、研究已很深入却又不可能避免的一个话题。在"文学"之定义尚未取得统一的时代,郑振铎关于文学性质、目的、范围以及文学史观的看法,尤其是他对当代人研究成果的吸收,实际上是那个时代文学史家所特有的心情与智慧汇总。他在《插图本中国文学史》里首先将文学史与"历史"挂钩,并以19世纪历史观念的转变作为文学史观念也应该随之变更的基础:应由"文学巨人"的传记集合转变为展示"某一个环境、时代、人种之下的一切变异与进展","表达这一国的民族的精神上最崇高的成就的总簿"②。这样,做文学史"就有点像自然科学在实验室中的实验了,处处体现出实事求是的精神"③。当然,郑振铎的文学史观,还是他自己在《最后一次讲话》里的总结最为直接:

> 1.我那时所介绍的"新观点"……就是泰纳的英国文学史的观点,强调时代影响。此外还有庸俗进化论的观点,受英国人莫

---

① 李杨:《文学史写作中的现代性问题》,山西教育出版社,2006年版,第167页。
② 郑振铎:《插图本中国文学史》,《郑振铎全集》(第八卷),花山文艺出版社,1998年版,第6~7页。
③ 董乃斌、陈伯海、刘扬忠主编:《中国文学史学史》(第二卷),河北人民出版社,2003年版,第66页。

尔干(Morgan)(按:此处应该是美国作家莫尔顿)的"文学进化论"的影响。还受安德路·莱恩(Andrew Lang)的民俗学的影响,认为许多故事是在各国共同的基础上产生的。

2.强调外国文学对中国文学的影响,把很多东西都看作外国来的。①

以上自我批判,涉及的文学史指导思想有"时代影响""进化论"、民俗学及外来影响,连理论渊源都一一指出(只有外来影响本来多受自胡适,此处讳言)。其中民俗学考察主要指的是其《汤祷篇》之古史研究各文,外来影响则因已于《世界文学史上的中国文学》一节中论及,故以下试还原到30年代的文学史撰著环境,仅分别分析时代影响与进化观念所施于郑振铎文学史著的痕迹。

第一,强调时代影响。用种族、环境与时代来关照文学史,始于法国文学批评家泰纳的《英国文学史》(现通译为丹纳),"文学作品既不只是想像的游戏,也不是从热狂的头脑里杜撰出来的自得其乐的胡诌,而是围绕我们周围的风俗习惯底缩图;是一种精神状态底指标"②。当然,中国自古以来就有"知人论世"的批评观,只不过泰纳的三源泉比"知人论世"更具体而已。泰纳认为"书本犹如变了化石的贝壳",是已死灭了的东西,后人所据以研究的,不过是这种东西上的一点痕迹,但这些痕迹并不是研究的目的,而是要努力去再现那"生气泼剌的存在"。这种存在是在人类感悟及思想之上的一种体系③。文学史研究就是要从精神状态的三个源泉中找出文学现象背后的"体系"。

泰纳作为文艺批评家被介绍到中国虽是20年代末(1928年《小说月报》刊载了陈鸿译自布伦退尔的《文学批评家泰纳》,并附有《泰纳重要著作梗概》),其实早就有论者在文学史撰著的思考上零星介绍过泰纳,主张研究文学史的新方法是"以科学的见地生物学的方法",认为"一切作品都可用人种、环境及时代"三者进行观察④。也有人呼吁文

---

① 郑振铎:《最后一次讲话》,《郑振铎全集》(第三卷),花山文艺出版社,1998年版,第379页。
② 泰纳著,逸夫译:《英国文学史序论》,《世界文库》(第十册),生活书店,1936年版,第4787页。
③ 泰纳著,逸夫译:《英国文学史序论》,《世界文库》(第十册),生活书店,1936年版,第4794页。
④ 仲云:《一种研究文学史的新方法》,《文学周报》,1921年第124期。

学史著应当综合考察外在的时代因素与文学家内在的自身因素："应当将文学家的时代、环境、个性、作风,以及他受了什么影响,给了后人什么影响——记述下来,这都是文学史的责任。"①不过,泰纳的《英国文学史》虽是第一部从种族、环境与时代关系角度来考察文学现象的文学史著,但全书的重点,是在研究英国民族和文化,能够给读者许多暗示②。它实际上是以文学作品为切入点,探讨的是文化史。论者以为其病还是在于太过看重民族对于作家的影响了。与之相比,郑振铎更重视文学家作为"人"的社会性,他融合了冈泽秀虎"文学,是社会的现象"的观点③。他认为作家是不可能离开社会环境而生产出纯粹"自己"的文学作品的:

> 然而"人"究竟是社会的动物;我们不相信有一个人曾是完全的"遗世而独立"的……无论什么作家,都或多或少地受有他所生活着的那个时代的影响。那个时代的广大人民的生活都会不期然而然的印染于他们的作品之上。
>
> 为了更深切的了解一个作家,我们便不能不去了解他所处的"时代",正如我们之欲更深切的了解一部作品,便不能不去研究其作家的生平一样。④

因此,《插图本中国文学史》第一个分期段的最前面,郑振铎都用一章"鸟瞰"来总述该阶段的社会政治状况乃至文学风气的走向,对具体文学现象前因后果的考察更是注重社会因素:如他能从《庄家人不识勾栏》里看出当时农村经济的充裕;唐代剑侠故事产生的原因是天下骚人文士只好幻想剑侠自慰;韵散结合文体的出现是因为大众宣讲的需要;等等,这一叙述方式为后来的文学史撰著界所承认并沿用。刘大杰在《中国文学发展史》中说:"特别要注意到每一个时代文学思潮的特色,和造成这种思潮的政治状态、社会生活、学术思想以及他种

---

① 洪北平:《文学史的研究》,《心潮》,1923年第1卷第2期。
② 陈鸿:《泰纳重要著作梗概》,《小说月报》,1928年第十九卷第四号。
③ 参见日本冈泽秀虎著,汪馥泉译:《关于文学史中的社会学的方法》,《现代文学》,1930年第1期;又有洛扬译本,载《文艺研究》,1930年第1期。
④ 郑振铎:《插图本中国文学史》,《郑振铎全集》(第八卷),花山文艺出版社,1998年版,第6页。

种环境与当代文学所发生的联系和影响。"①林庚也说"文学是时代的镜子,它所反映的时代生活,乃是这一时代最核心的动态"②。《中国文学大辞典》则明确将"揭示文学的发展与时代、社会的关系"作为文学史的四大重要任务之一。

第二,采用进化的观念。"进化"二字可谓自严复译《天演论》之后风靡中国数十年而不衰,"物竞天择"之"适者生存"公式给了国人一种绝大的刺激,胡适曾在《四十自述》中描述此观念的流行之广:"天演""物竞""淘汰""天择"等术语都渐渐成了报纸文章的熟语,渐渐成了一班爱国志士的"口头禅"。还有许多人爱用这种名词做自己或儿女的名字③。学术上的进化观也很早就由斯宾塞之《学术论》被译成中文而广为传播④。新文化运动者们将生物学上的进化论援引入社会学、历史学及文学各个领域,用来作革命的理论支撑,诸如"文艺的进化""国语的进化""国文的进化""诗底进化""汉字的进化"以及"文学进化观念"等名目不一而足。胡适发表于1918年的《文学进化观念与戏剧改良》率先阐明了"进化"的四层意义,仔细究之,俱有为新文学形式摇旗造势的指向。郑振铎所言的进化,则总是与"归纳"紧密相连,并申明得自莫尔顿:

> 我们要走新路,先要经过接连着的两段大路;一段路叫做"归纳的考察",一段路叫做"进化的观念"。⑤

> 这近代的文学研究的精神是怎样的呢……(一)文学统一的观察,(二)归纳的研究,(三)文学进化的观念。⑥

此观点确实来自莫尔顿《文学之近代研究》。该书导言"近代研究的主要观念"特别在"文学的统一"观之外阐述了两种大观念,即"归

---

① 刘大杰:《中国文学发展史》,中华书局,1941年版,自序第1页。
② 林庚:《中国文学简史》,北京大学出版社,1995年版,导言第2页。
③ 胡适:《四十自述》,《胡适文集》(第二册),人民文学出版社,1998年版,第414页。
④ 1911年,紫宸达翻译的斯宾塞《学术论》即以《学术进化之大要》为名连载于《进步》杂志。
⑤ 郑振铎:《研究中国文学的新途径》,《郑振铎全集》(第五卷),花山文艺出版社,1998年版,第290页。
⑥ 郑振铎:《整理中国文学的提议》,《郑振铎全集》(第六卷),花山文艺出版社,1998年版,第8页。

纳"与"进化"：

> 近代的哲学里面，归纳法原不足以压倒其他各种的思想方法，但这种方法足以用为一种标准，凡其他的方法最后都可以拿这种方法做参考。
>
> 进化论原不是近代的观念，乃是一切概念中之最古的……近代思想曾从进化里看出物类渐渐由同趋异的程序，又曾看出异类合并而成新类的方法。①

郑振铎对归纳与进化的理解没有这么抽象，他解释的"归纳"就是把作品与作家仔仔细细地研究出共同的原则与特质出来。而对于滥用过度而引起质疑反思的"进化"二字，郑振铎更是给出了自己的理解：

> "进化"二字，并不是作"后者必胜于前"的解释。不过说明某事物一时期一时期的有机的演进或蜕变而已。……这种观念是极重要的。……如果有了进化的观念，文学上便不会再有这种固定的偶像出现，后起的文学，也决不会再受古代的传袭的文学观的支配了。②

他首先撇清了并非"后者必胜于前"，而是"至少可以减少了盲从者在如今还学着做唐宋古文"，因此，他宣扬此观念的落点在于"后起的文学，也决不会再受古代的传袭的文学观的支配了"，这才是他一贯以整理旧文学为新文学建设服务的主张。与胡适之文体发育观相比："每一类文学不是三年两载就可以发达完备的，须是从极低微的起源，慢慢的，渐渐的，进化到完全发达的地位"③，郑振铎强调的是顺应时代潮流，而不是将进化与"进步"简单划等号。

郑振铎的三部文学史都贯穿了进化观念，主要表现在于对文体兴衰更替的阐述与源流演变过程的描述。此前胡适的章回小说考证是

---

① 莫尔顿著，傅东华译：《文学之近代研究》，《小说月报》，1926年第十七卷第一号。
② 郑振铎：《整理中国文学的提议》，《郑振铎全集》（第六卷），花山文艺出版社，1998年版，第9页。
③ 胡适：《文学进化观念与戏剧改良》，《新青年》，1918年第5卷第4号。

进化论运用于小说版本学的成功典范,郑振铎扩至所有的俗文学,尤其是用变文这一新发现的文体串起了俗文学多种形式的发育过程:

> 译佛经时(产生了最早以韵、散合组的新文体来叙述的故事)——变文——被官方所禁而消失——鼓子词(变文的亲裔)——宋大曲——诸宫调(其精灵蜕化在诸宫调、宝卷、弹词里)
>
> 故事集与笑谈集(尽多民间传说,未成形的小说)——《太平广记》中之《古镜记》等(故事集的结束,传奇文的先驱)——传奇文(第一次有意的写小说)——话本(变文体制幻变分歧)——讲史与英雄传奇——长篇小说

变文的融入使白话文学发展线索成为了一个首尾相连的系统,这也使得用进化论来观照文学史发展的郑振铎,为白话文学进入主流传统构造出一个直线性进展的完整故事。直到现在,文体的"演进"还是文学史著中占主流的叙述方式:"俗雅之间的互动,使文学的长河陆续得到新鲜河水的补充和激荡,而保持着它的长清。"[①]虽折中地将"俗文学"的演化描述为"俗雅之间的互动",但主体还是强调了俗文学对事实上占主流的古代"雅文学"的推动作用。当然,今天看来,"变文"是否值得如此兴师动众的研究,及是否真的与各文体有如此密切的祖孙关系,都有可再行讨论的空间。但是,郑振铎为各文体寻找演变轨迹本身,就是进化论施于其文学史观念所刻下的时代痕迹。

# 第二节　文学史分期与新经典的确立

## 一、文学史分期

黄侃说:"中国的文学史,腹大如洞庭湖,尾长如扬子江。"[②]如此绵延不断的文学长河,在叙述时势必得分期分段。最初的中国文学史,因为钞自《四库总目》提要,大类学术史,故其分期与目录学分篇相似,也就是基本不分期,只是按时间先后或者文体分别进行分章描述。自

---

① 袁行霈主编:《中国文学史》(第一卷),高等教育出版社,1999年版,第9页。
② 转引自朱星元:《中国文学史外论》,东方学术社,1935年版,第5页。

文学史成为近代"历史"观念照应下的一门科学学科之后，历史分期法才体现于文学史分期，即上古、中古、近古与近代的概念被引入文学史分期。以傅斯年发表于1919年（实际写于1918年）的《中国文学史分期之研究》来看，文学分为古代与近代，古代又分上、中、近三者，这是普遍可接受的分期概念①，因为该文所讨论的是北京大学已开文学史课程里的授课段。上古、中古与近古概念基本统一，所争者大多就在于各期的临界点应该如何设定。故郑振铎《中国文学史的分期问题》抛出的第一个问题就是：文学史的分期和一般历史的分期是否完全一致？文学的发展是否有其特殊性？

第一，分期原则：与历史的离合。邓乔彬、赵晓岚在其《学者闻一多》中言，分期其实是一个恼人的问题，因为"文学史是文学的历史，是文学运动自身演进的历史，本不应同以帝王谱系为核心的正史发展同步"，但同时，它又"似乎很难于挣脱与正统断代史相同步的框架"②。兰松早在其《文学史方法论》里曾明确提出"文学史是文化史的一部分"，所以文学史方法"本质上也就是历史的方法"——"我们的目标也是过去，但是这过去并不消逝，材料是作品，这些作品感动我们正与其出世时感动古人相似"③。可以说，文学史从学科创立之始就与"史"不可分离，虽然最初婴儿期的几部文学史，或以目录学术史为模拟对象，或以文体变迁为叙述线索，但它们其实都不能完全摆脱历史的影子。后来胡适强调"文学的历史观念"，以历史学家的专业素养涉足文学史写作，不但处处需要依据历史事实，连文学观念都刻上了"历史"的印记。因此，文学史的分期，从一开始便注定与历史分期难舍难分，以后来的各种中国文学史分期理论来看，文学史分期与历史的分与合，正是在侧重"史"与侧重"文学"不同时期相互拔河的具体体现。

郑振铎两部通史里的分期，都摒弃了"以帝王谱系为核心的正史"，采取"古代、中世与近代"的三段法，佐以西方的"世纪"纪年。他批评此前文学虽同样分为上古、中古、近古与近代四期，每期却"皆以易代换姓的表面上的政变为划界"④，尤其不满中古开始于隋、近古终

①　傅斯年：《中国文学史分期之研究》，《新潮》，1919年第1卷第1-5号。
②　邓乔彬、赵晓岚：《学者闻一多》，学林出版社，2001年版，第401页。
③　兰松著，范希衡译：《文学史方法论》，《文史》，1934年第1期。
④　郑振铎：《插图本中国文学史》，《郑振铎全集》（第八卷），花山文艺出版社，1998年版，第2页。

止于明的分法,认为隋与唐初文学很难分开,如此将明明同样面貌的文学硬生生划为两个时代不够科学。不过此一观点后来在1958年有所改变,当时是用马列主义的观点进行古典文学研究的思想气候,郑振铎发表的《中国文学史的分期问题》与早年《插图本中国文学史》相比,虽然分期的论据与原则大致未变,具体分期却与其早年文学史著中的实际分期不一致,他重新将中国文学史分为五个时期,反而是趋向于他早年所批评的观点了。

郑振铎将按中国历史朝代分期的方法称为"原始的或自然的分期法",此分法当然最不费力,问题在于文学的发展与历史上"朝代"的兴亡究竟有什么密切关系? 这其实涉及了一个分期依据的问题。以朝代更迭来划分文学进程,固然最为简单稳妥,然却严重忽视了文学本身的特性,尤其是其本身有悖于历史进程的文学个性。接下来的文学史家多开始着重文学自身发展的规律,采用历史学最新的研究成果,注重从文学演变特性上去把握文学史分期。无论是"古代、中世、近代"的三分法还是"古代、中世、近代、现代"的四分法,都是在不违背历史时间的基础上按文学特性做出的阶段划分:"文学史乃是历史的一部分","所以文学史的发展的过程,必须遵循一般历史的发展过程"①。

第二,具体分期:文学特性的体现。"必须遵循一般历史的发展过程"是文学史分期的基础,具体分期节点又充分考虑到文学的特性,这才是郑振铎《插图本中国文学史》里的分期法。其三大段的分期依据就是外来影响是否作用于本土文学。

第一段上古文学,即西晋以前。理由是从西晋开始,印度的思想和宗教猛烈地灌输进来。此段又分四期:第一期是殷商至春秋,即《诗经》时代;第二期战国,为散文时代;第三期从秦统一至东汉末,为辞赋时代;第四期从汉建安至西晋末,为五言诗时代。

第二段中世文学,开始于晋室南渡,止于明正德时代,即"印度文学和中国文学结婚的时代"②,也就是新文体发展到成熟的阶段。此段亦分三期:第一期为晋南渡至唐开元以前,此为诗和散文时代;第二期从唐开元至北宋末叶,此为印度文学直接闯入文坛中心的时代,"变

① 郑振铎:《中国文学史的分期问题》,《郑振铎全集》(第六卷),花山文艺出版社,1998年版,第87页。

② 郑振铎:《插图本中国文学史》,《郑振铎全集》(第八卷),花山文艺出版社,1998年版,第159页。

文""词""传奇文"产生;第三期从南宋初至明正德末年,此为印度哲理被无条件采纳入中国哲学的时代,"散曲""词话""讲史""宝卷""诸宫调"等产生。

第三段为近代文学,始于明嘉靖元年,终于五四运动前。理由是此期为"活的文学",也就是"到现在还并未死灭的文学"①。此分四期:第一期为嘉靖元年至万历二十年,为戏曲、小说的时代;第二期从万历二十一年到清雍正末年,戏曲、小说、诗文共兴的时代;第三期从乾隆元年至道光二十一年戏曲走向衰落,小说却充满精力的时代;第四期从道光二十二年至民国七年,此为文人沉寂的奇怪时代。

与不同时期的几部文学史相比,郑振铎的分期更多的是着眼于文学现象在时代背景与历史事件共同影响下产生的变迁,两个重要的分界点也恰恰体现了郑振铎极端重视外来文学与俗文学影响的双动力:中世的起点是外来影响开始作用于本土文学;近代的起点则是"活的文学"(俗文学)鼎盛的开始,可谓令人耳目一新又颇具个性。尤其是他"近代"与"中世"的断点,设在明正德末,可以说是他深熟明清文学现状后的大胆新创,洞见到了"五四"前近四个世纪文坛潜藏的"近代"气息,明末的文坛上的风尚到了清初的几十年间也尚相承未变,如何可以硬生生地将一个相同的时代劈开为两段呢②?虽然这种洞见还只是用直观式的感悟来表达:"她们的呼声,我们现在还能听见,她们的歌唱,我们现在还能欣赏得到;她们的描写的社会生活,到现在还活泼泼地如在"③,却是后来袁行霈等学者划分"近古"文学的先声:

明嘉靖以后文学发生了划时代的变化。这变化主要表现在以下方面:一、反映市民生活和思想趣味的文学占据了重要的地位。二、创作主体的个性高扬,并在和作品中以更加强烈的色彩表现出来。三、通俗的文体显得生机勃勃,其中又以小说最富于生命力。这些通俗文学借助日益廉价的印刷出版这个媒体,渗入社会的各个阶层,并产生了广泛的影响。从以上各方面看来,明

① 郑振铎:《插图本中国文学史》,《郑振铎全集》(第九卷),花山文艺出版社,1998年版,第339页。
② 郑振铎:《插图本中国文学史·例言》,《郑振铎全集》(第八卷),花山文艺出版社,1998年版,第2页。
③ 郑振铎:《插图本中国文学史》,《郑振铎全集》(第九卷),花山文艺出版社,1998年版,第341页。

代中叶的确是一个文学新时代的开端。①

当然，至1958年时，他的分期已有部分修订，反映了思想改造运动施于其文学研究的结果——因为其主要的划分依据变成了迁就当时历史学界比较流行的"奴隶社会、封建社会、半封建半殖民地社会"的分期法，其分期理由相对来说也比较单薄，如将"古代期"的终点定在杨坚统一南北，本来其《插图本中国文学史》说过"隋与唐初的文学是很难分别得开的"，但为了迁就当时主流历史观中认为的"封建社会前期"段，只好含糊地给出理由，曰"这些历史上的大事件，都促进了文学上的大作品的产生"②。这些，反没有《插图本中国文学史》那么具有独特的系统性与统一标准。不同时期文学史分期参见表8。

**表8  不同时期文学史分期举例**

| 文学史著 | 分期与界点 |
| --- | --- |
| 曾毅《中国文学史》 | 上古(唐虞至秦)——中古(两汉至隋)——近古(唐至明末)——近世(清) |
| 胡适《国语文学史》 | 汉魏以前——汉魏六朝——唐代——两宋——金元——清代——国语文学 |
| 郑振铎《插图本中国文学史》 | 古代(西晋以前)——中世(晋室南渡至明正德时代)——近代(明嘉靖元年至五四运动前) |
| 郑振铎《中国文学史的分期问题》 | 上古(邃古至春秋)——古代(战国至隋)——中世(唐至鸦片战争)——近代(1840至1949) |
| 袁行霈主编《中国文学史》 | 上古(先秦两汉)——中古(魏晋至明正德末)——近古(明嘉靖初至五四运动前) |

## 二、新范式的确立

对旧有的文学史不满意，说到底是不认同旧有文学史所呈现出来的经典名录与书写状态。"写作新的文学史，需要大规模地重新评判无数以往的个别作家和作品，需要新的名家名作，提出新的辩论，并和从前的价值判断进行协商。"③之所以说《插图本中国文学史》的出版使新传统真正得以确立，其原因除了它以白话为叙事语体并以白话文学为中心的文学史模式从此得到了确立外，它还有一个隐性的很少被论及

① 袁行霈主编：《中国文学史》(第一卷)，高等教育出版社，1999年版，第16-17页。
② 郑振铎：《中国文学史的分期问题》，《郑振铎全集》(第六卷)，花山文艺出版社，1998年版，第90页。
③ 宇文所安著，田晓菲译：《过去的终结：民国初年对文学史的重写》，《他山的石头记——宇文所安自选集》，江苏人民出版社，2002年版，第319页。

的功绩——郑振铎通过在文学史中介绍或评价他所选择的文学作品，使许多不被重视的作家与作品成为新的经典。当然，其本身亦成了文学史探索之路上的经典之作。

中国文学自有文字记载以来的历史就有两千年，其间出现的作家与作品不可胜数，文学通史毕竟只能叙述到其中"具代表性"的名家与名作，且当时代的一流大家经过大浪淘沙有可能被后来的历史所删汰而变成二流、三流甚至末流。以陆机和陶渊明为例，陆机在西晋名重一时，《诗品》也给他"上品"的待遇，而陶渊明生时仅以人品、气节著称，《诗品》与《文选》都未列其作品为最佳，但唐以后，陆机与陶渊明地位的升降变化了，陶渊明成为隐逸诗人之宗、绝代才子仰慕的对象，而陆机则滑入了二三流作家的行列。此一升一降，固然有着随文学传播与读者接受心理变迁造成的影响，更重要的是每一时代对经典的定义是不尽相同的。

郑振铎曾表示"文学巨人"是会不朽的，其作品也是一种永在人间的崇高的创作物："亚历山大过去了，查理曼帝过去了。但一个诗人，或一个散文作家，或一个戏剧家，却是永在的；他们将永远地生活在我们的面前。"①不过，与此同时，为了不使自己的文学史变成文学巨人的"传记的集合体"，他不能不着重于作家自身生活的记述，也就是尽量弱化"文学巨人"的描述。从郑振铎初版《插图本中国文学史》所拟的82章目录来看，其贯穿全书的理念是着重从文学现象或文体流派来讲史，单独立章的名家极少，反倒是单独成章的文体为多。这些特意标举的文体，实际上就是郑振铎重新打造的名家作品榜，试以单独成章的作家作品名单来看郑振铎如何突显新经典的地位（参见表9）②。

林传甲的《林传甲中国文学史》以时代为次，详经世之文而略于词赋，虽具体论述中也点到各作家之名，然章节标题完全看不到名家身影。谢无量的《中国大文学史》杂糅文字史与思想史，帝王与文学者同为时代文学之代表。曾毅《中国文学史》与谢著相差无几，不过在参阅

---

① 郑振铎：《插图本中国文学史》，《郑振铎全集》（第八卷），花山文艺出版社，1998年版，第5页。

② 作者注：本表未选林传甲是因为其撰中国文学史虽最早，实则文学非其主要叙述对象，也完全没有按文学作品立章节的意识；选择谢无量是因为其大文学史乃最后以学术史理念撰著的文学史，选曾毅而不选胡适是因为曾毅体现了从谢著学术史到纯文学史之间的过渡，而胡著毕竟未完，故不选；郑振铎之后的撰者选择刘大杰与林庚是因为其两部个人著作中有代表者；最后选了袁行霈，他所编的书，虽成于众手，却是国家教育部以教科书名义颁行的近二十年流传最广的一部文学史。

表9　文学史(字数)与单独成章的作家(作品)之比较

| 文学史(字数) | 单独成章的作家(作品) |
| --- | --- |
| 谢无量《中国大文学史》(34万) | 无单独成章,立专节39节 |
| 曾毅《中国文学史》(14万) | 无单独章,有合论9章:刘向父子与扬雄;建安七子;李白杜甫;韩愈柳宗元;欧阳修与文运拓新;洛党与川党;王渔洋朱竹垞;方苞刘大櫆;折中派与曾国藩 |
| 郑振铎《插图本中国文学史》(72万) | 单独立章者1人:杜甫。合论者6章:诗经与楚辞;韩愈与白居易;李商隐与温庭筠;沈璟与汤显祖;阮大铖与李玉;洪昇与蒋士铨(此见于目录) |
| 刘大杰《中国文学发展史》(1948年版)(80万) | 无单独作家或作品章,节有:诗经(2节);楚辞;陶渊明;李白;杜甫(2节);苏轼;周邦彦;李清照;朱敦儒;辛弃疾;黄庭坚;元好问;汤显祖;《三国演义》;《水浒传》;《西游记》;《金瓶梅》;《醒世姻缘传》;《儒林外史》;《红楼梦》;《镜花缘》 |
| 林庚《中国文学简史》(61万) | 单独立章8个:屈原;李白杜甫;《三国演义》;《水浒传》;《西游记》;《聊斋志异》;《儒林外史》;《红楼梦》 |
| 袁行霈主编《中国文学史》(163万) | 单独成章者15个:诗经;屈原与楚辞;司马迁与史记;陶渊明;李白;杜甫;李商隐;苏轼;关汉卿;《三国志演义》;《水浒传》;汤显祖;《聊斋志异》;《儒林外史》;《红楼梦》 |

他人著作的基础上对于通俗文学态度稍为开明。胡适的《白话文学史》在唐前加入了佛教的翻译文学,在唐初诗坛加进了白话诗人王梵志,然其毕竟为未完之作,真正白话文学的鼎盛时期,该书实未写到。郑振铎则除了杜甫外,大面积的篇幅论述都给了俗文学作家与作品,虽然其以此为章节标题者不多——因为他不想重复"文学巨人"的集合体,但俗文学所占的单章数目却十分可观:就已写成的64章言,变文、小说、戏曲、诸宫调等以俗文学文体立章者为18章,几乎占到了总数的三分之一,而仅列目录最终未完成的另18章,除"欧美文学的输入""新闻文学的起来"外,俗文学占了12章[①]。《诗经》、《楚辞》、李白、杜甫,是不论传统还是现代学者都承认的文学经典,胡适给"古文传统史"点出的大家名单就是"韩柳欧苏""李杜苏黄",可见这些人为久被承认可入"经典"的作家。那么,郑振铎的功绩就是在不抹杀(至少表面上顾及)传统经典的基础上,为新发现的作家与作品挤入经典而创造一定的条件。

　　首先是关于文学的起源。文学需要依托文字作载体,且最开始之

---

　　① 此目录见于1932年北平朴社初版的《插图本中国文学史》第一册,后版本未见。未完成的第65-82章目录为:话本拟作者的兴起;佳人才子书;由李贽到金喟;宝卷、弹词与鼓词;由《红楼梦》到《儿女英雄传》;短剧作家们;洪昇与蒋士铨;传奇文的再生;词与散曲作家们;诸种诗派的兴起;古文运动及其反响;批评文学的发达;皮黄戏及其他地方戏种;民歌的搜辑与拟作;清末的谴责小说;欧美文学的输入;新闻文学的起来;文学革命的前夜;附录:新文坛的鸟瞰。

文学观念总是与"有文字之学"的观念缠杂不清,故第一代文学史家述文学之始大多从文字的起源开始。林传甲、谢无量辈以学术史为理念者自不必说,就是鲁迅,其1926年在厦门大学教授"中国文学史"课程时,所编讲义第一篇就是《自文字至文章》。郑振铎也不例外,其《古代文学鸟瞰》之后紧接的便是《文字的起源》,《尚书》便因此归入初始文字之"文"里了。

胡适虽然一刀斩下了汉以前的文学之"头",但他那著名的"新文学来源"论却是从民间开始的:民间的小儿女,村夫农妇,痴男怨女,歌童舞妓,弹唱的,说书的,都是文学上的新形式与新风格的创造者①。他还说,这是古今中外文学史的通例。郑振铎不仅将最早的诗歌总集《诗经》称为歌谣总集,"其中的大部分原来就是民歌"②,而且为五言诗、乐府辞、词、杂剧、小说等都寻得一个民间的源头。这些论述多数为后来学者所承认,刘大杰在杂剧的起源中虽没有引用郑振铎的原话,却有着相似的论断:"我们由五言诗、宋词起于民间的公例,杂剧也是起于民间的。"③林庚称《国风》为民歌的黄金时代;游国恩、袁行霈等各自主编的两种不同版本文学史,亦多次沿用"起于民间"的新文体起源说。

其次是对名家作品的重新选择。此选择不仅见于前表所列关于单独立章的名家作品的强调,更见于他对变文、宝卷、弹词、戏曲与小说的大力弘扬。敦煌宝库未打开之前,变文已完全湮没在那沙漠边陲,正是经郑振铎的挖掘和彰显,变文才成为文学史论述中不可或缺的一笔。虽然后世学者因其本身的原始与拙劣已不再投给太多的关注目光,但讲唱文学在文学史上的地位与其对文体的影响却无论如何不可回避。从此以后,元明清文学占主角的不再是传统诗文,而是流行于民间的各通俗文学:"比较近期的文学史基本上都给予唐宋白话文学一个附属性地位,而把白话文学的中心放在元、明、清。这种观点已经完全被接受并被视为理所当然,正因为如此,我想我们应该记得它的历史性——它是从《插图本中国文学史》开始的。"④

特别对于那些约定俗成的名家,郑振铎重新选择其作品作为经

---

① 胡适:《白话文学史》,安徽教育出版社,2006年版,第15页。
② 郑振铎:《中国俗文学史》,《郑振铎全集》(第七卷),花山文艺出版社,1998年版,第2页。
③ 刘大杰:《中国文学发展史》(下),中华书局,1949年版,第270页。
④ 宇文所安著,田晓菲译:《过去的终结:民国初年对文学史的重写》,《他山的石头记——宇文所安自选集》,江苏人民出版社,2002年版,第321页。

典加以介绍。这种重新选择与前后各文学史家均有相异之处,却基本是对胡适《白话文学史》里所列名单的延续与强化。比如说杜甫,林传甲取的是"李杜之骈体",谢无量录的是杜甫《戏为六绝句》等论诗诗。而《插图本中国文学史》给这个唯一单独成章的作家(实则是将韦应物、刘长卿等大历诗人联合论之),所引诗篇显然经过了重新的选择:《奉赠韦左丞丈》《乐游园歌》《官定后戏赠》《喜达行在所》《北征》《百忧集行》《乾元中寓居同谷县作歌七首》《茅屋为秋风所破歌》《潼关吏》《无家别》《秋兴·闻道长安似弈棋》《春日忆李白》《漫成一首》《戏简郑广文》。这自是与林传甲、谢无量大异其趣,就是与同时代的刘大杰相比,也各有所取。倒是与胡适兴味相投:胡适将杜诗分为三期,第一期是大乱以前,第二期是身在离乱,第三期是老年寄居;郑振铎亦分杜甫生平为三个时代,界定与胡适全同。尤其是《戏简郑广文虔兼呈苏司业源明》,胡适说杜甫很像是得他祖父遗传的滑稽风趣,故终身在穷困之中而意兴不衰颓,风味不干瘪①,所以举了其嘲戏郑虔的两首诗。郑振铎不但举诗内容与胡适相同,且其评语亦类似:"也为了他是满具着赤子之心的,故时时做着很有风趣的事,说着很有风趣的话。"②

最后是重评作家作品。文学史是否应该包括文学批评史,这在中国文学批评史特质尚未被完全认识,学科也未取得独立之前,大多数史家都认为二者应该是合一的,因为文学作品需要评判:"文学批评可以估定文学之价值。"③但同时他们又认为二者是有分别的:"文学史是讲明文学的变迁和其因果,以估价的态度来讲文学史,错了。"文学作品的评判是一个有时效限定且呈动态变化的过程,因为它包括了不同时代不同读者的阅读接受。讲明文学变迁与因果,实际上就避不开前人对当时及更古时代作品的接受与选择;不能以估价的态度来讲文学史,实际指向的是撰史者个人的主观评判。杂合文学作品与批评,最典型的两个极端是谢无量《中国大文学史》与胡适《白话文学史》。谢著搜辑文苑儒林里的各文人传与诗话杂说,直接将之不加剪截地置于作家或作品之后,基本不涉己意。因此赢得了葛兆光先生"较少搀入

---

① 胡适:《白话文学史》,安徽教育出版社,2006年版,第191页。
② 郑振铎:《插图本中国文学史》,《郑振铎全集》(第八卷),花山文艺出版社,1998年版,第318页。
③ 胡小石:《中国文学史上的几个重要问题》,《国立中央大学半月刊》,1930年第6—7期。

主观见解"的赏识。胡适却处处出以己意,并申明"因为不肖古人,所以能代表当世"①,摆明了就是要用当世(尤其是自己)的标准去评判已有的作品,自然逃不过"偏见""武断"的诟病:中间带了诅咒的口吻,仿佛一部历代文学批评史②。

郑振铎的《插图本中国文学史》是作品与批评的合论,因为他认为文学史的基本任务,就是:不仅仅成为一般大作家的传记的集合体,也不仅仅是对于许多"文艺作品"的评判的集合体③。他设有批评文学的专章:《批评文学的发端》《批评文学的复活》《批评文学的进展》《批评文学的发达》,堪称一部嵌在文学史里的"中国批评文学小史"。与胡适的"有许多见解是我个人的见地"稍异的是,郑振铎非常重视古人的文学批评,他对具体作家作品的评论一般是在借鉴已有定评的基础上,是有意识地给予具时代意义的不同评价。最典型的是《诗经》。古往今来,诗三百篇作为六经之一,阐释与研究论著难以胜数,如何从纷繁芜杂的学说中找出一条理解之路,郑振铎大刀阔斧的本事在此显露无遗:"我们且放开了旧说,而在现存的三百零五篇古诗的本身,找出他们的真实的性质与本相来!"他的重评首先便是放弃古来"风、雅、颂"的分类,依己意归纳其为三大类:诗人的创作、民间歌谣与贵族乐歌。有了重新的分类,郑振铎就可以完全撇开注释家的美刺与义理,直接赞颂其民间歌谣为人间青春期的结晶物:

> 这些恋歌杂于许多的民歌、贵族乐歌以及诗人忧时之作中,譬若客室里挂了一盏亮晶晶的明灯,又若蛛网上缀了许多露珠,为朝阳的金光所射照一样。他们的光辉竟照得全部的《诗经》都金碧辉煌,光彩眩目起来。他们不是忧国者的悲歌,他们不是欢宴者的讴吟,他们更不是歌颂功德者的曼唱。他们乃是民间小儿女的"行歌互答",他们乃是人间的青春期的结晶物。④

这种贵族与民间的对立式分类法,就如"正统文学"与"民间文学"

---

① 胡适:《白话文学史·引子》,安徽教育出版社,2006年版,第3页。
② 杨次道:《读胡适之〈白话文学史〉》,《一般》,1929年第1-4期。
③ 郑振铎:《插图本中国文学史》,《郑振铎全集》(第八卷),花山文艺出版社,1998年版,第6页。
④ 郑振铎:《插图本中国文学史》,《郑振铎全集》(第八卷),花山文艺出版社,1998年版,第48页。

的对立曾被夸张地无限发扬光大一样,直到现在仍在学界留有定势思维的痕迹。再如司马迁,昔者多从史家着眼,鲁迅始赞其不拘于史法,不囿于字句,发于情、肆于心而为文:"虽背《春秋》之义,固不失为史家之绝唱,无韵之《离骚》矣。"①乃将《史记》纳入文学作品而与《离骚》相提并论,立足于其发愤著书的作史之初心。郑振铎则兼从文献整理的角度评价司马迁的文化史价值:

> 他不夸耀他的绝代的才华,他低首在那里工作。他排比,他整理古代的一切杂乱无间的史料,而使之就范于他的一个囊括一切前代知识及文化的一个创作的定型中。而他又能运之以舒卷自如,丰泽精刻的文笔。他的空前的大著《太史公书》不仅仅是一部整理古代文化的学术的要籍,历史的巨作,而且成了文学的名著。②

其他如评程晓《嘲热客》是"古代诙谐之作",玄谈的积极影响是有了坦率、自然、放荡不羁的东西出现,中世纪文学是印度文学与中国文学结婚的时代,《璇玑图》乃许多年代以来才智之士的集合之作、真实的批评的自觉始于建安时代,孟浩然与王维的根本不同之点在于孟所写的大自然是活跃不停的,《西厢记》受少年男女欢迎的原因在于这是他们自身的一幅集体映像,昆腔的兴起是南戏革新的一大机运,明末清初的昆曲有阮大铖时代与李玉时代两大不同时期,等等。虽然所评不一定全为后来学者所接受,却成功地引起了后世研究者的关注。尤其是其新颖、不同流俗的评价,往往为个案研究作为"聊备一说"所引用。

此外,虽然鲁迅称郑著文学史乃资料长编,非史也③,实则他自己拟编中国字体变迁史与文学史稿,均打算先从作长编入手④。这是文学史著还没有走出研究与准备阶段的必经过程,我们不必苛责郑振铎的资料高于史识,因为胡适就曾明明白白地表示其文学史同时也意欲

---

① 鲁迅:《汉文学史纲要》,《鲁迅全集》(第九卷),人民文学出版社,2005年版,第435页。
② 郑振铎:《插图本中国文学史》,《郑振铎全集》(第八卷),花山文艺出版社,1998年版,第114页。
③ 鲁迅:《致台静农》,《鲁迅全集》(第十二卷),人民文学出版社,2005年版,第322页。
④ 鲁迅:《致曹聚仁》,《鲁迅全集》(第十二卷),人民文学出版社,2005年版,第404页。

做成一部名著选本：

> 文学史的著作者决不可假定读者手头案上总堆着无数名家
> 的专集或总集。这个毛病是很普遍的。西洋的文学史家也往往
> 不肯多举例；单说某人的某一篇诗是如何如何；所以这种文学史
> 上只看见许多人名、诗题、书名，正同旧式朝代史上堆着无数人
> 名、年号一样。这种抽象的文学史是没有趣味的，也没有多大实
> 用的。[①]

综上所述，郑振铎的《插图本中国文学史》虽阙清代，论述也多有可商榷之处，但其叙述模式、文学史观念、分期以及经典的重新选择等方面，上承鲁迅、胡适，下启刘大杰、林庚等，其系统性与完整性实际上宣告了新的文学史撰著方式已开始形成传统：白话成为主要语体与主要论述对象；先验理论与故事性描述成为主要的论证方式；强调时代影响与进化观念是文学史观念的双驾马车；文学史分期虽以文学演进为主却总是以历史为依归；变文等讲唱文学、小说、戏曲作品成为新的文学史必读经典……

1934年，一篇署名沛清的《编著中国文学史的改进问题》发表于《国闻周报》，该文用一个详细而具有总括意义的趋向列表说明了文学撰著所处的阶段——还没有走出研究和准备的阶段：一面在逐渐地清算着以往的错误，一面在不断地探索着新的材料和新路径[②]。并指出文学史编著的趋向将是以"科学的社会观的分析与说明"来"叙述并说明文学思潮和文学文派的流变"。这个趋向，郑振铎的《插图本中国文学史》已经尝试进行，只是还不够成熟。邹国祚则于1937年总结了"五四"以来文学研究的三个阶段，将第三阶段的特点定为"国故整理派，接受了泰因与勃兰兑斯影响，注意到了文学本身的演进状态"[③]，该文将此一阶段的起点定为胡适之《白话文学史》，确立者正是郑振铎！又以罗膺中在《中国文学史上的几个新问题与新见地》中言文学史展

---

① 胡适：《白话文学史》"自序"，安徽教育出版社，2006年版，第8页。
② 沛清：《编著中国文学史的改进问题》，《国闻周报》，1934年第14期。
③ 邹国祚：《研究中国文学的三个阶段》，《学风》，1937年第2期。

排拓与发明的四基件而论：新材料、新问题、新工具与新见地①，郑振铎均有达到——新材料最引人注目，以至鲁迅猜测其"恃孤本秘笈"；新问题往往由新材料引起，尤其体现其论述民间文学与外来文学影响两方面；新工具则是综合运用了泰纳的社会学方法、勃兰兑斯的思潮批评、莫尔顿的"文学统一"观及安特留·兰等人的民俗学来考察中国古代文学。以上三者的结合才有了郑振铎关于中国文学史的新见地。故朱自清在序林庚《中国文学简史》中将郑著与胡著、刘著一起并称为有独见的中国文学史②。站在80年后的今天，我们当然可以指出前人论著中的很多不足之处，但正如陈平原先生所言：开风气，立规则，跑马圈地，四面出击——至于在所难免的粗疏与乖谬，自有后人加以纠正③。《白话文学史》宣告了古典文学乃至古典文学史的终结，《插图本中国文学史》则使得新传统真正得到了确立。

# 小　结

郑振铎的文学史著，不但在叙述模式上彻底改变了自林传甲开始的书目提要或学术史式叙述模式，而且在借鉴外国文学史著作的过程中，渐渐确立了以"文本"为中心，倾向于史料的叙述方式，并在文学史观念与文学史分期上体现了自己独特的学术个性，是继胡适终结"过去"之后对于新传统的真正确立。虽然郑振铎曾谦称这部个人著作只是"述而不作"的一部平庸的书，实际上其系统性与理论性还是为"中国文学史"的通史撰著树立了一个标杆，虽在具体问题的探讨上还远没有定论，但其宏观视野与整体结构却成了后人无法绕过的学术经典。

其实，郑振铎的文学史写作从20世纪30年代起就引起研究者的关注，当时即存在着"恃孤本秘笈"与"追时代学风"二者不同的评价声音，50年代因政治环境的影响曾受到批判，90年代以后则深入郑振铎的文学史观、写作源起、叙述模式、平行比较等内在分析，然在研究思路、话语模式、分期理论方面的研究很少，尤其是从世界文学史中为中

---

① 罗膺中：《中国文学史上的几个新问题与新见地》，《云南教育通讯》，1939年第7期。
② 林庚：《朱佩弦先生序》，《中国文学史》，清华大学出版社，2009年版，第1页。
③ 陈平原：《文学史的形成与建构》，广西教育出版社，1999年版，第10页。

国文学寻找时空定位,及郑振铎以个人之力写作文学史的典范价值评判等方面结论显得过于单薄。当然,以一人之力挑战全本文学史的工作方式及以文体为变化标志的分期方法,现已很少有人继承,这更能显出他的魄力与珍贵①。

　　文学的理论思想与创作实践由来已久,文学史性质的论述在历史上也早就存在,但现代意义的文学史著作,其形式却是从国外传进来的。欧洲人首先写出了中国文学史。初版于1901年的英人翟理斯的《中国文学史》被首次介绍到国内,一度被认为是历史上第一部中国文学史②。这种现代的章节体文学通史与传统史书中关于文学的记载论述迥然不同,引起了国内学人的高度关注。1906年,20岁的林传甲匆匆写出了中国人的第一部文学史,开启了中国人自著文学史的时代,但这部文学史仅仅是将四库提要重抄排列而已。在那个"一般人还不大明了文学究竟是什么,也不大知道中国文学真价的所在"③的时代,文学史研究还是一个极有难度的学术课题。年代久远、文献众多、作家与作品不计其数,要凭一己之力做出一部真正切合中国文学发展实际进程的文学通史殊非易事。郑振铎以一人之力撰著了三部文学史,内容涵盖世界文学史、中国文学史以及俗文学专史,其秉着"站在现代"去"整理中国文学"以及"立足中国"去"介绍世界文学"的高度责任感,以及在这些学术难题上作出的艰苦探索,由一味模仿外国人的文学史到尝试逐步创造出自己的文学史话语的历程,是文学史撰著史上珍贵而有益的探索。

---

　　① 20世纪50年代有曹道衡等的《评郑振铎先生的〈插图本中国文学史〉》(《文学研究》1958年第3期),该文与当时政治介入学术的环境有关,非学术的批判成分占多数。新时期对郑振铎写作文学史的尝试渐渐上升到文学史学的角度,考察日渐客观。戴燕的《文学史的权力》(北京大学出版社,2002年版)从文学写作生态的角度纵横比较了郑振铎的文学史写作理论与实践。段海蓉《从〈插图本中国文学史〉看郑振铎的中国文学史研究》(《新疆大学学报》2005年第6期)一文从史学精神的角度阐述了郑振铎文学发展自主叙述的写作精神。杨玉珍则从外来影响的角度分析了郑振铎的文学史观(见《北方论丛》2005年第4期)。董乃斌的《论郑振铎的文学史研究之路》(《文学遗产》2008年第4期)为郑振铎诞辰110周年而作,该文从郑振铎作为新文学运动实践者转入整理国故的独特学术经历入手,论述他从专题研究深入文学史书写的过程,并重点提到了吴世昌对郑振铎文学史的批判,认为郑振铎《插图本中国文学史》的编撰是成功的,并达到了相当高度。

　　② 据《中国文学史学史》"绪论"转引马汉茂(H.Martin)的《欧美文中国文学史介绍》,最早的中国文学史是德国人W.Schott于1854年出版的《中国文学草稿》。见董乃斌、陈伯海、刘扬忠主编的《中国文学史学史》,河北人民出版社,2003年版,第8页。

　　③ 郑振铎:《整理中国文学的提议》,《郑振铎全集》(第六卷),花山文艺出版社,1998年版,第1页。

# 第四章　学术成就与藏书之关系
## ——以戏曲小说研究为例

郑振铎素以"杂家"著称,在古代文学研究界,他除了广受尊敬的藏书成就之外,真正最得学界认可的则是戏曲小说研究。其文献整理、作品研究乃至戏曲小说史撰写,均在20世纪戏曲小说研究史上占有不可忽视的重要地位。其学术贡献在戏曲方面主要是文献搜辑与刊布,小说方面则是传承并形成了一种研究的崭新格局。

郑振铎关于中国古代戏曲小说的研究,主要载于《文学大纲》《插图本中国文学史》《中国文学研究》及《中国古典文学文论》,另有《西谛书跋》中收有一百余则戏曲小说题跋[①]。这些论述既有作为文学史章节的戏曲史与小说史、戏曲小说文本的藏书题跋,也有作者对戏曲小说个案进行的作品分析,还有许多搜购与刊布稀见戏曲版本的序跋题记。以下分别从文献整理、作品研究与专史撰著三个方面试图对郑振铎的戏曲小说研究作一立体的学术史考察。

## 第一节　古代戏曲小说搜辑与史料整理

"古来新学问起,大都由于新发见。"[②]回顾20世纪的戏曲小说研究,我们不难发现,此二学科新型研究范式的确立与研究格局的形成,不仅是从新文献与新史料的发现开始,更是以目录与文献的整理为坚实基础的。王国维撰写《宋元戏曲史》之先,是以《曲录》等曲目整理为基础;鲁迅的《中国小说史略》,也是立足于钩稽古逸小说成《古小说钩

---

① 此数篇分别为:《曲录》,见《小说月报》1923年第1期;《宋人话本》,《中学生》月刊1931年1月第11期;《跋传奇十种》,《大公报·文艺副刊》1933年9月27日;《西谛所藏善本戏曲目录》,《图书季刊》1939年第4期;《录鬼簿跋原稿一页[手迹]》,《文艺春秋》1946年第5期;《集曲偶识》,《文汇报·图书》1946年5月2日、9日及16日;《中国小说史家的鲁迅》,《人民文学》1949年10月创刊号;《影印〈古本戏曲丛刊〉缘起》,《光明日报》副刊《文学遗产》1954年3月创刊号。

② 王国维:《最近二三十年中中国新发见之学问》,《学衡》,1925年第45期。

沉》之上的。因此，傅惜华说："中国戏曲之学，年来始渐昌明，研考之
道，端赖目录。"①戏曲学如此，小说之学又何尝不然呢？郑振铎的戏曲
小说研究，首功即在于搜辑发掘戏曲小说资料及整理刊布大量稀见
作品。

## 一、搜辑与发掘

郑振铎藏书曾自言有"人弃我取"之取向，郑振铎之"我取"实则多
为通俗文献："于诸藏家不甚经意之剧曲、小说，与夫宝卷、弹词，则余
所得独多。"②其收藏戏曲小说始于何时，已不可细考。1941年他为阿
英《晚清戏曲小说目》作序时称"余收藏剧曲近二十年"③，则其1923年
任职《小说月报》之时，即已开始戏曲小说文献的搜购，三十余年中几
经播迁，其藏书中现存戏曲667种2 635册，文言小说94种451册，通
俗小说682种4 514册。这些藏品中，戏曲藏明刊本137种，清刊本
307种，钞本198种，其他25种。类别包括诸宫调、杂剧、传奇、京剧及
其他戏曲、散曲、俗曲、曲选、曲谱曲律、曲韵、曲话、曲目等，甚至还藏
有《承应戏单》《民初旧戏单》《文明茶园吉祥茶园第一舞台开支单》剧
场舞台资料。文言小说藏元刊本1种，明刊本18种，清刊本58种，钞
本5种，其他刊本12种。通俗小说藏明刊本49种，清刊本404种，钞
本17种，其他刊印本212种。类别包括短篇、长篇及目录等。

郑振铎不是最早搜辑戏曲小说文献的藏书家，却是最早提倡并
率先将访书成果公之于众的学者，也是建设戏曲小说学科基础不可
忽略的第一代学者。他身体力行，誓要打破视学问为"私产"的藏家
陋习："我明明知道上海及其他各地友人们得有某书某书，而他们却
皆讳莫如深，秘不相闻，即使闻之，亦不愿传布出去。"④希望学界能及
时且毫不藏私地将最新发现公开出来与同行交流，从而促进更多更
新资料的发掘：

　　　　今就我的见闻所及，兴趣所在，把其中我个人认为罕见的或可

---

① 傅惜华：《北平国剧学会图书馆书目》"例言"首条，北平国剧学会，1934年排印本。
② 郑振铎：《劫中得书记》，《郑振铎全集》(第六卷)，花山文艺出版社，1998年版，第780页。
③ 郑振铎：《晚清戏曲录叙》，《郑振铎全集》(第六卷)，花山文艺出版社，1998年版，第768页。
④ 郑振铎：《记一九三三年间的古籍发现》(附记)，《郑振铎全集》(第五卷)，花山文艺出版社，1998
年版，第485页。

注意的、可资研究的小说及戏曲,列举于下。当然,这一类的书,其中一部分在中国也是不难找到的,我的列举,并不便以他们为珍秘之籍,但却有一个私愿,愿能因这一篇小小的报告,可以使国人注意到许多向来不注意的作品。如果有一部分藏书家能因此而从灰尘层积的书籍中把他们理出来,或把他们翻印出来介绍给世人,则不独我个人的荣幸,亦是凡研究中国小说与戏曲者的幸福。①

这段自白道出了郑振铎一贯访书的心声,即令国人向来不注意的作品,能够因此"从灰尘层积的书籍中"被整理出来。郑振铎发表过多篇随得随录式的书单,如《巴黎国家图书馆中之中国小说与戏曲》《一九三三年间的古籍发现》《三十年来中国文学新资料发现史略》《中国戏曲史资料的新损失与新发现》等,记录了其个人所见最新的文献发掘,均为当时戏曲小说研究者所重视:"郑西谛先生发掘戏曲小说资料是南方最辛勤的一位,他除了为北平图书馆访得也是园旧藏古今杂剧外,在这十年中陆续搜集到的戏曲也颇不少。其中有孤本珍本,也有若干特殊的评本或原刻本。"②其搜辑与发掘之特点及功绩约见如下:

第一,发掘孤本、稿本、钞本和原刻本。对于藏书家而言,"海内孤本"是最具诱惑力与收藏价值的。虽然孤本可遇而不可求"今日欲得一部明刊本传奇,正像乾嘉时代欲得一部宋刊善本那样的不易"③,但郑振铎凭着自己的如炬目力,还是发掘了很多孤本、稿本、钞本及原刻本。据其题跋,计有29种(参见表10)。

表10　郑振铎发掘孤本、稿本、钞本及原刻本一览

| 书名、卷数 | 作者、版刻(藏所) | 备 注 |
|---|---|---|
| 《奇见异闻笔坡丛脞》一卷 | (明)雷燮撰,明弘治十七年甲子王氏宗德堂刊本(自藏,今入北图) | 孤本(天一阁旧藏)。《西谛书跋》第157页 |
| 《脉望馆钞校本古今杂剧》六十四册 | 元明杂剧集,收刻本69种,钞本173种,其中罕有传世者144种(北平图书馆) | 孤本。《郑振铎全集》第6卷 |
| 《清平山堂话本》残存二种 | (明)洪楩辑,明嘉靖间钱塘洪氏清平山堂刊本(自藏,今入北图) | 零星断简。《西谛书跋》第424页 |
| 《新史奇观演义全传》二十二回 | 题蓬蒿子编(自藏,今入北图) | 清钞本。《西谛书目》第130页 |

① 郑振铎:《巴黎国家图书馆中之中国小说与戏曲》,《郑振铎全集》(第五卷),花山文艺出版社,1998年版,第417-418页。

② 叶德均:《十年来中国戏曲小说的发现》,《东方杂志》,1947年第7号。

③ 郑振铎:《古本戏曲丛刊初集序》,《郑振铎全集》(第六卷),花山文艺出版社,1998年版,第759页。

续表

| 书名、卷数 | 作者、版刻(藏所) | 备　注 |
|---|---|---|
| 《京锓皇明通俗演义全像戚南塘剿平倭寇志传》存三卷 | (明)佚名撰,明刊上图下文本(自藏,今入北图) | 未见著录本。《西谛书跋》第428页 |
| 《忠义水浒传》存一卷五回 | (元)佚名撰,明嘉靖间刊本(自藏,今入北图) | 残本。《西谛书跋》第429页 |
| 《水浒人物图》二册 | 佚名绘(自藏,今入北图) | 清写绘本。《西谛书目》第131页 |
| 《水浒传注略》二卷 | (清)程穆衡撰(自藏,今入北图) | 稿本。《西谛书目》第131页 |
| 《新锓批评绣像秘本定情人》存十一回 | 佚名撰(自藏,今入北图) | 清写本。《西谛书目》第133页 |
| 《红楼梦》存十六回 | (清)曹霑撰,高鹗补(自藏,今入北图) | 清钞本。《西谛书目》第134页 |
| 《红楼梦》存二回 | (清)曹霑撰(自藏,今入北图) | 清钞本。《西谛书目》第134页 |
| 《刘知远诸宫调》不分卷存残本四十二叶 | (金)佚名撰,(原藏俄京研究院亚洲博物馆,1958年由苏联归还中国,现藏北图) | 孤本。《西谛书跋》第445页 |
| 《重刻元本题评音释西厢记杂剧》二卷 | (明)王德信撰,徐泸东校正,明隆庆万历间建安刘氏乔山堂刊本(自藏,早入北图) | 今所知最古刻本。《西谛书跋》第535页 |
| 《硃订西厢记杂剧》二卷 | (元)王德信撰,(明)孙矿评点,明天启、崇祯间硃墨套印本(自藏,今入北图) | 罕见本。《西谛书跋》第541页 |
| 《增编会真记杂录》四卷 | (明)顾玄纬辑,明隆庆万间众芳书斋刊本(自藏,今不知何处) | 最早刻莺莺像者。《西谛书跋》第542页 |
| 《陶然亭杂剧》一卷 | (清)许名崟撰(自藏,今不知何处) | 清稿本。《西谛书跋》第575页 |
| 《卷石梦杂剧》一卷 | (清)许名崟撰(自藏,今不知何处) | 清稿本。《西谛书跋》第575页 |
| 新刊音注出像《韩朋十义记传奇》二卷、《何文秀玉钗记传奇》四卷、《齐世子灌园记传奇》二卷、《商辂三元记传奇》二卷、《苏英乒乓鹦鹉记传奇》二卷 | 分别为(明)佚名撰,罗祐音注;题(明)心一山人撰;(明)张凤翼撰;(明)佚名撰;(明)佚名撰,均明万历间金陵唐氏富春堂刊本(自藏,今不知何处) | 或为伶工脚本。《西谛书跋》第580页 |
| 《李卓吾评传奇五种》十卷 | (明)李贽撰,明万历间刊本(自藏,今不知何处) | 原刻本。《西谛书跋》第580页 |
| 《新刻博笑记传奇》二卷 | (明)沈璟撰,明天启三年癸亥茗柯生刊本(自藏,今不知何处) | 罕见之本。《西谛书跋》第606页 |
| 《柳浪馆批评玉茗堂还魂记传奇》二卷 | (明)汤显祖撰,袁令昭译,明末蒲水斋刊本(自藏,今入北图) | 孤本。《西谛书跋》第612页 |
| 《新锓徽本图像音释崔探花合襟桃花记传奇》存一卷 | (明)金怀玉撰,明末刊本(自藏,今入北图) | 孤本。《西谛书跋》第617页 |
| 《东郭记传奇》二卷 | (明)孙钟龄撰,明万历四十六年戊午白雪楼刊本(自藏,今入北图) | 原刊本。《西谛书跋》第618—619页 |
| 《咏怀堂新编十错认春灯谜记传奇》二卷 | (明)阮大铖撰,明崇祯间吴门毛恒刊本(自藏,今入北图) | 原刊本。《西谛书跋》第619页 |

续表

| 书名、卷数 | 作者、版刻(藏所) | 备 注 |
|---|---|---|
| 《鸳鸯棒传奇》二卷 | (明)范文若撰,明末刊,清初芥子园印《博山堂三种曲》本(自藏,今入北图) | 原刊本。《西谛书跋》第621页 |
| 《玉茗堂批评异梦记传奇》二卷 | (明)王元寿撰,明万历四十六年戊午刊本(自藏,今入北图) | 孤本。《西谛书跋》第623页 |
| 《新镌全像蓝桥玉杵记传奇》二卷 | 题(明)云水道人撰,明万历三十四年丙午浣月轩刊本(自藏,今入北图) | 原刻本。《西谛书跋》第623页 |
| 《一笠菴新编第七种传奇眉山秀传奇》二卷 | (清)李玉撰,清顺治十一年甲午刊本(自藏,今入北图) | 原刻本。《西谛书跋》第626页 |
| 《录鬼簿》二卷,《录鬼簿续编》一卷 | (元)钟继先撰,明蓝格钞本(自藏,今入北图) | 钞本兼孤本。《西谛书跋》第635页 |

这些孤本与罕见之本,被郑振铎发掘后,大都很快即影印传世,为戏曲小说资料库补入了很多可供研究的资料。

第二,广搜异本。古籍传钞与翻刻的流传过程中存在着不同原因的讹误,广搜异本便成为校勘学中的重要凭借。郑振铎对此曾深有体会:"此书予曾收旧钞本一部,以校他本,殊有胜处。今复于上海得此原刊本,殊自喜。二酉的《无声诗史》余亦尝得康熙李光暎写刻本,一扫石印本之伪脱。"①戏曲小说因其晚清以前特殊的生存环境,湮没与讹误远过于其他文学作品,原刊本往往在流传过程中有着从作者、字句、内容以至情节的重大变迁,故戏曲小说研究需特别讲求版本鉴别。胡适正是通过考察版本的变迁来勾勒小说在传播过程中不断流变,以至创立了小说研究的一种新类型。作为一名藏书家,收书过程中的孤本稿本等毕竟可遇而不可求,但异本却是可循迹而求的,郑振铎每见异本必收②。哪怕是同一作品的同一刻本,他都会依其稀见程度尽力罗致。如《新镌古今大雅北宫词纪六卷、新镌古今大雅南宫词纪六卷》,所集八种均为明万历三十二年三十三年陈氏继志斋刊本:

> 初收的几部,但求其少烂板、断板而已。后乃进而求其初印无缺字者,但终不免每卷均有缺叶、併叶之处。③

---

① 郑振铎:《韵石斋笔谈二卷》,《西谛书跋》,文物出版社,1998年版,第151页。

② 郑振铎:《新刻全像杜丽娘牡丹亭还魂记传奇四卷》,《西谛书跋》,文物出版社,1998年版,第607页。

③ 郑振铎:《新镌古今大雅北宫词纪六卷、新镌古今大雅南宫词纪六卷》跋,《西谛书跋》,文物出版社,1998年版,第363页。

之所以对同一作品的同一版本收集八种之多,是因为异本不仅是校正异文与探讨文本流变时必须依据的材料,更重要的一个作用还在于能补成足本,可最大程度地还原该书之初印模样。现存《西谛书目》中著录了很多同一作品的不同版本,这些都是郑振铎能取得发前人所未发之研究成果的最重要来源(参见表11)。

**表11 现存《西谛书目》中著录同一作品的不同版本一览**

| 书 名 | 所藏版本 |
| --- | --- |
| 《剪灯新话》(明瞿祐撰);《剪灯馀话》(明李昌祺撰) | 3种:清乾隆八年刊本;清咸丰元年刊本;朝鲜刊本 |
| 《国色天香》(明吴敬所撰) | 2种:清敬业堂刊本;清学源堂刊本 |
| 《清平山堂话本》(明洪楩编) | 2种:明刊本;1929年古今小品书籍印行会影印明嘉靖洪氏刊本 |
| 《醒世恒言》(明冯梦龙辑) | 3种:明末刊本;钞本;清初刊本 |
| 《拍案惊奇》(明凌濛初撰) | 3种:清万元楼刊本;清敬业堂刊本;清刊本 |
| 《石点头》(题天然痴叟撰) | 4种:明金阊叶敬池刊本;清道光四年叙府竹春堂刊本;清刊本2种 |
| 《觉世名言》(又题十二楼)(清李渔撰) | 3种:清嘉庆会成堂刊本;清经元升刊本;上海进步书局石印本 |
| 《今古奇观》(题抱瓮老人撰) | 6种:清初刊本;清同文堂翻明刊本;清芥子园刊本;清积秀堂刊本;清光绪二十五年益元局刊本;天宝书局石印本 |
| 《续今古奇观》(题即空观主人撰) | 6种:清光绪十九年上洋书局石印本;清光绪三十四年上海书局石印本;铅印本;上海章福记书局石印本;清宣统二年上洋海左书局石印本;石印本 |
| 《女才子集》(明徐震撰) | 4种:明刊本;清道光二十七年味根斋刊本;申报馆铅印本;1912年萃英书局石印本 |
| 《豆棚闲话》(题艾纳居士撰) | 3种:清初刊本;清乾隆四十年书业堂刊本;清瀚海楼刊本 |
| 《燕山外史》(清陈球撰) | 2种:清同治五年鸣盛堂刊本;清光绪三十二年上海海左书局石印本 |
| 《聊斋志异》(清蒲松龄撰) | 5种:清道光十五年天德堂刊本;清道光十九年刊本;清同治八年羊城青云楼刊朱墨套印本;石印本;1919年铅印本 |
| 《开辟演义》(明周游撰) | 3种:明末麟瑞堂刊本2种;清道光十年刊本 |
| 《列国志》(明余邵鱼撰) | 10种:明刊本3种;清文锦堂刊本;清同治四年书业堂刊本;明末刊本;清书林德聚堂刊本;清汉口森宝斋刊朱墨套本;上海中新书局铅印本;清刊本 |
| 《孙庞演义》 | 4种:清文和堂刊本;清刊本;清宏德堂刊本;上海文明书局石印本 |
| 《西汉演义》(明甄伟等撰) | 4种:清善成堂刊本;1922年上海大成书局石印本;清右文堂刊本;清光绪二十六年郁文堂刊本 |
| 《双凤奇缘传》(题雪樵主人撰) | 3种:清道光七年霞漳文瑞堂刊本;清经文堂刊本;1920年上海书局石印本 |
| 《三国志演义》(元罗本撰) | 8种:1929年涵芬楼影印明弘治本;清刊本;清初刊本2种;清宝翰楼刊本;清咸丰三年珍艺堂刊本;清刊朱墨套印本;1928年上不第百新公司铅印本 |

## 续表

| 书　名 | 所藏版本 |
|---|---|
| 《北史演义》《南史演义》(清杜纲撰) | 4种:清乾隆刊本;清嘉庆二年自怡轩刊本;清乾隆六十年刊本;清同治四年文德堂刊本 |
| 《奇女传》 | 4种:清光绪四年常乐善堂刊本;清光绪三十一年文在兹善书坊刊本;文元书局石印本;上海进步书局石印本 |
| 《隋炀帝艳史》(题齐东野人撰) | 3种:明末人瑞堂刊本;清刊本;清光绪二十五年上海书局石印本 |
| 《赵太祖三下南唐被困寿州城》(题好古主人撰) | 3种:清咸丰八年紫贵堂刊本;清咸丰十年丹桂堂刊本;1930年上海书局石印本 |
| 《南宋志传》(明熊大木撰) | 6种:明末刊本;明末三槐堂刊本;清英德堂刊本;清文锦堂刊本;清同治十一年经纶堂刊本;清康熙十七年致和堂刊本 |
| 《杨家府世代忠勇演义》(题秦淮墨客撰) | 5种:明刊本2种;清覆明刊本;清刊本;清乾隆四十一年宝兴堂刊本 |
| 《五虎平南狄青演义》 | 3种:清道光十六年启元堂刊本;清三余堂刊本;上海天宝书局石印本 |
| 《说呼全传》(题半闲居士编) | 2种:清乾隆四十四年书业堂刊本;清嘉庆十年萃英居刊本 |
| 《武穆精忠传》(明熊大木撰) | 熊撰4种:明末刊本;清初刊本;清经元堂刊本;清两仪堂刊本<br>邹元标1种:清乾隆三十六年宝仁堂刊本<br>于华玉撰1种:明末友益斋刊本<br>钱彩撰3种:清刊本2种;清嘉庆三年刊本 |
| 《云合奇踪》(题徐渭编) | 5种:明刊本;明末刊本;清三多斋刊本;清刊本;清光绪十九年醉六堂刊本 |
| 《续英烈传》(题空谷老人编) | 2种:清集古斋刊本;清经国堂刊本 |
| 《三宝太监西洋记通俗演义》(明罗懋登撰) | 3种:明刊本2种,清光绪七年申报馆铅印本 |
| 《于少保萃忠全传》(明孙高亮撰) | 3种:明刊本;清宝翰楼刊本;清道光二年务本堂刊本 |
| 《大明正德皇游江南》(清何梦梅撰) | 4种:清坊刊本;上海进步书局石印本;清连元阁刊本;清光绪二十年坊刊本 |
| 《新史奇观演义》(题蓬蒿子撰) | 4种:清嘉庆十八年刊本;清刊本;清钞本;清文顺堂刊本 |
| 《水浒传》(元施耐庵撰) | 22种(图与注6种):明刊本2种;清杨定见刊本;日本享保刊本;清刊本2种;清圣德堂刊本;明末刊本;清刊本(金人瑞批点);明刊本;清中胜堂刊本;清重刊贯华堂评本;1934年中华书局影印贯华堂本;清申报馆铅印本;1921年上海亚东图书馆铅印本;上海中新书局铅印本;明末刊本2种;清光绪刊本;清写绘本;稿本(程穆衡撰);清道光洞庭王氏刊本(程穆衡撰,王开沃补) |
| 《水浒后传》(明陈忱撰) | 4种:清刊本;清光绪三年申报馆铅印本;清乾隆刊本;清姑苏锦奎堂刊本 |
| 《平妖传》(元罗本撰,冯梦龙补) | 5种:钞本;清初刊本;清刊本2种;上海进步书局石印本 |
| 《好逑传》(题名教中人编) | 3种:清拥万堂刊本;清独处轩刊本;清焕文堂刊本 |
| 《西游记》(明吴承恩撰) | 3种:清光绪十八年刊本;1929年上海大成书局石印本;清锦盛堂刊本 |
| 《封神演义》(明许仲琳撰) | 5种:清同治八年经国堂刊本;清康熙四年雪草堂刊本;清刊本;清康熙刊本;清光绪十六年珍艺书局铅印本 |
| 《韩相子》(明杨尔曾撰) | 3种:明天启三年金陵九如堂刊本;明刊本;清嘉庆二十五年步月楼刊本 |

## 续表

| 书　名 | 所藏版本 |
|---|---|
| 《禅真逸史》《禅真后史》(明方汝浩撰) | 6种:清寄畅楼覆明刊本;清刊本2种;明末刊本;清刊本2种 |
| 《鸳鸯影》(题樵云山人编) | 3种:清初刊本;清道光二年刊本;清刊本 |
| 《醉菩提》(题天花藏主人编) | 5种:清宝仁堂刊本;清同文堂刊本;清道光二十七年文聚堂刊本;清光绪六年老二酉堂刊本;清刊本 |
| 《雪月梅》(清陈朗撰) | 4种:清聚锦堂刊本;清乾隆六十年德华堂刊本;清光绪二十七年石印本;清光绪四年申报馆铅印本 |
| 《红楼梦》(清曹霑撰) | 11种(图4种):清乾隆五十六年萃文书屋活字印本2种;清乾隆五十七年萃文书屋活字印本;石印本(增评金玉缘);上海石印;清钞本2种;清刊本;清光绪刊本;有正书局影印本;清光绪八年上海点斋石印本 |
| 《金石缘》 | 3种:清嘉庆二十年石渠山房刊本;清咸丰三年刊本;清刊本 |
| 《儒林外史》(清吴敬梓撰) | 6种:清嘉庆八年卧新材料草堂刊本;清嘉庆二十一年艺古堂刊本;清同治八年群玉斋活字印本;清同治十三年齐省堂刊本;清同治十三年申报馆铅印本;一九二八年扫叶山房石印本 |
| 《儿女英雄传》(清文康撰) | 6种:清光绪六年聚珍堂活字印本;清光绪十八年刊本;清光绪四年石印本;清光绪申报馆铅印本;石印本;清光绪二十四年石印本; |
| 《飞蛇全传》(清邹必显撰) | 3种:清嘉庆二十二年维扬文盛堂刊本;清刊本;清咸丰七年如皋林堂刊本 |
| 《镜花缘》(清李汝珍撰) | 5种:清道光元年刊本;清道光十二年广东刊本;清光绪十七年文英堂刊本;清光绪二十一年上海文盛书局铅印本;清刊本 |
| 《金钟传》(题正一子、克明子撰) | 2种:清光绪二十二年乐善堂刊本;钞本 |
| 《草木春秋》(清江洪撰) | 3种:清大文堂刊本;清味经堂刊本;上海开文书局石印本 |
| 《雅观楼》(题檀园主人撰) | 2种:清道光元年维扬同文堂刊本;清芥轩刊本 |
| 《元曲选》(明臧懋循编) | 3种:均为明万历刊本 |
| 《北西厢》(元王德信撰) | 26种:明刊本5种;明末刊本;明崇祯刊本;明万历四十二年刊本;明凌濛初刊朱墨套印本;明末刊本2种;清封岳刊本;清刊本8种;清康熙刊本;清三亦斋刊本;清康熙郁郁堂刊本;清致和堂刊本;清怀永堂刊本;清光绪二年如叶山房刊朱墨套印本 |
| 《四声猿》(明徐渭撰) | 7种:明刊本5种;明末延阁刊本;清立达堂刊本 |
| 《写心杂剧》(清徐燨撰) | 2种:清乾隆梦生堂刊本;清钞本 |
| 《红楼梦散套》(题荆石山人撰) | 2种:清嘉庆蟠波阁刊本;清光绪八年刊本 |
| 《幽闺记》(元施惠撰) | 3种:明容与堂刊本;明书林萧腾鸿刊本2种 |
| 《琵琶记》(元高明撰) | 7种:明刊本;明万历刊本;明凌濛初刊朱墨套印本;影明钞本;明刊(魏浣初评本);明容与堂刊(李贽评本);清映秀堂刊本 |
| 《荆钗记》(明朱权撰) | 3种:影明钞本;明刊(屠隆评本);明刊(李贽评本) |
| 《连环记》(明王济撰) | 3种:钞本 |
| 《牡丹亭还魂记》(明汤显祖撰) | 7种:明金陵唐氏刊本;明万历刊本2种;明刊本;明末蒲水斋刊本;明末著坛刊本;清刊(陈同、钱宜、谈则评点本) |
| 《笠翁十种曲》(清李渔撰) | 3种:清刊本;清大文堂刊本;清刊翼圣堂印本 |

续表

| 书　名 | 所藏版本 |
|---|---|
| 《桃花扇传奇》(清孔尚任撰) | 8种:清康熙刊本3种;清刊本;暖红室刊汇刻传奇本2种;清道光十三年刊本;清光绪三十一年新民丛报铅印本 |
| 《长生殿传奇》(清洪昇撰) | 4种:清康熙稗畦草堂刊本;清刊本3种 |
| 《北宫词纪》《南宫词纪》(明陈所闻辑) | 8种:均为明万历三十年至三十三年陈氏继志斋刊本 |
| 《陶情乐府》(明杨慎撰) | 2种:明嘉靖三十年简绍芳刊本;清宣统三年阳精舍刊本 |
| 《梨云寄傲》(明陈铎撰) | 4种:均为明万历三十九年江氏环翠堂刊陈大声乐府全集本 |
| 《缀白裘》(题玩花主人辑) | 4种:清乾隆五十二年增利堂刊本;清嘉庆五年五柳居刊本;清光绪广雅书局石印本;清友聚堂刊本 |

　　如此之多的异本收集,为郑振铎大胆立论提供了第一手的可靠材料。集腋成裘进而得为善本,许多我们今天能见到的完本,就是许多像郑振铎一样的藏书家对于久佚文献孜孜以求的结果。

　　第三,重视插图的收集。郑振铎极为钟爱书籍里的插图,认为插图是一种艺术,即用图画来表现文字所已经表白的一部分意思。他称赞杂剧传奇里的插图最使他满意,并将这些插图选入自己的《文学大纲》《插图本中国文学史》与《世界文库》,绝大多数来自自藏。同时,他还能对明清刊刻戏曲小说中的插图如数家珍:《元人百种曲》很工致很有气势;《盛明杂剧》所表现的差不多没有一幅不好;《杂剧新编》附图60幅令读者眼福不浅;唐氏振吾刊行各传奇都极精工可爱,使读者增添不少兴趣……就《西谛书目》中著录收藏的682种小说中,注明有插图者361种;曲类667种,附有插图的111种。《西谛书跋》里关于通俗戏曲小说的题跋共144则,涉及插图的32则,其中有10则专述插图。

　　　　《水浒传》之有插图,当自明万历时代的诸种刻本开始……全叶大幅的插图,似当始于万历十七年(公元一五八九年)的天都外臣序刊本。这个本子有清初的补刻的叶子,不知其插图是否属于原本所有。但那些插图,气势豪放,人物都重点突出,显得有中心,背景比较地不那么细致地表现出来,线条比较地疏朗,可看出不会是万历末期或启、祯二朝的所作,当然更不会是清初的所作了。①

---

　　①郑振铎:《忠义水浒传插图不分卷》,《西谛书跋》,文物出版社,1998年版,第432页。

　　[北西厢记杂剧]虽多费,似亦值得;何况此书本来是绝妙的神品么! 插图二十幅,为陈老莲手笔。布局虽小,而气象极大。实明末最好的美术品之一也。①

　　郑振铎对于戏曲小说中插图的钟爱,有的是据其可以定版本之远近与真伪,如《新刻皇明开运辑略武功名臣英烈传六卷》:"《萃芬阁书目》列此书于'史'部,且注为嘉靖刊本,实则为万历间所刻。其插图形式,大类罗懋登《三宝太监下西洋记》及周曰校本《三国志演义》,自是同时代之产物也。"②再如《琵琶记传奇》,因其插图而知董康所刊之不够诚实:

　　凌刻《琵琶记》插图,和他刻的《西厢记》图作者同出一手。惟刻工则为郑圣卿氏。十年前,所见未广,董康氏尝以此记插图附于所谓影元刊本《琵琶记》卷首。余得之,乃至误认其为元本原图,殊为可笑。然董氏的不诚实的误人,也令人思之可恨! ③

　　诚然,据插图以定版本固然是古本插图的功用之一,但郑振铎对插图本的重视更多的是着眼于插图带来的艺术享受与生动形象:"一个个英雄都是活泼泼的人似的出现于我们之前,那又是另一个美的幻想的世界了。"④故他的戏曲小说藏书中,有的已经仅存其图或本来就只刻其图:

　　《新刻按鉴编纂开辟演绎通俗志传》,存目录图。明周游撰,明末麟瑞堂刊本。
　　《云会奇踪图》,存图二十叶。明末刊本。
　　《英雄谱》,存序目录图。明熊飞编,明末刊本。
　　《忠义水浒传》,存序目录图。明末刊本。

---

　　① 郑振铎:《北西厢记杂剧五卷》,《西谛书跋》,文物出版社,1998年版,第539页。
　　② 郑振铎:《新刻皇明开运辑略武功名臣英烈传六卷》,《西谛书跋》,文物出版社,1998年版,第427页。
　　③ 郑振铎:《琵琶记传奇四卷》,《西谛书跋》,文物出版社,1998年版,第591页。
　　④ 郑振铎:《插图之话》,《郑振铎全集》(第十四卷),花山文艺出版社,1998年版,第6页。

《忠义水浒传全书目》,存序目录图。明末刊本。

《水浒全图》,清刘晚荣编,清光绪刊本。

《水浒人物全图》,清写绘本。

《悟一子西游真诠》,存图。清康熙刊本。

《红楼梦图咏》,存三卷。清改琦绘,清刊本3种。

《改良京调图考》,一九二一年上海燮记书局石印本。

## 二、整理与刊布

如果仅将孤本、异本珍之、秘之,郑振铎就只能算藏书家而称不上学者了,他在戏曲小说文献方面的突出贡献,不仅仅是发掘,更在于整理与刊布。整理之力,多见于目录与题跋,刊布之功,则存于汇集影印之中。

第一,目录与题跋中的戏曲小说发掘。可于自撰目录及藏书中的书目与选本保存等见之。

1.自撰目录。有《巴黎国家图书馆中之中国小说与戏曲》《中国戏曲史资料的新损失与新发现》《中国戏曲史资料的新损失与新发现》《记一九三三年间的古籍发见》《脉望馆钞校本古今杂剧》等。1927年5月,郑振铎避走欧洲,据其《欧行日记》所载,从6月30日第一次入巴黎国家图书馆借书,至8月11日言"中国的小说与戏曲,他们所收藏的,大略的都已看过一遍了"①,共计40余天借阅中国戏曲小说64种,其发现俱载入《巴黎国家图书馆中之中国小说与戏曲》一文。该文不但首次详细介绍了"钞本书阅览室"里的三种中国书目,还重点推荐了柯兰(M. Conrant)编的三册分类目录,作为后来访书者的指引。文中列出长篇小说25种,短篇小说7种,戏曲6种,其他4种,基本上是日记所载书籍的扩充介绍版。十多年之后,刘修业与王重民同赴欧洲,才撰成《海外所藏中国戏曲小说阅后记》②发表于《图书季刊》,以补郑振铎与孙楷第二先生之未及。可惜的是,9月下旬郑振铎到达伦敦后的日记并没有保存下来,我们只能从残存的海外日记中得知郑振铎常去大英博物院看元曲与敦煌文献,至12月底读毕

① 郑振铎:《欧行日记》,《郑振铎全集》(第十七卷),花山文艺出版社,1998年版,第98页。
② 刘修业:《海外所藏中国戏曲小说阅后记》,分两次载于《图书季刊》1939年第1期和1940年第4期。

元曲99种①,并通过默记背诵的方法录出伦敦所藏的敦煌俗文要目与内容。

《中国戏曲史资料的新损失与新发现》,载于清华大学《文学月刊》第2卷第4期。该文既总结了王国维、吴梅、马廉、王孝慈、朱希祖、赵万里等人历年的搜辑成就,又追述了日军侵略上海给戏曲研究界带来的绝大打击。仅就其记忆所及毁于此役中的曲本计有:涵芬楼15种,吴梅61种,周越然32种。"其中尤多世间孤本,一失便永不能复得。"②相比之下,新发现虽也可喜,究难抵损失之数——值得介绍的不过区区9种而已。

《记一九三三年间的古籍发见》,发表于1934年《文学》月刊第2卷第1期,该文虽题为记本年的古籍发现,实则基本只是郑振铎的个人见闻:"几乎似在记载个人的一九三三年的购书经过。"所载戏曲已藏22种,北平图书馆藏6种,傅惜华藏3种,杜颖陶藏1种;小说北平图书馆藏1种,已藏4种。孤本不多,仅"足资比勘异同"。

发现《脉望馆钞校本古今杂剧》(亦称《也是园旧藏古今杂剧》),是1938年中国戏曲研究史上值得大书特书的一件事。郑振铎用三万余字的篇幅详述了这次得书的全部经过,成《跋〈脉望馆钞校本古今杂剧〉》。此存的242种杂剧中,刻本69种,钞本173种。此书虽然并未为郑振铎所得,后来的研究也称不上郑振铎最善,然此书之重现天日,发掘与购藏首功却得归于他。

2.研究书目。现存《西谛书目》中著录的戏曲小说书目共14种:《录鬼簿二卷、续编一卷》(钞本2种)、《传奇汇考》(钞本)、《曲目小知录》(莲勺庐钞本)、《曲录》(宣统元年晨风阁丛书本)、《曲录补正》(铅印本)、《奢摩他室曲丛目录》(钞本)、《缀玉轩藏曲志》(1934年铅印本)、《缀玉轩所藏戏曲草目》(铅印本)、《北平孔德图书馆藏戏曲书目》(钞本)、《承应戏单》(清钞本)、《民初旧戏单》(裱本)、《文明茶园吉祥茶园第一舞台开支单》(光绪三十年至一九一八年钞本)、《清代燕梨园史料》(1934年铅印本)、《宝山楼通俗小说书目》(钞本)。

3.选本保存。主要是戏曲小说的辑本。郑振铎曾专门撰文介绍

---

① 陈福康:《郑振铎年谱》,三晋出版社,2008年版,第185页。

② 郑振铎:《中国戏曲史资料的新损失与新发现》,《郑振铎全集》(第四卷),花山文艺出版社,1998年版,第604页。

过戏曲与小说的选本,分别见于《明清二代的平话集》与《中国戏曲的选本》。二文介绍了明清二代的平话集29种,中国戏曲选本16种。现存《西谛书目》中也著录了戏曲选本17种:《词林摘艳》(明万历刊本)、《雍熙乐府》(明嘉靖四十五年春山刊本)、《选古今南北剧》(明刊本、钞本)、《新刻出像点板增订乐府珊珊集》(明刊本)、《吴歈萃雅》(明刊本)、《词林逸响》(明刊本)、《新镌出像点板怡春锦》(明末刊本)、《南章三籁》(清康熙七年刊本)、《新刻出像点板时尚昆腔杂出醉怡情》(清刊本)、《缀白裘新集合编十二集》(清乾隆五十二年增利堂刊本、嘉庆五年五柳居刊本、光绪广雅书局石印本、友聚堂刊本)、《审音鉴古录》(清刊本)、《清音小集》(清刊本)、《肆雅社第二集剧本十三卷》(铅印本)。小说选集5种(短篇小说集暂不计入):《说郛》(清顺治刊本)、《阳山顾氏文房小说四十种》(明正德嘉靖间顾元庆刊本)、《古今说海》(明嘉靖二十三年云山书院刊本)、《稗海》(明刊本)、《明人百家小说一百八种》(明末刊本)。

第二,汇集排印中的戏曲小说刊布。郑振铎编校影印过的书籍40余种,其中关于古代戏曲小说的有11种,具体篇目如下:

1.《中国短篇小说集》,1926—1928年上海商务印书馆先后出版,共3集(三集下册因故未出)收唐代至清代的文言与平话小说123篇:

> 《古镜记》《补江总白猴传》《莺莺传》《李娃传》《三梦记》《长恨传》《东城父老传》《霍小玉传》《南柯太守传》《谢小娥传》《庐江冯媪》《湘中怨词》《异梦录》《秦梦记》《元无有》《崔书生》《张佐》《岑顺》《周秦行记》《柳氏传》《东阳夜怪录》《柳毅传》《离魂记》《非烟传》《枕中记》《任氏传》《灵应传》《无双传》《吴保安传》《红线传》《昆仑奴传》《聂隐娘传》《裴航传》《崔炜传》《杨娼传》《杜子春传》《张老传》《虬髯客传》《张谨》《青州客》《潘扆》《海山记》《杨太真外传》《梅妃传》《谭意歌》《白万州遇刺客》《桑怿传》《杂识》《盗智》《刘先生》《王魁》《猪精》《侠妇人》《李师师外传》《工狱》《金凤钗记》《缘衣人传》《莺莺传》《书博鸡者事》《王冕传》《中山狼传》《碾玉观音》《错斩崔宁》《冯玉梅团圆》《杜十娘怒沉百宝箱》《沈小霞相会出师表》《金玉奴棒打薄情郎》《唐解元玩世出奇》《卢太学诗酒傲公侯》《徐老仆义愤成家》《刘小官雌雄兄弟》《十八史奇宗村

酒肆》《吴太守怜才主姻簿》《郭挺之榜前认子》《穷不了连掇巍科》
《韩湘子》《韩魏公》《王榭》《梁太祖优待文士》《崔素娥》《余媚娘》
《浮梁张令》《王泰》《狄氏》《陆务观》《我来也》《三山福地志》《阿留
传》《辽阳海神记》《菩萨蛮》《滕大尹鬼断家私》《灌园叟逢仙女》
《陶家翁大雨留宾》《王孺人离合团鱼梦》《惟内惟货两存私》《姚伯
子至孝受显荣》《韩晋公人奁两赠》《吹凤箫女诱东墙》《三与楼》
《归正楼》《许武善能友于兄弟》《曾公子仗义救人终遇救》《李姬
传》《柳敬亭传》《姗姗传》《小青传》《梅屿恨迹》《西泠怪迹》《雷峰
怪迹》《汪十四传》《聱樵传》《奇好传》《圆圆传》《书戚三郎事》《剑
侠传》《补张灵崔莹合传》《书文衡山遗事》《娇娜》《婴宁》《竹青》
《马介甫》《大力将军》《雪遘》

2.《新编南九宫词》,1930年国立北京大学出版组据郑振铎藏明万
历初毗陵蒋氏三径草堂刊本印行。

3.《清人杂剧》初、二集,1931—1934年郑振铎据编选自费影印出
版,初集收清杂剧九家40种;二集收十三家40种①:

初集:

吴伟业2种:《临春阁》《通天台》;嵇永仁《续离骚》4种:《扯淡
歌》《泥神庙》《笑布袋》《马阎罗》;尤侗《西堂杂剧》5种:《读离骚》
《吊琵琶》《桃花源》《黑白卫》《清平调》;裘琏《四韵事》4种:《昆明
池》《集翠裘》《鉴湖隐》《旗亭馆》;张韬《续四声猿》4种:《霸亭庙》
《蓟州道》《木兰诗》《清平调》;桂馥《后四声猿》4种:《放杨枝》《投
阁中》《谒府帅》《题园壁》;曹锡黼5种:《桃花吟》《雀罗廷》《曲水
宴》《滕王阁》《同谷歌》;石韫玉《花间九奏》9种:《伏生授经》《罗

---

① 另有三集尚存拟目于《清人杂剧二集·附录》,据《长乐郑氏汇印传奇第一集六种十二卷》序,"三集
已印成,惜烬于兵,遂未能续刊",今列其目如下,仅兹存录:宋婉1种:《祭皋陶》;范希哲3种:《万古情》
《万家春》《豆棚戏》;黄兆森4种:《郁轮袍》《梦扬州》《饮中仙》《蓝桥驿》;龙燮1种:《芙蓉城记》;刘翚1种:
《议大礼》;华亭鹤史2种:《鸳鸯史》《紫芝缘》;绿绮主人1种:《度蓝关》;汪柱6种:《林和靖》《破牢愁》《楚
正则》《陶渊明》《江采蘋》《苏子瞻》;蒋士铨7种:《采樵图》《采石矶》《庐山会》《康衢乐》《忉利天》《长生录》
《升平瑞》;周树1种:《冯驩市义》;朱凤森4种:《辋川图》《金石缘》《平锞记》《守濬记》;汪应培4种:《催生
帖》《不垂杨》《幕外秋光》《驿亭槐影》;赵式曾1种:《琵琶行》;韩锡胙1种:《南山法曲》;雪樵居士1种:《牡
蛎园》;汤贻汾1种:《逍遥巾》;范元亨1种:《空山梦》。

敷采桑》《桃叶渡江》《桃源渔父》《梅妃作赋》《乐天开阁》《贾岛祭诗》《琴操参禅》《对山救友》；严廷中《秋声谱》3种：《判艳》《谱秋》《洛城殿》

二集：

徐石麒4种：《买花钱》《大转轮》《浮西施》《拈花笑》；叶承宪4种：《孔方兄》《贾阆仙》《十三娘》《狗咬吕洞宾》；王夫之1种：《龙舟会》；邹式金1种：《风流冢》；邹兑金1种：《空堂话》；廖燕4种：《醉画图》《诉琵琶》《续诉琵琶》《镜花亭》；洪昇《四婵娟》4种：《咏雪》《簪花》《斗茗》《画竹》；车江英4种：《蓝关雪》《柳州烟》《醉翁亭》《游赤壁》；张声玠9种：《讯蚡》《题肆》《琴别》《画隐》《碎胡琴》《安市》《看真》《游山》《寿甫》；孔广林3种：《璿玑锦》《女专诸》《松年长生引》；陈抟3种：《苧萝梦》《紫姑神》《维扬梦》；吴藻1种：《乔影》；俞樾1种：《老圆》。

4.《博笑记》，1932年上海传真社据郑振铎藏明天启癸亥茗柯生序本影印。

5.《修文记》，1932年上海传真社据郑振铎藏范汝毂校明刊本影印。

6.《世界文库》，1935—1936年上海生活书店分十二册出版，收小说16种，戏曲23种，绝大部分既是郑振铎藏品，又由其亲自校勘标点并作小跋：

小说16种：

《传奇》；《金瓶梅词话》（未完）；《警世通言》《艾子杂说》《集异记》《博异志》《艾子外语》《剪灯新话》《权子》《憨子杂俎》《剪灯馀话》《斩鬼传》（与《唐钟馗平鬼传》分上下栏同页刊出）；《雪涛小说》；《玄怪录》；等等。

戏曲23种：

《钱大尹智勘绯衣梦》《西游记杂剧》《白兔记》（与《刘知远传诸宫调》分上下栏同页刊出）；《功臣宴敬德不伏老》《投笔记传奇》《娇红记》（与《娇红记杂剧》分上下栏同页刊出）；《中山狼传》；《中山狼院本》（与《中山狼杂剧》分上下栏同页刊出）；《灵宝刀》；《东

调选》;《东窗事犯》;《西调选》;《赵匡义智娶符金锭杂剧》;《岳飞破虏东牕记》;《诈妮子调风月》;《赵氏孤儿记》;《杀狗记》(与《杨氏杀狗劝夫杂剧》分上下两栏同页刊出);《宣平巷刘金儿复落娼》;《周羽教子寻亲记》;等等。

7.《录鬼簿二卷续编一卷》,1938年国立北京大学出版组据郑振铎、赵万里、马廉三人手抄明蓝格钞本影照石印。

8.《孤本元明杂剧》,1939年商务印书馆初版(实际版于1941年),收杂剧144种,郑振铎曾参与具体工作。

9.《长乐郑氏汇印传奇第一集》,1944年郑振铎编选影印,收明代和清初的传奇6种:

> 《商辂三元记》;《韩朋十义记》;《裴度还带记》;《摘星楼》;《鹦鹉洲》;《喜逢春》)。

10.《古本戏曲丛刊》初、二、三、四集,郑振铎、吴晓铃、赵万里、傅惜华等"古本戏曲丛刊编刊委员会"编,1954—1958年商务印书馆上海印刷厂代为影印,内部参考不对外发行,主要收原刻本、钞本与稿本,计元、明杂剧、明清传奇共三百种(每集一百种)、元明戏曲选本八种。其中71种据郑振铎藏本影印:

> 《李卓吾先生批评琵琶记》《白兔记》《新刻原本王状元荆钗记》《杀狗记》《新刻李九我先生批评破窑记》《黄孝子传奇》《新刻全像古城记》《冯京三元记》《精忠记》《举鼎记传奇》《新刻出像音注何文秀玉钗记》《新刻出像音注苏英皇后鹦鹉记》《怡云阁浣纱记》《连环记传奇》《明珠记》《怀香记》《鸣凤记》《新编目连救母劝善戏文》《长命缕》《采毫记》《昙花记》《修文记》《新刻出像点板音注李十郎紫箫记》《南柯梦》《玉茗堂批评红梅记》《双珠记》《新刻全像易鞋记》《水浒记》《新刻出相点板宵光记》《狮吼记》《青衫记》《鸾鎞记》《玉镜台记》《墨憨斋重定梦磊传奇》《春芜记》《四喜记》《金莲记》《龙膏记》《双烈记》《玉茗堂批评异梦记》《琴心记》《墨憨斋详定酒家佣传奇》《墨憨斋新定洒雪庵传奇》《墨憨斋新订精忠旗传奇》《青虹啸传奇》《望湖亭记》《斐堂戏墨莲盟》《东郭记》《醉乡记》《墨憨斋重定双雄传奇》《墨憨斋订定万事足传奇》《评点凤

求凰》《喜逢春》《咏怀堂新编十错认春灯谜记》《元宵闹传奇》《新镌魏监磨忠记》《竹叶舟传奇》《投梭记》《景园记传奇》《罗纱记传奇》《金花记传奇》《一笠庵新编一捧雪传奇》《一笠庵新编第七种传奇眉山秀》《一笠庵新编传奇两须眉》《秣陵春传奇》《英雄概传奇》《乾坤啸》《醉菩提传奇》《重重喜传奇》《人中龙传奇》《金瓶梅》《古杂剧》（选本）。

11.《水浒全传》，1954年人民文学出版社初版，郑振铎标点，由郑振铎、王利器、吴晓铃等人校勘整理。

上述11种或影印或标点排印的出版物中，共刊布戏曲328部，小说140种，它们所依据的底本大多是郑振铎历尽艰辛收藏到的罕见之本。除了戏曲小说文本，特别需要点出的是郑振铎还非常重视对连类而及之相关史料的发掘与整理。他两次为孙楷第先生的著作作序，盛赞其《中国通俗小说书目》开启了小说研究者"找书的门径"，《论中国短篇白话小说》则是沙里淘金淘出来的第一手材料，"足以供研究者作为依据"①。他自己更是勤力搜辑，如明王兆言之《白醉璅言》，本已破烂不堪，然因其"好著说部书"，该书虽"只是随手杂记，但亦有掌故可资考索"②，故仍收之并付修绠堂重装，以便展读。又如他序《清代燕都梨园史料》，充分肯定其价值为"研究演剧史者得之，当可有左右逢源之乐"③。其他如《嘉靖本三国志演义的发见》《警世通言》《关于醒世恒言》《读曲杂录》《投笔记》《修文记》《博笑记》诸跋，也是戏曲小说版本研究时不可不读的资料。正因为他能充分意识到寻常材料中蕴藏的戏曲史与小说史价值，其史料搜辑与整理才更具学术意义。

## 第二节　戏曲小说研究与方法创新

胡适的《章回小说考证》各文，跳出了以往评点与索隐纠结于小说内容的"纯文本"研究模式，引考据学于小说分析中，借历史之眼考察

---

① 郑振铎:《论中国短篇白话小说序》,《郑振铎全集》(第六卷),花山文艺出版社,1998年版,第726页。

② 郑振铎:《白醉璅言二卷》,《西谛书跋》,文物出版社,1998年版,第150页。

③ 郑振铎:《清代燕都梨园史料序》,《郑振铎全集》(第四卷),花山文艺出版社,1998年版,第750页。

小说作者、版本及变迁脉络,开创了中国小说作品个案研究的新范例。这种模式对郑振铎影响巨大,他的作品分析成果与研究方法,既可看出明显学自胡适的传承痕迹,又有着突破创新的学术个性。通观其《中国文学研究》《中国古典文学文论》与《西谛书跋》,专论作家作品及类型的计有论文22篇,序跋34则。除去仅录得书过程的某些书跋外,这些论文又可依研究方法与内容的不同分为四类:一是运用进化理论通过版本变迁来考证小说演化的轨迹,并力图还其本来面目,主要体现为演化系列论文,如《水浒传的演化》《水浒传的续书》《三国志演义的演化》《西游记的演化》《岳传的演化》《万花楼》《伍子胥与伍云召》等;二是介绍内容与考证戏曲小说版本,如《嘉靖本三国志演义的发见》《警世通言》《关于醒世恒言》《西厢记的本来面目是怎样的?》《西游记杂剧》《重刻元本(?)题评音释西厢记》《读曲杂录》及《投笔记》《修文记》《博笑记》诸跋;三是运用文艺社会学方法分析戏曲小说中表现的时代痕迹,如《谈金瓶梅词话》《元代"公案剧"产生的原因及其特质》《论元人所写商人、士子、妓女间的三角恋爱剧》等;四是专题或类型研究,如《论北剧的楔子》《谴责小说》《论武侠小说》《中国小说的分类及其演化的趋势》等。其中有关作品与版本介绍之内容已分别见诸前文,此处不再重复。故本节不欲按上述三类来分别论述其具体作品研究,而是以其对胡适研究方法的继承与新变为经,以具体作家、作品及类型研究为纬,从中管窥郑振铎研究通俗戏曲小说的个人特色。

## 一、小说演化:对胡适之法的继承

按黄霖《中国小说研究史》的说法,中国小说从产生之始便有了幼年时期的小说研究,主要依附于目录而存在,大多采用训诂与辨伪的文献学手段。晚明到清末,小说评点兴起并成为小说研究的主流。然这些都算不上真正现代意义上的小说研究。新研究范式的确立,还是要到19、20世纪之交西方文艺美学与小说观传入之后,以王国维、鲁迅、胡适为代表所取得的成果[①]。王国维开创了西方理论观照中国古典小说的先河,鲁迅撰写了第一部小说史,而胡适则是第一个将"考证"方法论系统化并以之介入小说的研究者。他的章回小说考证系列为此类方法运用的成

---

[①] 黄霖:《中国小说研究史》"引言",浙江古籍出版社,2002年版,第1-4页。

功典范。当然,在胡适之前,梁启超、邱炜蔓、王国维、黄摩西、蒋瑞藻、钱静方等都已运用过考据方法,蒋瑞藻与钱静方还将其论著直接命名为"考证"。然正如陈平原先生在《文学的周边》中所评,他们所论,与稍后的胡适及鲁迅相比,还显得"太不专业"。胡适也认为这些考证"全无用处",他想用新的方法做一部《中国小说史》,研究其起源、派别与变迁①。小说史虽未撰成,其关于小说的个案研究却开辟了新的学术之路。1942年实业印书馆结集出版的《中国章回小说考证》,是胡适将小说研究作为一门学问来认真经营的绝大贡献②,"不失为一部为中国小说史的研究作了开创性工作并奠定了一定基础的有价值的学术著作"③。

郑振铎20世纪20年代初涉足文坛,并开始收藏古籍,包括戏曲小说。载有胡适考证诸序的亚东图书馆版各小说,郑振铎都有收藏(见《西谛书目》),这种以版本为依据运用进化观点考证一个故事从简略到复杂之历史轨迹的研究模式,其成功的可复制性与程序的可操作性对郑振铎而言是深具指导意义的。1929年,他在遍访版本的基础上,撰写了第一篇关于小说演化的论文——《水浒传的演化》,发表于《小说月报》,该文不仅引用评述了胡适的研究成果,还在同期刊发了胡适的《水浒传新考》,此后,他又相继运用同样的方法考证了《三国志通俗演义》《西游记》及《岳传》等小说,经过郑振铎的探索与论证,这些小说"历史前进的轨迹,清晰可辨"④,同时也扫除了堆积在这些名著上的层层瓦砾,还其本来面目。尽管1949年以后郑振铎竭力回避自己学术历程中所受的胡适影响,并将原《中国文学论集》中的各论文重新以《中国文学研究》之名编集出版,删去了其中有关胡适的名字及相关论述,使得后来有论者振振有词地说其与胡适"没有直接的关系"⑤。其实还原到20世纪前期的小说研究环境与胡、郑之间的交往细节,其学术特长与研究模式尤其是小说研究模式还是与"胡适之法"有着不可

---

① 胡适:《致钱玄同书》,《胡适文集》(第六卷),人民文学出版社,1998年版,第5页。

② 陈平原:《文学的周边》,新世界出版社,2004年版,第164—173页。

③ 朱文华:《论胡适〈中国章回小说考证〉的方法论》,《"再造文明"的奠基石——"五四"新文化运动三大思想家散论》,上海教育出版社,2000年版,第336页。

④ 范宁:《郑振铎对中国文学研究的杰出贡献》,王瑶主编《中国文学研究现代化进程》,北京大学出版社,1996年版,第403页。

⑤ 陈福康:《郑振铎论》,商务印书馆,1991年版,第189—196页,按:此处长论乃为撇清郑振铎"整理旧文学"与胡适"整理国故"之间没有直接关系,但该著不认可郑振铎与胡适之间的学术传承已由徐雁平《胡适与整理国故》一书辨正。

抹煞的传承关系的[①]。

因通俗小说的大众性质以及传播形式的特别,同一作品不同版本间存在着很大差异。有学者甚至认为,对于小说研究来说,"每一次新史料的发现都会引发一场学术的突变"[②],因为不同的小说版本,其相异处不仅仅只是字句的增删与改削,而且牵涉到了作品内容经不同时代读者选择后的重大修改与增饰。这种中国古典通俗戏曲与小说文本中特有的修改与增饰现象,胡适称之为"滚雪球"式的传说生长史:

> 传说的生长,就同滚雪球一样,越滚越大,最初只有一个简单的故事作个中心的"母题",你添一枝,他添一叶,便像个样子了。后来经过众口的传说,经过平话家的敷演,经过戏曲家的剪裁结构,经过小说家的修饰,这个故事便一天一天的改变面目:内容更丰富了,情节更精细圆满了,曲折更多了,人物更有生气了。[③]

滚雪球式的"传说生长"理论之所以成立,是因为千变万化的传说故事均有一个相同的内核——"母题"。"母题"最早由胡适在《歌谣的比较的研究法的一个例》中提及,是他创造性地译自英语"motif",即"大同的本旨"[④]。这是演化史存在的基础。中国古典小说演变现象的存在是"考证"之所以成为必需的条件,也是胡适方法能取得突破性成功的一个重要原因。即无论版本如何变迁,文字如何增删,故事内核始终不变。还原本来面目的手段便是将"你添一枝,他添一叶"的过程清晰地描绘出来。因此,其演变步骤可以简略地表述为一个公式:

> 最初的"众口传说"+平话家的敷演+戏曲家的剪裁结构+小说家的修饰 = 通行今本

---

① 郑振铎在《最后一次讲话》明言自己的著作中,"去掉了一些引用胡适的话(当时编辑部也提出了意见)",见《郑振铎全集》(第三卷)第380页。有关郑振铎对胡适影响的回避,可参看徐雁平《胡适与整理国故考论——以中国文学史研究为中心》第四章第三节,第198页至215页。

② 竺洪波:《郑振铎对〈西游记〉新史料的发现与认识》,《中文自学指导》,2004年第4期,第33页。

③ 胡适:《三侠五义序》,《三侠五义》,上海亚东图书馆,1925年版,第27-28页。

④ 胡适:《歌谣的比较的研究法的一个例》,载《努力》周刊1922年12月4日,后被《歌谣》1924年第46期转录。

依此公式,依次寻出各时期的文本并进行逆向推导即可还原小说原貌。以《〈水浒传〉考证》为例,胡适通过对比两宋历史记载、南宋笔记、元曲中的水浒故事,一直推衍到明清出版的《水浒传》各版本,得出一个结论:"《水浒传》是从南宋初年到明朝中叶这四百年的梁山泊故事的结晶。"①这种世代累积并不断变迁的现象,胡适称之为"故事的演化史"②,表明了其流传是一个动态的形成过程。郑振铎的"演化"描述便一如上述步骤,每一步都是循着胡适的思路进行论证:

### 《水浒传的演化》

演化过程:最早的祖本(?)《宣和遗事》(南宋)→元本(? 施耐庵)→元明之间罗贯中本(二十卷)→嘉靖郭勋(?)改编增订本(一百回)→万历余象斗增订二十四卷本(一百二十回本?)→天启、崇祯间杨定见编定全本(一百二十回)→顺治金人瑞删本(七十回)。

结论:《水浒传》底本在南宋时已有,嘉靖间加入征辽一节,万历间加入征田虎与王庆二节,顺治时被金人瑞删为七十回影响极大。

### 《三国志演义的演化》

演化过程:陈寿《三国志》等史书→《新编三国志平话》(?)→元虞氏《三国志平话》→罗贯中《三国志通俗演义》→周曰校音释本(十二卷);余象乌批评本(二十卷);郑以桢校刊本(十二卷);吴观明校刊本(一百二十回)→毛宗岗批评本《第一才子书》;李渔批评本《第一才子书》。

结论:北宋时已有说书人讲说《三国志》通俗小说,元刊《三国志平话》似为民间传说的写定本,嘉靖时罗贯中改写本通行,清初毛宗岗、李渔再次修改本通行。

胡适是一个善于并乐于提倡方法论的学者,他将自己的论文称为"思想方法的一个实例",自许"鸳鸯绣取从君看,要把金针度与人"③。

---

① 胡适:《〈水浒传〉考证》,《水浒传》,上海亚东图书馆1920年版。
② 胡适:《〈西游记〉考证》,《西游记》,上海亚东图书馆1923年版。
③ 胡适:《〈醒世姻缘传〉考证》,《醒世姻缘传》,上海亚东图书馆1932年版。

简而言之即"大胆地假设，小心地求证"，假设时需要有"历史的态度"与"发展的眼光"，求证时则需"尊重事实、尊重证据"。其论证模式可总结为"假设→寻找证据→证实或推翻假设→通过旁证或新证推出结论"。郑振铎《西游记的演化》亦是以假设提问开篇，通过寻找证据得出结论：

《西游记的演化》

设问：吴承恩本《西游记》到底是创作还是改作？

寻找证据：古本《西游记》（永乐大典本）→嘉隆间吴承恩本（衍为四种：万历二十年金陵唐氏世德堂本；万历三十一年闽建杨闽斋刊本；万历间某氏刊本；天启、崇祯间李卓吾批评本）→隆万间朱鼎臣《西游释厄传》→万历间杨致和《西游记传》→康熙间汪澹漪《西游证道书》（康熙至道光间衍为四种，与小说无关，此略）。

结论：《西游记》的祖本应是《永乐大典》本，吴承恩只是旧本的改造本，并非创作者，明、清诸本皆以吴本为依归。

当然，同为"演化"式考证，郑振铎与胡适不仅结论不尽相同，论述过程也不是完全照搬"胡适之法"，而是有着自己的新见的。这一方面当然是有赖于他掌握了大量的材料，有的甚至是胡适都未曾注意的材料，如同为考证《水浒传》，除去水浒故事的版本互有所长外，从引证文献的对比即可知郑振铎的搜辑更为广泛，以至立论更有根据（参见表12）。

另一方面，郑振铎还摒弃了胡适以"假设"为论证之始的模式，其《西游记的演化》虽也以问题开篇，却并非胡适的假定性结论先行，而是一个欲进行论证的设问。因为"大胆地假设"虽然扩大了学者的视野，与清儒先收集同类例子再寻出大通则的"归纳法"相比，这种演绎式论证法有助于跳出传统思想的禁锢，但同时也使得寻证被基于主观臆想之上。况且胡适模式的步骤虽能获得成功且具学术示范作用，但其论断有时不免过于武断甚至自相矛盾。郑振铎正是看到了此一模式固有的局限性，故只在一些明显具备"世代累积"性质的小说研究上运用了演化推理的方法，其他如《金瓶梅》等作品的研究，则更多的是采用文艺社会学及立足于小说之"文学本位"的分析。

表12　郑振铎《水浒传的演化》与胡适《〈水浒传〉考证》之比较

| 郑振铎《水浒传的演化》 | 胡适《〈水浒传〉考证》 |
|---|---|
| 《宋史》：徽宗本纪、乐史、张叔夜传<br>《宣和遗事》<br>《十朝纲要》<br>《通鉴纪事本末》<br>《通鉴考异》引《北盟会编》<br>周密《癸辛杂识续集》（上）<br>龚圣与宋江等三十六人画赞<br>陆友仁《题宋江三十六人画赞诗》<br>《百川书志》<br>《七修类稿》<br>《续文献通考》<br>《也是园书目》<br>《古今书刻》<br>《宋文鉴》<br>周亮工《书影》<br>金坛王氏《小品》<br>谢无量《平民文学两大作家》<br>沈德符《野获编》<br>胡应麟《少室山房笔丛》<br>鲁迅《中国小说史略》 | 《宋史》：卷二十二、卷三百五十一、卷二百五十三<br>周密《癸辛杂识续集》（上）<br>龚圣与宋江等三十六人画赞<br>《宣和遗事》<br>《七修类稿》<br>周亮工《书影》<br>田汝成《西湖游览志》<br>沈德符《野获编》 |

## 二、社会学分析与文学本位：对胡适之法的开拓

胡适以历史考据学方法研究章回小说，创立了小说研究的学术规范，但他以历史学家眼光读小说，缺乏对作品思想底蕴与艺术特色发掘的诸多论断，却不太为后来研究者所接受：他考证《红楼梦》的回数、版本、作者家世，可是于《红楼梦》小说本身不及一字；《水浒传考证》排列、比较了六种《水浒传》的版本，只不过证明了其"故事结晶"的假设无误；《〈三国志演义〉序》洋洋洒洒近四千字，毛宗岗本在文字诗词上的删削与修正、故事情节上的增减与辨证均被详细道及，却只余"平凡"二字作为评价；《镜花缘》之所以是"永远不朽的文学"，乃在于其忠厚且怨而不怒地写出了几千年来的"中国妇女问题"。当然，胡适也曾借用心理学分析法对作者心理与读者心理进行过揭示，如他认为《西游记》大闹天宫故事反映了作者对现实社会的"一肚子牢骚"，李宸妃故事之所以演变成"狸猫换太子"是因为该事件唤起了"全国的同情"。然总体而言，胡适研究古典小说过于受"历史癖"支配，以致未充分考虑其文学本位。对胡适来说，"考据癖"既是技术手段，也是欣赏趣味[1]。

---

① 陈平原：《小说史学的形成与新变》，《文学的周边》，新世界出版社，2004年版，第170页。

　　与胡适将小说看成历史现象不同的是,郑振铎本身是新文学作家,其白话小说曾辑为《家庭的故事》《取火者的逮捕》及《桂公塘》等单行出版。观其小说,主要特点是擅长描写身边的人物,总是细致地刻画出人物生活的环境与言谈举止。因为他切实感觉到自己创作灵感的缘起与最终作品体现出来的风格均与时代思潮密不可分,故他接受"文学作品是一种社会现象"的文艺观,并将之贯彻于文学研究。文学作品归根结底是一种社会现象,该思想主要来源于法国学者泰纳,其《英国文学史序论》说"文学作品既不只是想像的游戏,也不是从狂热的头脑里杜撰出来的自得其乐的胡诌,而是围绕我们周围的风俗习惯底缩图,是一种精神状态底指标"①。因此,郑振铎不仅从《金瓶梅词话》里看出当时的真实生活图景,还透过戏剧小说的内容看到了时代背景在里面或直白或曲折的表现。如世界文库版《剪灯新话》的序中言:"我们不要忘记了他们乃是元、明之间的产物;我们不要忘记了他们的里面有一部分乃是最好的元、明之际的社会的写真。"②正是带着社会分析的观点观照文学作品,郑振铎能从这些虚构的故事里看到当时社会的实状与作者的生活环境,以至其论文观点新颖,洞察隐秘,往往能发人之所未发。这是对胡适之"历史考据法"小说研究模式的新开拓,以下以实例分而述之。

　　1.《论金瓶梅词话》。《金瓶梅》乃明代奇书,面世之后的研究主要见于评点与序、跋,多为探究作者、主题及艺术价值,此为传统意义上的小说研究。真正现代意义上《金瓶梅》研究的拓荒者当属鲁迅与郑振铎。鲁迅首次在《中国小说史略》中定义《金瓶梅》为"世情书",将其从没人敢公开阅读的"秽书"堆里解放出来。郑振铎则认为"表现真实的中国社会的形形色色者,舍《金瓶梅》恐怕找不到更重要的一部小说了",更大力称赞其伟大过于《水浒》,《西游》《三国》更不足相提并论:

　　　　在《金瓶梅》里所反映的是一个真实的中国的社会。这社会到了现在,似还不曾成为过去。要在文学里看出中国社会的潜伏的黑暗面来,《金瓶梅》是一部最可靠的研究资料。
　　　　她是一部很伟大的写实小说,赤裸裸的毫无忌惮的表现着中

---

① 泰纳著,逸夫译:《英国文学史序论》,《世界文库》(第十册),上海生活书店,1936年版,总第4 787页。
② 郑振铎:《剪灯新话四卷、剪灯馀话五卷》,《西谛书跋》,文物出版社,1998年版,第420页。

国社会的病态，表现着"世纪末"的最荒唐的一个堕落的社会的景象。①

如何见得《金瓶梅》表现出了一个真实的中国社会？郑振铎遍举了其中的人物刻画与事件描写：郓哥般的"小人物"、王婆般的"牵头"、西门庆般的恶霸土豪、武大郎般的被侮辱者、应伯爵般的帮闲者，至今仍未绝迹于社会；杨姑娘的气骂张四舅、西门庆的谋财娶妇、吴月娘的听宣卷，金、瓶、梅等妇人在生活中的钩心斗角，至今还如闻其声，如见其形。尤其是西门庆的家庭及其一生发迹的历程，更是堕落社会里以欺凌、奸诈、硬敲和软骗等手段，一步步踏上名利园地的典型。如此活泼而又如此传神，故郑振铎说"她是那样淋漓尽致的把那个'世纪末'的社会，整个的表现出来"，"这几乎是每一县都可以见得到一个普遍的社会的缩影"②。

2.《元代"公案剧"产生的原因及其特质》。元代之"公案剧"，其源出于宋人话本里的"公案传奇"，主要述"摘奸发覆，洗冤雪枉"的故事，来自说书人对口头或文告或判牍的烘染演说。郑振铎引周密《癸辛杂识》后说：

> 公案剧之所以产生，不仅仅为给故事的娱悦于听众而已，不仅仅是报告一段惊人的新闻给听众而已，其中实孕蓄着很深刻的当代的社会的不平与黑暗的现状的暴露。
>
> 平民们去观听公案剧，不仅仅是去求得故事的怡悦，实在也是去求快意，去舞台上求法律的公平与清白的！当这最黑暗的少数（原为"野蛮"，1957年改）民族统治的时代，他们是聊且快意的过屠门而大嚼。③

此段引文，不仅揭示出公案剧繁兴的原因是暴露"社会的不平与黑暗的现状"，而且分析了读者（听众）的接受心理是求得"过屠门而大

---

① 郑振铎：《谈金瓶梅词话》，《郑振铎全集》（第四卷），花山文艺出版社，1998年版，第224-225页。
② 郑振铎：《谈金瓶梅词话》，《郑振铎全集》（第四卷），花山文艺出版社，1998年版，第233页。
③ 郑振铎：《元代"公案剧"产生的原因及其特质》，《郑振铎全集》（第四卷），花山文艺出版社，1998年版，第492页。

嚼"的快意。正因为现实中只见糊涂的官与横暴的吏,读者(听众)通过舞台上清廉的包拯与贤明的张鼎来求得心理的平衡:"百姓们在无可控诉的状态下,便又造作了许多鬼与神与英雄的故事",法律上不能伸的仇冤只能在戏剧里由鬼神或武力来代行审判。

3.《论元人所写商人、士子、妓女间的三角恋爱剧》。元剧不仅公案题材多,讲述书生命运的故事也不少。郑振铎拈取了一个比较有趣的题材——商人、士子与妓女间的三角恋爱,从中不仅窥见了元代"经济状况"之一斑,且论证出该三角恋式样的戏剧,正是由此朝"经济状况"在幕后所决定、支配的。

郑振铎首先总结出叙写商人、士子和妓女间"三角恋"之诸剧的范式为:

> 妓女与士子相逢、相爱→士子贫穷被商人突入,趁人之危→妓女不得已嫁作商女或设法逃脱→士子赶考衣锦归来,与妓女团圆作结。

郑振铎列举了多部依此范式的元剧后,道出其共同点为:商人总是在剧中被斥责,对他们形象的描述总是极尽轻蔑与侮辱,并总是在初奏凯歌后人财两失;相反,士子呢,结局必定是做了官,用暖轿香车抬回曾经的妓女。郑振铎用一句杜蕊娘的唱词,揭穿了这种落魄士子们的幻想:"在实际社会上,这些故事都是不容易出现的。妓女们是十之九随了商人们走了的。商人们高唱着凯歌,挟了所爱的妓女们而上了船或车,秀才们只好眼睁睁的望着他们走。"①于是,为了迎合幻想中被"注定团圆"的结局,作者们不得不抬高妓女们的地位,并无一例外地将妓女与贞女、节女并立。

为什么会出现这样与现实不合的反差?郑振铎接下来分析了元代士子社会地位的堕落与元代商业繁盛带来的商人地位的增高,尤其是暴富的茶商和盐商最为士子们所深恶痛绝。士子们在现实中无力与商人一争高下,便只能寄情于幻想。因为他们所能驱使的只是自己手中的笔,于是这些幻想就被戏曲家们记载了下来——因为戏曲家本

---

① 郑振铎:《论元人所写商人、士子、妓女间的三角恋爱剧》,《郑振铎全集》(第四卷),花山文艺出版社,1998年版,第522页。

身就是"落魄士子",剧中的商人越难堪,他们就越能得到虚幻的痛快:

> 为了戏曲家们的本身便是"士子"的同流,其同情便往往寄托在秀才们的身上,而往往给商人们以一个难堪的结果——这正足以证:在实际社会上,秀才们恐怕是要吃亏到底的;故才有了那样的"过屠门而大嚼"的团圆! ①

郑振铎在胡适之后,其研究虽也被陈平原先生评为"欣赏趣味不是很高,判断也不太准确"②,但此语主要针对的是郑振铎点评作品时的艺术鉴赏力,并非故意贬低其研究水平。他受泰纳"种族、时代、环境"三要素说的影响,认为文学是一种社会现象,文学作品是时代背景投射下的社会产物。不仅如此,"在诗、曲、小说、戏剧里所表现的社会情态,只有比正史、官书以及'正统派'的记录书更为正确、真切,而且活跃"③。因此,在传承胡适考证模式的同时,郑振铎将眼光更多关注于戏曲小说本身所体现出来的文化史信息,广泛地挖掘其社会学价值,这就是他自称的"新的观点",也即鲁迅所称赏的"洞察隐密"。因为他不仅仅将小说或戏剧看成孤立的"文学作品",而是通过分析其作者生活环境及作品产生的时代背景,进一步揭示戏曲小说这些文学现象的"社会性质",再一次拓宽了研究视野。

## 三、戏曲小说插图研究:胡适之外的创新

书籍附图,古已有之,现存公元前十五世纪的埃及《死书》草纸写卷,内中已附有颜色鲜明的图画。中国古人亦有"左图右史"之说,只是实物未存,难有验证。自印刷术发明后,附于文字之外的插图也同时被刻入雕版,与文字一起刊刻发行,这从中国现存最早的印刷品《金刚经》扉页插图已得到了印证。进入刊刻传播时代的书籍,插图也随着刊刻复制手段的出现而由手绘变成了版刻,并逐渐由宗教宣传扩展到其他领域。追溯最早的版画,可以从拓印石刻图画开始,许是随着

---

① 郑振铎:《论元人所写商人、士子、妓女间的三角恋爱剧》,《郑振铎全集》(第四卷),花山文艺出版社,1998年版,第529页。

② 陈平原:《小说史学的形成与新变》,《文学的周边》,新世界出版社,2004年版,第179页。

③ 郑振铎:《论元人所写商人、士子、妓女间的三角恋爱剧》,《郑振铎全集》(第四卷),花山文艺出版社,1998年版,第511页。

宣传宗教的需要而产生,"它们作为宗教的供养之用的佛像、菩萨像或天王像和其他的宗教宣传画而广泛地流行于民间"①。宋时雕版印刷的兴起,也带来了书籍插图的繁荣,版画逐渐由单页宗教画发展为实用说明图,后来又进入话本、戏曲以及画谱等,现存最早的文学版画插图,公认为宋版《列女传》:"宋版《列女传》的出现,开始了文艺书里的插图的风气。"②此后,书商出于市场竞争的需要,为增加读者的阅读兴趣,各种戏曲小说读本往往以"绣像""全像""出像""图像"等噱头招徕读者。是以,"中国古版画是在绘画艺术和雕版印刷术的基础上发展起来的,其始于隋、行于唐、扩于宋、盛于明、衰于清"③。

　　古代版画的历史虽不下千年,其研究却刚刚走过一世纪,且最初是附着于藏书家个人的爱好而开始的。范景中在《明清戏曲版画》的序言中明确指出了古版画研究的兴起与戏曲小说收集之间的密切关系:

　　　　二十世纪初叶的一些藏书家,受了当时学术风气的影响,不再斤斤于经史秘籍,而是把向来不登大雅之堂的小说、戏曲当作网罗追求的对象。这样,那些夹在书页中的插图便渐渐放出光彩。在那些藏书家中,董康(一八六七至一九四七)、陶湘(一八六七至一九三九)、王孝慈、郑振铎(一八九八至一九五八)、阿英(一九〇〇至一九七七)、傅惜华(一九〇七至一九七〇)、黄裳等都藏有大量带有插图的珍本。他们或翻印、或撰文评介,推波助澜,掀开了版画史研究的篇章。④

　　同样,郑振铎的版画研究也始于搜集戏曲小说:"予收书始于词、曲、小说及书目,继而致力于版画,遂广罗凡有插图之书。"⑤虽然他在《鲁迅与中国古版画》一文中自言乃是受鲁迅诱导,实则他自小便喜爱

---

①　郑振铎:《中国古代木刻画史略》,《郑振铎全集》(第十四卷),花山文艺出版社,1998年版,第296页。
②　郑振铎:《〈中国版画选〉序言》,《郑振铎全集》(第十四卷),花山文艺出版社,1998年版,第278页。
③　马国兴:《〈古典文学版画〉前记》,张满弓《古典文学版画》,河南大学出版社,2004年版。
④　范景中:《〈明清戏曲版画〉序言》,周亮编著《明清戏曲版画》(上下册),安徽美术出版社,2009年版。
⑤　郑振铎:《清代文集目录序》,《西谛书跋》,文物出版社,1998年版,第269页。

搜集彩色画片,后来戏曲小说文本中的插图引起了他极大的兴趣。以至有时就算文字极陋,郑振铎收书时也会"以其图而取之"①。故他说:

> 我的研究中国版画是偶然的事。为了搜集中国的小说和戏曲,便引起了对于那些"不登大雅之堂"的书里所附的木刻插图的兴趣。也偶然的得到些纯粹版画的书。②

由爱好戏曲小说而至于插图,再连类而及于搜集古代版画,进而发愿编撰中国版画史,是郑振铎进入版画研究的心路历程。古版画虽有单页宗教画、印刷实物图、书籍插图及民间木版画等形式之别,但刊刻最精者当属书籍插图,尤其是明清戏曲小说中的插图,更是版画史上的黄金时代。故郑振铎的版画史论述,始终离不开明清戏曲小说的插图。因此,考察其戏曲小说研究之独创之处,便不能不综合版画史研究而论之。

20世纪前期,因喜爱而收集戏曲小说版画者渐有人在,这是一个以整理、编撰与复刻为主要特征的版画研究阶段。以收藏来说,马廉别具只眼,且能据版画"立辨其时代与作风"③;王孝慈"好之之专,嗜之之笃",连郑振铎都自叹不如;以版画史来说,陈大镫编辑《徽派刻工名手姓名录》,是版画史上的第一部可靠资料。然真正"为了插图"而集书,并把版画从"附庸的艺术"里独立出来并赋予其学术研究价值的,当以郑振铎为集大成者。他编印《中国版画史图录》《中国古代木刻画选集》及《中国古代版画丛刊》等,并为《中国古代木刻画选集》撰写了长篇释文,后题为《中国古代木刻画史略》单行出版,"这是一件以前从未有人做过,一切全靠自己力量从千头万绪之中做搜爬整理的工作,所以也最为难得"④,堪称"20世纪以来最早重视书籍插图研究的学者之一"⑤,也是版画史研究领域当之无愧的"奠基者和开拓者"⑥。笔者囿于专业与学识之限,此处不欲讨

---

① 郑振铎:《新刻金陵原板晚经开心正解》,《西谛书跋》,文物出版社,1998年版,第1页。

② 郑振铎:《鲁迅与中国古版画》,《郑振铎全集》(第十四卷),花山文艺出版社,1998年版,第255页。

③ 郑振铎:《关于版画》,《郑振铎全集》(第十四卷),花山文艺出版社,1998年版,第230页。

④ 叶灵凤:《版画图籍的搜集功臣》,上海鲁迅纪念馆编:《郑振铎纪念集》,上海社会科学出版社,2008年版,第74页。

⑤ 程国赋:《论明代通俗小说插图的功用》,《文学评论》,2009年第3期。

⑥ 周心慧:《中国古版画通史》"绪论",学苑出版社,2000年版,第3页。

论郑振铎关于艺术史之一部分的版画研究,而是着眼于版画与戏曲小说的关系,从戏曲小说研究史的角度略述其对于古代戏曲小说中所附插图的研究,以此作为其戏曲小说研究最大亦最具特色的创新之点。约而言之有三点:一是大规模搜寻、保存并复刻了大量插图,从学科史高度开创了研究的新领域;二是重点研究戏曲小说的插图,既利用其协助鉴定版本,又重视其解读文本的补足价值;三是多次通过评介插图注重其细节透露出的文化史信息。

第一,从"版画"学的高度开创了研究新领域。郑振铎的奠基工作主要表现于搜寻发掘珍本、翻印复刻图录、撰写版画通史等。

1.搜寻珍本、翻印图录。郑振铎"酷爱版画,尤喜明人所镌者,故每见必收得"[1],其最终所集版画的数量,因乏人整理,至今未能得知具体数目[2]。今仅能据《西谛书目》统计其所藏善本里的附图情况:小说类有插图者361种;曲类有插图者111种。另《西谛书跋》六百余则题跋中涉及插图的共140则,其中39则述戏曲小说里的插图,并有10则专论插图不及其他。据《〈中国版画史图录〉自序》,该图录收版画一千七百余幅,"大致以编者所自藏者为主",这是一个经过了郑振铎汰选的数目,可略窥其所藏版画之富。

郑振铎搜寻版画的经过,大多见于《西谛书跋》,内中多有发掘珍本之记载。如明成化十一年(1475)本《历代古人像赞》,"是今日所知、所见的最早的一部木刻本的《历代古代像赞》";明正统九年(1444)本《圣迹图》,是后来诸本之祖;名山记之有图,自《新镌海内奇观》始;西湖诸图,今所知最早附于文中者为《西湖游览志》;宋本《天竺灵签》为"天壤间孤帙";萧云从流传甚少之《太平山水图画》乃"版画绝作";《程氏墨苑》为彩色木版画之嚆矢;《慈容五十三现图》为东西艺术交通上重要的文献之一;明弘治十一年(1498)本《屈原像》是"现在所见最早的一个屈原像的刻本"……

翻印复刻,专门图录有《北平笺谱》《十竹斋笺谱》《中国版画史图录》《中国古代木刻画选集》《中国古代版画丛刊》《中国版画选》等,另

---

① 郑振铎:《〈瑞世良英五卷〉跋》,《西谛书跋》,文物出版社,1998年版,第34页。
② 郑振铎藏书尽归北图(今国图),然北图仅于60年代编过一部《西谛书目》后即未做系统整理,得见此全部藏书者寥寥可数,故无从得知具体数目。不过,据《吴晓铃先生珍藏古版画全编》"前言",吴先生藏古籍2 272部,其中版画4 000多幅。郑振铎所藏当不下于吴先生。

《文学大纲》与《插图本中国文学史》多有复制戏曲小说中的附图多幅。如此大规模地集中翻印版画,郑振铎是第一人。其翻印之目的,乃是为中国古版画在世界版画史争得应有的地位:"夫以世界版画之鼻祖,且具有一千余年灿烂光华之历史者,乃竟为世界学人忽视、误解至此,居恒未尝不愤愤也!"所以他二十年"倾全力于搜集我国版画之书,誓欲一雪此耻"①。翻印之举,不仅为研究版画者提供了一份详尽的原始材料,更重要的是,通过大规模复印,已衰于清代的刻图技术借机又重生了一次,并被郑振铎详细记录下来:

> 初按原谱复色分绘,就所绘者一一分刻然,犹是未拼成之板块也;印者乃对照原本逐色套印,浅深浓淡之间,毋苟毋忽,虽一丝一叶之微,罔不目注手追,惟恐失样,用力之重轻,色之缓急,意匠经营,有愈画家。②

如此精摹细刻,复印品方能与原作"几可乱真",以至《北平笺谱》印成后很快就变成了新的古董与善本,成为收藏宠儿。

2.撰写版画通史。版画研究史上第一部资料乃陈大镫所辑之《歙中绣刻图画名手录》,陈氏之外,王孝慈、马隅卿及郑振铎均有增补。郑振铎认为刻工实是版画研究上最重要的一个对象,故多次在藏书题跋中提及刻工名氏与流派风格。据《郑振铎全集》(第十二卷)统计,郑振铎关于插图版画的文章计18篇,其中多数可当版画通史读:《插图之话》与《关于版画》首次将书籍插图之版画列为美术史专门内容,并第一次略述了版画的藏家与研究者名录,堪为古版画研究简史;《〈中国版画史图录〉自序》《〈中国古代木刻画选集〉序》《〈中国古代版画丛刊〉总序》《〈中国版画选〉序言》及《中国古代木刻画史略》则略说或分述了古版画从产生之初至清代的全部发展历史。尤其是他为《中国古代木刻画选集》所撰的释文,后以《中国古代木刻画史略》之名单行出版,更是名副其实的"为此史者自余始"。此言不虚,该文"考释源流,

---

① 郑振铎:《〈中国版画史图录〉自序》,《郑振铎全集》(第十四卷),花山文艺出版社,1998年版,第236页。

② 郑振铎:《〈十竹斋笺谱〉跋》,《郑振铎全集》(第十四卷),花山文艺出版社,1998年版,第257页。

钩稽史实,创写传记,评骘图型,在在皆第一次见之文字者"①。且其分期与重点作品评介成为后来版画史著者的必备参考,许多论断沿用至今,下仅举数例,以尽管窥之责:

木刻画应具独立之研究地位:

> 为中国木刻画写一部详细的历史是有必要的……它不是一种"附庸"的艺术,它不单单作为书籍的插图,或名画的复制品而存在,它有独立性,它是中国造型艺术的一个重要部门……它主要的是表现人间,表现社会生活。它有力地扶持着中国人物画的优秀传统……木刻画家们忠实地、而且创造性地传达出历代人民生活与社会面貌。这是在别的部分的造型艺术里不容易见到的。因之,中国古代木刻画对于历史学家们和一切探索古代文化、社会的专家们便有了很大的作用。

木刻画生产及刻工发展脉络:

> 宋代刻工主要有临安、建安、四川等地(家庭式手工业作坊,"画""刻"分工)→金代刻工集中于平阳府("行帮"组织,家庭关系与地方性很强)→元代刻工除杭州、建安外,大都亦为刻工中心之一→明代则北京、南京、建安、杭州、苏州等地均是书版和木刻画的镌刻中心(徽派大盛,底稿多出于名画家手笔,绘刻出于一人者为少数)→雍正、乾隆后,著名刻者几于无闻,只年画作坊仍在印行故事画、吉祥画、风景画等(以一个家庭或几个家庭为单位,分工合作,大量生产)→十九世纪末叶,木刻画被西洋石印、铅印、铜版印图画所取代。

木刻画内容变迁与各期特色:

> 最早期:汉代石刻画像→有确切年代可考的第一幅木刻画:唐咸通九年王阶施刊的《金刚般若经》卷首扉画。特色:作为宗教

---

① 郑振铎:《〈中国版画史图录〉自序》,《郑振铎全集》(第十四卷),花山文艺出版社,1998年版,第250页。

宣传画广泛流行于民间。

宋金时期：徽宗时"文献有征"证明版画已应用于宗教系统以外，作为实物说明图→宋版《列女传》开始了文艺书里插图的风气。特色：插图多方面应用。

元代：最早的蒙古时期画为定宗四年翻刻的《重修政和经史证类备用本草》，此期建安版最盛。特色：北方精致富丽而稍流于板涩，南方潇洒生动而略感于简率。

明代：明初开始混合南、北之所长，地方色彩渐泯→万历：登峰造极之时代。新兴的歙县与苏州成为当时古典木刻画的旗帜→徽派：木刻画史的"天之骄子"→明末：北京尚存古风，建安、金陵与徽州呈三派合流之势。特色：无书不插图，无图不精工，木刻画史上之黄金时代，开始产生彩色木刻画。

清代：顺康期继承明季遗风，呈"夕阳无限好"之势→乾隆期工整却没有活泼气象→嘉庆至清末：广州派开始问鼎中原。西洋印刷术传入中国，插图往往改用照像刻版。特色：渐染匠气，精工有余，气韵不足，乃版画之衰落期。

第二，重点研究戏曲小说的插图。古版画之黄金时代为明万历之后，此一时期亦正是古典戏曲小说刊刻的兴盛期。郑振铎既利用戏曲小说插图协助鉴定版本与解读文字，又非常重视其独立的艺术特征与蕴含的文化史信息。正如陈琦在《刀刻圣手与绘画巨匠：中外美术比较研究》中所论的，中国古代版画最精者为书籍插图[1]。明清戏曲小说的刊刻出版就是文字与插图完美结合的典范，它们既是戏曲小说版本的经典，也成就了版画史上的黄金时代。

1.鉴定版本。郑振铎虽然没有留下专门的版本鉴定文字，但无疑他是20世纪杰出的古籍版本鉴定家之一。其对戏曲小说版本的鉴定，除了从纸张、内容、字体、板式等方面进行判别外，其插图也可助一臂之力。如《新刻皇明开运辑略武功名臣英烈传》，从沈氏萃芬阁散出，《萃芬阁书目》注其为嘉靖刊本。郑振铎据插图形式，发现其与万历刊本《三宝太监下西洋记》及《三国志演义》相类，故断其为万历间书

---

[1] 陈琦：《刀刻圣手与绘画巨匠：中外美术比较研究》，江苏美术出版社，2008年版，第40页。

林余氏三台馆刊本①。又如《重刻元本题评音释西厢记杂剧》，郑振铎正是根据该书插图的内容"皆古拙可爱"，刊刻式样为"图的上方为出目，两旁则为内容提要式的对联"，完全是脱胎于熊大木《日记故事》《精忠传》诸书，因此，不仅断其刊时代"最迟不能在万历初元之后"，刊刻地域"当仍为建安一带"，更对比熊氏所刊与朱鼎臣本《西游释厄传》及金陵书肆刻《三宝太监西洋记》《杨家将演义》《西游记》诸书，从"每叶上方的小图改成了全叶的大图"看出插图形式的嬗变痕迹，据此即可为版画史演变之一实证②。再如《琵琶记传奇》，董康曾将明天启间刊本插图附于其所谓影元刊本《琵琶记》卷首，以致郑振铎误认为元本原图。后来他收得吴兴凌氏即空观刊朱墨本《琵琶记》，发现其中的插图与凌刻《西厢记》图同出一手，才知己先之误，并忍不住斥"董氏的不诚实的误人，也令人思之可恨"③。而《柳浪馆批评玉茗堂还魂记传奇》，除王孝慈与郑振铎各藏二卷外，"海内未闻第三人有之"，郑振铎本不知"柳浪馆主"为何人，后来他从该书上卷附图的"勾吴袁凫公题"数字中，恍然得知柳浪馆即剑啸阁主人袁于令之托名④，此可谓利用插图推知版本、出版者乃至作者的绝佳范例。

2. 解读文字。郑振铎一向认为书籍"插图是一种艺术，用图画来表现文字所已经表白的一部分的意思，插图作者的工作就在补足别的媒介物，如文字之类之表白"⑤，"图与文也是如鸟之双翼，互相辅助的"⑥。其实，在教育尚不普及的古代，插图的功用不仅仅是"补足文字"，更是推广宣传的重要资材。一方面，因为文字往往对妇孺等未受教育者而言无异天书，图画却不一样，无论识字与否，均无碍于对图画内容的理解。故通俗演义、童蒙读物等都可借助插图来扩大传播范围。另一方面，古代戏曲小说所叙写的故事，离现在已越来越久远，理解文字便愈发具有距离感与陌生感。郑振铎曾批评离开了图谱仅知

①郑振铎：《〈新刻皇明开运辑略武功名臣英烈传〉六卷跋》，《西谛书跋》，文物出版社，1998年版，第427页。

②郑振铎：《重刻元本题评音释西厢记杂剧二卷》，《西谛书跋》，文物出版社，1998年版，第535页。

③郑振铎：《琵琶记传奇四卷》，《西谛书跋》，文物出版社，1998年版，第591页。

④郑振铎：《柳浪馆批评玉茗堂还魂记传奇二卷》，《西谛书跋》，文物出版社，1998年版，第612页。

⑤郑振铎：《插图之话》，《郑振铎全集》(第十四卷)，花山文艺出版社，1998年版，第3页。

⑥郑振铎：《〈中国历史参考图谱〉跋》，《郑振铎全集》(第十四卷)，花山文艺出版社，1998年版，第376页。

在书本文字中讨生活的史学家,使史学变成了"孤立与枯索之学问":"论述文物制度者,以不见图像实物,每多影响之辞,聚讼纷纭而无所归"①。图文参照可能真正"亲炙古人生活"。因为正是插图的存在,才让后世读者能身临其境地感受到当时的生活场景,有助于理解其内容:"我们可以在那里见到了四百余年前之人物衣冠,社会状态,起居饮食,房屋结构。"戏曲小说也不例外,他称插图与小说的关系是"锦上添花""相得益彰",《水浒传插图》所绘英雄形象与社会生活,就是详尽、工致地刻画出了封建社会的现实生活图景②。而戏曲中插图更是戏曲演员"照扮冠服"的重要借鉴。对于演员来说,曲本是死板生硬的文字,它并不能供给太多舞台表演的相关信息,故插图就显得更为重要,不止于"锦上添花"而已。而是本来就是有着"以便照扮冠服"之应用价值的③。

3.插图之独立的艺术价值。除了普及传播与摹画真实场景等实实在在的功用,插图还有着超越文字的独立艺术价值与文化史意义。插图虽是依附文字而存在,却为文本提供一种富有想象的空间,故它能突破文本"附庸"的地位,成为一种具有独立特征的艺术形式。作为中国古代绘画形式之一种,版刻插图与其他绘画形式最大的差别在于表现形式与载体:"以刀以板,以线条所成之作品,往往是素描,仅能表现对象之要点。"④此一差别亦正是版画之成为独立艺术形式的重要特点:因为诉诸线条,故无从藏拙,"不精美则必尘俗无可称";再因其本身具复制性,糅合本以线条为主的中国绘画特质,重要画作之复制品赖此以存,且能不损及原画精神。如刘荣、汤尚辈之刻萧云从《太平山水图画》,黄子立之刻陈洪绶《博古页子》,与原作几累粟不殊。因此郑振铎反驳世人"每以版画多摹刻名作,非独立艺术"的观点,认为:"于名画之撷精取华,岂易事哉!"况且"古版画之名世者,殆无不是复制古

① 郑振铎:《〈中国历史参考图谱〉序》,《郑振铎全集》(第十四卷),花山文艺出版社,1998年版,第374页。
② 郑振铎:《忠义水浒传插图不分卷》,《西谛书跋》,文物出版社,1998年版,第433页。
③ 郑振铎:《〈中国版画史图录〉自序》,《郑振铎全集》(第十四卷),花山文艺出版社,1998年版,第241页。
④ 郑振铎:《〈中国版画史图录〉自序》,《郑振铎全集》(第十四卷),花山文艺出版社,1998年版,第237页。

今之诸名作"①。郑振铎的赏析颇具古典艺术韵味：

> 或清丽潇洒，若云林之拳石小景；或隽逸深远，若米家之山水
> 画轴；或娟娟若临流自媚之水仙；或幽幽若月下独奏之洞箫；或恬
> 静若夕阳之明水；或豪放若天马之行空；或精致细腻若天方建筑
> 之图饰；或疏朗开阔若秋空午日之情明。②

　　另外，作为古代实物留存之一的插图，本身即文化史之重要材
料。因为除了单幅人物外，插图里的人物总免不了有个置身其间的背
景，那些活生生的宫室器物以及人物本身的服饰装扮，便成为研究文
化史最直观的材料。如《圣迹图》，因其作者并未认真研究过孔子时代
的社会生活，在衣冠器物方面是满不对头的，本身的考古学历史学价
值并不高，但它"虽然不是一部表现孔子时代，即春秋时代的现实主义
的作品，却是真实地表现中国封建时代的生活"③。再如《水浒传插
图》，除了想象中的战争场面外，绘写更多的是社会生活的场面，"虽是
明代万历晚期的画人们之所写的，却想来和《水浒》时代的社会生活情
况是不会有多大的歧异的。我们把这一百幅的插图，作为封建社会的
生活写照，想来是不会有什么错误的"④。

　　在《关于版画》一文里，郑振铎曾评述过最早注意版画的几位先
人：马隅卿、周越然、王孝慈、傅惜华、黑田源次、徐森玉等。虽然他们
都敏锐地注意到了古版画所蕴藏的收藏意义，并进行了辛勤地"搜罗
异本"之工作。黑田源次还曾将藏于日本的中国古版画编为《支那古
版画图录》⑤出版，并亲赴中国访购版画。但这些搜集毕竟还未从个人
兴趣上升至学术层面，研究也还没有超出版本搜辑的范畴。因此，郑
振铎研究版画，既是版画史研究领域的第一位开创者，也是戏曲小说
插图研究新领域的大力垦荒者。耕耘于这片前无古人的"处女地"，他

---

　　① 郑振铎：《〈中国版画史图录〉自序》，《郑振铎全集》（第十四卷），花山文艺出版社，1998年版，第
238页。
　　② 郑振铎：《〈中国版画史图录〉自序》，《郑振铎全集》（第十四卷），花山文艺出版社，1998年版，第
237页。
　　③ 郑振铎：《圣迹图》，《西谛书跋》，文物出版社，1998年版，第42页。
　　④ 郑振铎：《忠义水浒传插图不分卷》，《西谛书跋》，文物出版社，1998年版，第433页。
　　⑤ 黑田源次：《支那古版画图录》，大冢巧艺社，日本昭和七年（1932）版。

既觉察到了独学无侣的寂寞,也品味出了筚路蓝缕的喜悦:

> 在这样的情形里,我闯入了中国美术史的大荒原上,而成为微小的垦殖者之一,在小小的一片处女土上工作着,而想把一些空白的篇页填上了黑字。
>
> 那一片小小的处女土便是"版画"。①

综上所述,郑振铎戏曲小说作品研究的方法,总体而言是对"胡适之法"的继承与开拓:"演化"各文,既继承了胡适方法中勾勒作品成书过程基本线索与各版本之间关系的长处,又挖掘了更多新材料及新论点,并在"历史癖"之外引入社会分析法,且始终立足于戏曲小说之"文学本位",比胡适《章回小说考证》更贴近戏曲小说作品本身。不讳言其学术研究中的胡适印记,不仅因为这是以乾嘉朴学为核心的考据式治学方式应用于通俗小说领域的客观进程,也因为这正好表明以胡适为典范的一种新学术传统的正式形成,并经郑振铎等学者的延续而走向深化。当然,郑振铎并非固守"胡适之法",他在戏曲小说插图领域取得的开创性成就,是胡适乃至鲁迅都未曾达到的。他从"版画学"角度为戏曲小说所附插图进行的搜辑整理与研究,不仅是20世纪版画学研究的重要成果,奠定了版画史研究的学术基础,更是郑振铎戏曲小说研究中最具开拓性和个性的创新,也构成了他独特的"图文"兼备式研究格局。

## 第三节　戏曲小说史与20世纪研究格局

郑振铎之戏曲小说研究,研究者多瞩目于文献发掘与刊布,间有及于作品研究及插图版画者,然其戏曲小说史之撰著与成就,则论者殊杪。以该二史附着于文学史,故未作文体专史视之。实则《文学大纲》与《插图本中国文学史》中之戏曲小说史,章节独立,抽而视之,差可为单独之戏曲或小说简史,加上《中国古典文学文论》诸文,其于戏曲小说史学史上之贡献与地位,盖不可略而忽之。

---

① 郑振铎:《关于版画》,《郑振铎全集》(第十四卷),花山文艺出版社,1998年版,第224页。

## 一、戏曲史与20世纪戏曲研究格局

郑振铎的戏曲史论述,最先见于《文学大纲》,计两章外加两节:《中国戏曲的第一期》《中国戏曲的第二期》及《十八世纪的中国文学》(第二节)、《十九世纪的中国文学》(第一节)。后来的《插图本中国文学史》则论述更为详细,共载八章:《戏文的起来》《杂剧的鼎盛》《戏文的进展》《明初的戏曲作家们》《昆腔的起来》《沈璟与汤显祖》《南杂剧的出现》《阮大铖与李玉》①。从《文学大纲》到《插图本中国文学史》,再到新中国成立后的讲义《中国古典文学中的戏曲传统》,郑振铎的戏曲史观一直与时俱进,不仅其史论叙述有了长足进步,且多有吸引最新的研究成果。此外,《元明之际文坛概观》与《清人杂剧初集序》分别简述了中国戏曲的断代发展史,《论北剧的楔子》专题研究了北剧"楔子"性质、与"折"的区别及应用范围,《关汉卿传略》《论关汉卿的杂剧》与《关汉卿戏曲集代序》则集中研究了关汉卿的生平、成就与戏曲作品,均可视为对《文学大纲》与《插图本文学史》相关论述的补充。以下将郑振铎置于20世纪戏曲史学史环境,主要通过与《宋元戏曲史》《中国戏曲概论》的对比,从五个方面来剖析郑振铎的戏曲史研究。

第一,以戏曲为文学体制之一的戏曲史观。王国维著《宋元戏曲史》,以"元之曲"为一代文学之代表,虽他给"后代之戏剧"下的定义为"必合言语、动作、歌唱,以演一故事"②。但其实他所论之"戏剧"与"戏曲"是不同的两个术语:戏剧包括演出,是一个表演艺术概念;戏曲则仅指曲本或剧本,是一个文学概念③。故其所研究的宋元戏曲,其实是仅就文学性质的曲本而言的,不及于表演与舞台因素,只是曲本(或剧本)这一文学体裁的发生发展史。稍后的吴梅有感于"清咸同以来,歌者不知律,文人不知音,作家不知谱"④,以其精深的曲学造诣,曾著《顾曲麈谈》与《曲学通论》,《中国戏曲概论》,盖"曲学之能辨章得失,明示

---

① 据1932年北平朴社初版的《插图本中国文学史》目录,第64章本来题为"阮大铖与李渔",另拟有关于戏曲的章目四章:《短剧作家们》(第70章)、《洪昇与蒋士铨》(第71章)、《词与散曲作家作》(第73章)、《皮黄戏及其他地方剧》(第77章)等。

② 王国维:《宋元戏曲史》,上海古籍出版社,1998年版,第32页。

③ 叶长海:《宋元戏曲史导读》,王国维《宋元戏曲史》,上海古籍出版社,1998年版,卷首第8页。

④ 吴梅:《曲学通论·自序》,《吴梅全集》,河北教育出版社,2002年版,第161页。

条例,成一家之言,导后来先路,实自霜崖先生始也"①。故其《中国戏曲概论》跳出了王国维的偏见,概述了自金元至清代的戏曲发展,尤其注重戏曲之"曲"的特点。相较而言,郑振铎戏曲史引用《宋元戏曲史》者颇多,其戏曲史观念也近于王国维:他虽言"戏曲是舞蹈与歌曲溶汇起来的东西"②,但囿于专业所限,其论还是基本立足于戏曲的"文学"特色。周贻白曾说"自从有了剧本的撰作,所谓'戏曲',便成为一项专供文人学士们发挥才情和学问的文学体制。而对于舞台表演,则等闲视之"③。诚然,古典戏曲史以其文学特征进入学术研究领域,扩而之曲学史及剧场史,乃是一个不断深入的发展过程。郑振铎作为后来者,在剧本之"文学体制"之外,已开始探究其剧场表演的特点,并以此区分"曲"与"剧"之不同:

> [董《西厢》]论者每以此书为中国的第一部剧本,钟嗣成的《录鬼簿》著录戏曲家也以他为第一人。实则此书并非剧本,乃是一个人用琵琶捣弹的;他一面念唱曲调,一面弹奏琵琶,颇类现在流行各地的说书或夏夜在妇女丛中一面敲鼓,一面念唱的弹词。④

他阐释北曲"折"及"楔子"的含义,以及大团圆结局的俗套等,也是从剧场表演的角度来立论。尤其难能可贵的是,在《元明之际的文坛概观》《文学百题》中,郑振铎明知"中国只有戏曲史,没有演剧史,只有记载伶工的事迹和技艺的'伶史',却没有舞台史",但他还是在一堆堆古书里,勾稽出不太多见的材料,回答了"中国剧场的变迁是怎样的"提问:剧团富有伸缩性,最初只是家庭式的组织,后来才有"科班";舞台即神庙前面的台子,最为流行也最为常见,后来发展为北平的旧式戏园。因此,他用"舞台是固定的,剧团是流动的"来概括过去演剧的情形,堪称早期为数不多的剧场史叙述。当然,郑振铎并没有丰富

---

① 段天炯:《吴霜崖先生在现代中国文学界》,转引自王卫民《吴梅全集·理论卷说明》,吴梅《吴梅全集》,河北教育出版社,2002年版,第3页。
② 郑振铎:《中国古典文学中的戏曲传统》,《郑振铎全集》(第六卷),花山文艺出版社,1998年版,第374页。
③ 周贻白:《编写〈中国戏曲史〉的管见》,《周贻白戏剧论文选》,湖南人民出版社,1982年版,第2页。
④ 郑振铎:《文学大纲》,《郑振铎全集》(第十一卷),花山文艺出版社,1998年版,第56页。

的剧场经验,他关于戏曲表演特性方面的论述,还是非常零星的,且均来自文献勾稽而没有真正的舞台心得。但其论述,还是表明学界的戏曲史观念开始有了从文体史分离的趋势。

第二,以民间文学为戏曲发展极重要的动力。郑振铎《插图本中国文学史》的一大显著特色便是以民间文学为"催促我们的文学向前发展不止"的重要动力,这一观念亦贯穿其戏曲史论述当中,其表现一是用研究民间故事的方法来研究戏曲故事的演进,二是用民间文学的标准来评判戏曲作品的优劣。

如果说王国维侧重戏曲的"文辞"、吴梅侧重戏曲的"曲律"的话,郑振铎则是重视戏曲的"故事"。《宋元戏曲史》详载杂剧名目,也曾引过曲文,但其意不过是为了说明文辞之自然有"意境";《中国戏曲概论》也详列曲本曲目,也概述过流传最广的几种剧本内容,然其意亦非述情节,而是着眼于评论"曲词"。只有郑振铎,《文学大纲》与《插图本中国文学史》均述及140余位戏曲作家的作品(无名氏暂不统计),资料丰富,容量颇大,披露了很多当时稀见的曲家与曲本。除记作者名氏与简略生平外,多连篇累牍罗列故事梗概,包括角色安排与情节发展以及结局,均一一载入,几可视为"戏曲叙录"。这种对情节不厌其烦的罗列,有时甚至掩盖了其个人史识与史论的陈述。这其中值得注意的就是他喜欢用民间故事的"类型"演进观来略述曲本的故事情节,如:

> 大约民间流传的故事,都是喜以历史上著名的人,强附着于他们的故事之上的……[《琵琶记》]也是依据于一个以古代的大人物强附着于其上的民间故事。①
> 若士此剧[《牡丹亭》]或系受"华山畿"故事之影响,颠倒其结局而为之。②
> 康海的《东郭先生误救中山狼》,与马中锡的《中山狼传》……在高丽及南斯拉夫的民间,也俱有与此相类的民间故事。海所叙或也为当时的一个民间故事的重述。③

---

① 郑振铎:《文学大纲》,《郑振铎全集》(第十一卷),花山文艺出版社,1998年版,第100页。
② 郑振铎:《文学大纲》,《郑振铎全集》(第十一卷),花山文艺出版社,1998年版,第283页。
③ 郑振铎:《文学大纲》,《郑振铎全集》(第十一卷),花山文艺出版社,1998年版,第309页。

子胥的故事,是民间所最流行的……我们如将他与敦煌发见的变文《列国志》残文相对勘,颇可见出伍子胥故事的最早形式是如何的式样。①

除喜欢用民间故事之"类型"来说明戏曲故事的原型外,郑振铎对戏曲的起源、发展动力,以及作品价值的评判都带有明显颂扬"民间文学"的趋向,这也与他文学史的"民间文学动力说"(1957年改为"原动力说")相统一。他认为现存最早具备戏曲特点的"诸宫调",和民间讲唱文学——"变文"之间有着直接的渊源关系,《刘知远诸宫调》连络起来叙述一件故事的尝试,则是后来杂剧结构产生的先声②。再如他评《琵琶记》之所以是"戏文中第一部伟大不朽的著作",是因为其"一面并不曾弃却民间的浑朴质实的风格,一面并具有诗人们本身所特长的铸辞造语的隽美"③。在《中国古典文学中的戏曲传统》的结语中,郑振铎更是将戏曲发展的盛衰完全归结于民间的作用:

任何一种戏曲如果不是从民间来的,或不是生根于人民的土地中就一定会失传,凡不是与人民密切结合而群众喜闻乐见的就一定被淘汰,昆曲中初期的"荆、刘、拜、杀"所以流行得很广,主要是因为广大人民所喜爱……再如皮簧戏开始产生于民间,经文人改编,老百姓还爱好,但后来变成文人玩弄笔墨的东西,逐渐离开了人民,就开始衰落下去。④

第三,重视外来影响及时代背景分析。《插图本中国文学史》的初版是将"外来影响"作为中国文学发展的第一动力的,新中国成立后重版时调整为动力之一。因为敦煌"变文"的发现,使郑振铎极其重视外来文学——尤其是印度文学的影响,以致有时由于过于重视,而有看朱成碧之误,此中之典型论述为"戏文"起源问题的探

---

① 郑振铎:《插图本中国文学史》,《郑振铎全集》(第九卷),花山文艺出版社,1998年版,第181页。
② 郑振铎:《插图本中国文学史》,《郑振铎全集》(第九卷),花山文艺出版社,1998年版,第57页。
③ 郑振铎:《插图本中国文学史》,《郑振铎全集》(第九卷),花山文艺出版社,1998年版,第211页。
④ 郑振铎:《中国古典文学中的戏曲传统》,《郑振铎全集》(第六卷),花山文艺出版社,1998年版,第385页。

讨。"戏文"的产生早于北曲杂剧,王国维虽云"南戏之渊源于宋,殆无可疑",但郑振铎认为他并未考出中国戏剧的真正来源。在他看来,"传奇的体例与组织,完全是由印度输入的"①。为了证明这一惊人之论,郑振铎详细列出了传奇戏文体裁组织与印度戏曲的六点逼肖之处:歌曲、说白及科段三元素的组织相同;主要角色的设置类似;开场前之"前文"与传奇戏文之"副末开场"或"家门始末"一模一样;"尾诗"与戏文之"下场诗"相同;语言文字分典雅与土白,正类今所传剧本之两种语调;题材颇多奇巧可喜的肖合。而近人胡先骕在天台山国清寺发现的梵文写本,被陈寅恪证明为印度戏曲《梭康特拉》,更给了郑振铎证明自己"输入说"的极大信心。正是斤斤不忘外来文学的影响,当遇到中外题材相类的现象时,他都大胆猜测其来源于外来故事的可能性。

"外来影响说"毕竟主观猜想多于文献引证,不能令学界接受②,只能视作郑振铎对戏曲起源的一种探索性解释。然其对戏曲的时代背景分析颇有见地。从作家与时代环境来阐释作品相关问题的分析法,20世纪已有众多学者运用。郑振铎的贡献在于自觉加入经济基础的社会考察,其时马克思主义在文艺界的影响并未如后来之如日中天,故郑振铎的立体式宏观分析更显示出超前性。如元剧发达的原因,郑振铎列举"迎合少数民族"与"元曲取士"的前人之论后,认为元剧之所以发达,一是由于金代已有戏曲基础,二是由于元久不开科举,文人学士之才学转移,三是民族压迫下汉人地位低下使才智之士混迹放诞于娱乐,四是城市经济繁荣为剧之生存提供了条件。前两点从戏曲发展本身及作者环境而言元剧之发达,论戏曲史者早有道及。后两点才是郑振铎的新见:一方面,汉人文士地位的低下使他们不得不走近下层民众,民众需求的勃兴促进了元剧的繁荣;另一方面,经济的发达使民众有条件满足需求也是不可不注意到的。此经济发展与文学现象之间关系的论述,还可见诸《元明之际文坛概观》《元代"公案剧"产生的原因及其特质》《论元人所写商人、士子、妓女间的三角恋爱剧》等文,

---

① 郑振铎:《插图本中国文学史》,《郑振铎全集》(第九卷),花山文艺出版社,1998年版,第91页。

② 学界认为此猜想不可信,曾有台湾学者唐文标在其《中国古代戏剧史初探》中专门针对郑振铎的"外国输入说"进行了辩驳,例证充分,有理有据,参见其附录《中国戏剧的起源问题》第二部分,联经出版社,1985年版。

均着力地论证了经济能力与民间文艺现象之间的依存关系。

第四,客观评价明清戏曲在戏曲史上的地位。王国维以"自然"为标准,认为明清之曲人工多于自然,是"死文学",故其戏曲史止于元代。此说不无偏见,日本青木正儿即不能苟同:"况今歌场中,元曲既灭,明清之曲尚行,元曲为死剧,而明清为活剧也"①,乃续王著而作《中国近世戏曲史》。吴梅《中国戏曲概论》则较客观,认为:"有明承金元馀波……能以欧、晏、秦、柳之俊雅,与关、马、乔、郑之雄奇相调剂,扩而充之,乃成一代特殊之乐章,即为一代特殊之文学。"②清人戏曲虽逊于明代,其曲谱曲话却较明代为优。郑振铎对明清戏曲的看法近于吴梅,在《文学大纲》中,郑振铎将"明传奇"作为足与"唐诗""宋词""元曲"之后的一代文学之代表,并将戏曲发展的第二个鼎盛时期划给明代。其所述140余位戏曲作者中,明清两代因保存较多而论述数量超过了90位,尤其是其刊印《清人杂剧》各集,欲步臧晋叔后尘为清代戏曲研究尽一微力,可见其重视明清戏曲之客观持中态度。该初集之序,虽仅及杂剧,然其对杂剧进入明清后变为案头之"文人剧"的客观事实,能以史家之笔清晰明辨,所评颇为中肯,堪称由宋迄清之杂剧简史:

> 明兴,有王子一、汤式……诸家,扬其波澜,蔚成壮观……豪情盛概,未逊盛元。正、嘉之间,作者渐见消歇。然康海、王九思、冯惟敏、杨慎辈所作,苍莽浑雄,元气未衰。隆、万以降,传奇繁兴,而杂剧复盛。梁辰鱼、汪道昆……诸家并起,光芒万丈,足与金、元作者相辉映。南溟、子塞辈所作,律以元剧规矩,殊多未合。盖杂剧风调,至此而一变……盖明代文人剧,变而未臻于纯。风格每落尘凡,语调时杂嘲谑。大家如徐、沈犹所难免。纯正之文人剧,其完成当在清代。尝观清代三百年间之剧本,无不力求超脱凡蹊,屏绝俚鄙。故失之雅,失之弱,容或有之。若失之鄙野,则可免讥矣。③

① 青木正儿著,王古鲁译:《中国近世戏曲史》,上海商务印书馆,1936年版,第1页。
② 吴梅:《中国戏曲概论》,《吴梅全集》,河北教育出版社,2002年版,第266页。
③ 郑振铎:《清人杂剧初集序》,《郑振铎全集》(第四卷),花山文艺出版社,1998年版,第731页。

第五，辨正前人观点，提出己见。郑振铎在《文学大纲》与《插图本中国文学史》里多次引用王国维及吴梅等人的论述，但并不盲从，多有自抒新意之见。由于他能见到很多前人所未见的稀见曲本，是以很多新见有的可证前人推断之可靠，有的则能辨正前人之讹误。如明初四大传奇之《拜月亭》，有论者认为是元代王实甫所作，王国维据其第四折中"双手劈开生死路"为明太祖时语，断定它是明初作品。郑振铎言"王氏此说颇可信"，进一步从传奇发展史的角度论证曰：

> 无论在实甫的时候，决不会有如"传奇"的一种在技术有大进步的剧本产生，即想到实甫是一位向未到过南方的北部的人的一层，也便会决定他之万不至作此剧了。[1]

再据今有传本之关汉卿《闺怨佳人拜月亭》，他推测大约此明初传奇"乃是根据汉卿及实甫的那两本同名的杂剧而写的"。此为前人之推论提供佐证，更有辨前人讹误之处，最能见其新意。

《宋元戏曲史》第五章"宋官本杂剧段数"据《宋史·乐志》《武林旧事》及《梦粱录》所载只言片语，虽猜测其不皆为纯正之戏剧，但还是认为这些曾著录于宋末的官本杂剧，"其中实有北宋之戏曲"[2]。郑振铎同样注意到了周密所言的280本"官本杂剧段数"，但这些杂剧词，是否即后来元人之"杂剧"，他却认为大有疑问：一是名称上绝不相类，二是曲调仅限于《消遥乐》及《中和乐》，与元剧曲调之复杂大不相同。尤其是他用《乐府雅词》卷上载《薄媚》大曲乃合舞而演的西施故事，但并不是剧场上搬演之戏曲，以此反证王国维断此杂剧中有"北宋戏曲"之不可靠。再如屠隆之《修文记》，蒋瑞藻《小说考证》因未见原书，仅引《花朝生笔记》载其为"系演李长吉事"，后来的《曲海总目提要》沿此之误，皆以为叙李长吉事。郑振铎曾收得明刊范汝榖校本，知其并非叙唐诗人李贺，而是叙蒙曨一家修道成仙之事，乃是一部"幻想的戏曲体的自叙传"[3]，廓清了前人沿用之讹。其他如辨董《西厢》并非最早之"戏剧"；元剧可分为"公案剧""恋爱剧""历史及传说的故事剧""仙佛

---

[1] 郑振铎：《文学大纲》，《郑振铎全集》（第十一卷），花山文艺出版社，1998年版，第88页。

[2] 王国维：《宋元戏曲史》，上海古籍出版社，1998年版，第52页。

[3] 郑振铎：《插图本中国文学史》，《郑振铎全集》（第九卷），花山文艺出版社，1998年，第361页。

度世剧""报复恩怨剧"等类别;汤显祖《牡丹亭》是否合律;中国戏曲产生较晚之原因;元剧是否"迎合少数民族"及是否"元曲取士"等处,均能在前人研究成果的基础上发表出新见,颇见功力。尤其是内中的某些论断,实为郑振铎首次提及。如:

> 变文与诸宫调,尤为中世纪文学里的最伟大的新生的文体,足以使后来的诸作家,低首于他们之前的……本章当是任何中国文学史里最早的讲到她们的记载吧。①

> 中国的戏曲小说,写到两性的恋史,往往是二人一见面便相爱……《西厢》的大成功便在它的全部都是婉曲的细腻的在写张生与莺莺的恋爱心境的。②

> 《唐韦皋玉环记》写玉箫的病思及写真,似曾给《牡丹亭》和《燕子笺》的作者们以一个重要的暗示。③

## 二、小说史与20世纪小说研究格局

日本学者盐谷温的《中国小说史略》开始了中国小说"史"的研究,随后,鲁迅在北京大学开设中国小说史课程,并撰就同名讲义《中国小说史略》,首创了中国小说史撰写的理论框架和编撰体例④。而小说被纳入文学史,则明显早于专史撰写。1905年,黄人所编之《中国文学史》已涵盖小说内容。后来随着"白话文学"声价日隆,古代小说在文学史中的地位也日渐显著,具体体现于篇幅与分量的不断增加。然此类小说史,向来很少被专史研究者作为特意考察的对象。其实,它们虽多参考小说专史而成,但同样是小说史学建立初期的有益尝试,理应在小说史学史上占有一席之地。

郑振铎之小说史论述,多见于其文学史:《文学大纲》两章两节

---

① 郑振铎:《插图本中国文学史》,《郑振铎全集》(第九卷),花山文艺出版社,1998年版,第53页。
② 郑振铎:《文学大纲》,《郑振铎全集》(第十一卷),花山文艺出版社,1998年版,第69页。
③ 郑振铎:《插图本中国文学史》,《郑振铎全集》(第九卷),花山文艺出版社,1998年版,第301页。
④ 齐裕焜:《20世纪小说史研究》,《文史哲》,2002年第4期第28—31页。

（《中国小说的第一期》《中国小说的第二期》）及《十八世纪的中国文学》与《十九世纪的中国文学》各一节；《插图本中国文学史》五章：《故事集与笑谈集》《传奇文的兴起》《话本的产生》《讲史与英雄传奇》《长篇小说的进展》①。另有《中国古典文学中的小说传统》《中国小说八讲（提纲）》《中国小说的分类及其演化的趋势》《宋元明小说的演进》《明代的小说与戏曲》《清初到中叶的长篇小说的发展》《清朝末年的小说》等。综观这些史论，作品罗列多于史观描叙，且多沿袭《中国小说史略》②，故未见重于小说史学论者。不过，就其字数与论述范围而言，实不可仅以"沿袭"论之，况与《中国小说史略》相较，他在新材料及小说类型与发展进程的研究上还是有自己独特见解的：

第一，模仿《中国小说史略》（下称《史略》）的撰写体系，论点既有袭用《史略》之处亦有所创新。郑振铎关于小说史的各文共概述评价过100种古代小说（仅提及书名者不计），其中与《史略》重合者60种。直接引用鲁迅著作者9处，涉及《史略》《古小说钩沉》《小说旧闻钞》《唐宋传奇集》诸书。而在评述同一种小说或小说史现象时，间接引用鲁迅观点之处则更多了。从鲁迅逝后郑振铎所作的两篇纪念文章——《鲁迅先生的治学精神——为鲁迅先生周年纪念作》及《鲁迅的辑佚工作》来看，郑振铎最称赏的是鲁迅对待材料的态度及基于材料所作的论断：

> 鲁迅先生的辑佚工作，和他的创作及翻译是"三绝"。③

> 他是在根本上做工夫的。他打定了基础，搜齐了材料，然后经过了尖锐的考察，精密的分析，而以公平的态度下判断。④

---

① 据1932年北平朴社初版的《插图本中国文学史》（第一册），尚有已拟目而未完成的第65-82章，现仅存目录，其中论小说史者为：话本拟作者的兴起；佳人才子书；由李贽到金喟；由《红楼梦》到《儿女英雄传》；清末的谴责小说。

② 郑振铎在《文学大纲》与《插图本中国文学史》每论及小说，及章后所附参考书目均列《中国小说史略》，并有言"多所资取"或"依据之地方至多"，可见其并不讳言沿袭鲁迅之论。

③ 郑振铎：《鲁迅的辑佚工作》，《郑振铎全集》（第三卷），花山文艺出版社，1998年版，第548页。

④ 郑振铎：《鲁迅先生的治学精神》，《郑振铎全集》（第三卷），花山文艺出版社，1998年版，第545-547页。

正因为服膺《史略》中的许多判断,郑振铎才会毫不讳言自己"多所取资"《史略》①。事实也确实如此,《史略》上溯远古神话,下迄清末小说,依时代之序论述了中国小说发展的各个阶段。《文学大纲》与《插图本中国文学史》其简史性质之《中国古典文学中的小说传统》,其体系均与《史略》大同小异,许多论断也本自《史略》:如唐传奇"是中国文学史上有意识的写作小说的开始",又是后世诸戏曲所作的本源(《史略》云"始有意为小说"及"影响遂及于戏曲");宋初传奇志怪"意境既不高隽,题材也不动人,而叙写又无唐人的深刻,所以不必去注意他们"(《史略》云"宋一代文人之为志怪,既平实而乏文彩,其传奇,又多托往事而避近闻,拟古且远不逮,更无独创之可言矣");才子佳人小说的套路为"不外才子恋慕佳人,中经小人之播弄,各历苦难;终于才子得中高第,与佳人荣谐花烛,白首团圆"(《史略》云"始或乖违,终多如意");《野叟曝言》是"强把他的学问庋载于小说中"(《史略》曰"以小说为庋学问文章之具,与寓惩劝同意而异用者,在清盖莫先于《野叟曝言》");等等。其他如"拟话本""人情小说""讽刺小说"等概念亦袭自鲁迅。不过,郑振铎并非完全照抄,其创新之处主要有:

1.关于唐前小说。《史略》虽云一直到唐传奇才"始有意为小说",但它将小说的渊源定在了远古时期的神话与传说,因为神话是宗教、美术及文章的渊源。郑振铎则不同,他直接断定唐前所谓"小说"只是故事不是小说,"不足跻列于真正的小说之域"②,因为它们"都是琐杂的记载,不是整段的叙写,也绝少有文学的趣味",仅仅"邻近于小说"而已。可见,郑振铎立足现代"小说"文体特征之性质与结构,认为唐前"小说"的某些片段虽具备小说的格局,但就完整性与写作风格及主观意愿来说,都不能算是真正的"小说"。当然,郑振铎虽不认为唐前"故事"不是小说,但它们是古代文言小说事实上的远祖,故叙小说史时不能不涉及。因此其《中国小说八讲(提纲)》还是将第一讲列为"古代神话与传说",内容包括上古神话、英雄传说、志怪之书、佛教宣传著作及人间故事与笑谈等。

---

① 郑振铎在《文学大纲》第十八章的参考书目《中国小说史略》一条言:"叙中国小说的发达史的,此书为第一本,论叙甚审慎可据,本章多所取资,应在此志谢。"见《郑振铎全集》(第十一卷),花山文艺出版社,1998年版,第154页。

② 参见郑振铎:《文学大纲》,《郑振铎全集》(第十一卷),花山文艺出版社,1998年版,第115页;《插图本中国文学史》,《郑振铎全集》(第八卷),花山文艺出版社,1998年版,第213页。

2. 关于唐传奇与古文运动的关系。郑振铎接受引用了鲁迅称唐传奇是"始有意为小说"的观点，赞"他们是中国短篇小说上的最高的成就之一部分"，然他的创见，乃在于认为唐传奇的繁兴是由古文运动所促成的：

从事于古文运动者所不及料的一个成功，也是他们所从不曾注意到的一件工作——那便是所谓"传奇文"的成就。唐代"传奇文"是古文运动的一支附庸；却由附庸而蔚成大国。①

郑振铎的理由是：传奇文"开花结果"成熟的时代，正是古文运动鼎盛的时代；各传奇文的作者亦与古文运动诸干将有着师友之谊的直接或间接关系；传奇文之语言风格与古文运动所提倡的"朴质无华"相辉映。因此他大胆断言"唐人传奇文不仅是第一次有意的来写小说的尝试，且也是第一次用古文来细腻有致的抒写人间的物态人情以至琐屑情事的"。视传奇文为"古文运动"的别支，此论虽未免有点夸大二者之间的关系，却也为探寻唐传奇为何繁兴及与古文运动之间的互动关系提供了一种启示。

3. 关于"说话"与变文的关系。现存关于古代通俗小说的记载，当以宋人"说话"为最早。白话作品的诞生，由于敦煌文献之重现天日，学者们都相信远在宋前："然用白话作书者，实不始于宋……[敦煌]书为宋初所藏，多佛经，而内有俗文体之故事数种，盖唐末五代人钞。"②鲁迅未能目睹而"无以知其与后来小说之关系"的所谓"俗文体之故事"，就是后来郑振铎深入研究过的"变文"。鲁迅未见该资料，故于俗文与小说之关系只能付之阙如。郑振铎曾赴巴黎及伦敦亲见并诵钞这些文献，后来便一直极力提升"变文"在白话文学乃至整个文学史上的地位，认为宋、元时代之诸宫调、戏文、话本、杂剧均是由变文"蜕化或受其影响而来的"③。"说话"自然也是其中之一。不过这很难令学界接受——他仅仅因为变文韵散结合的特殊结构与讲唱的传播方式就断定宋代京瓦伎艺"正足以表现出其为由'变文'脱胎而来"，似乎理由

---

① 郑振铎：《插图本中国文学史》，《郑振铎全集》（第八卷），花山文艺出版社，1998年版，第355页。

② 鲁迅：《中国小说史略》，上海古籍出版社，1998年版，第71页。

③ 郑振铎：《插图本中国文学史》，《郑振铎全集》（第八卷），花山文艺出版社，1998年版，第420页。

不够充分。

4.关于《金瓶梅》的评述。《史略》称《金瓶梅》为"世情书"之最有名者:"作者之于世情,盖诚极洞达,凡所形容,或条畅,或曲折,或刻露而尽相,或幽伏而含讥,或一时并写两面,使之相形,变幻之情,随在显见,同时说部,无以上之。"①此语着眼于《金瓶梅》的小说内容与写作技艺,极力肯定其写世情之"相形"。郑振铎则从小说之社会学价值的角度,评价其"表现真实的中国社会的形形色色者"②,是一部"极好的以现实生活作中心的小说"。特别是其中的人物刻画与场面描写,"不但把每个人都写出个性来,而且场面也非常大,从皇帝宰相的家庭一直到最下层的小市民的生活,写得都非常逼真,把封建社会黑暗矛盾刻画得极其细致,入骨三分"③。因此,郑振铎不吝称颂之词,在《文学大纲》第二十三章中仅沿前人之论,称其与《水浒传》《西游记》并列为"三大奇书",第二十九章则加上《红楼梦》,号为"中国小说中的四大杰作",到《插图本中国文学史》,称号却变成了"中国小说的发展的极峰",把鲁迅所言限定为"同时说部,无以上之"直接换成了整个中国小说"无以上之"了。同时,其称道真可谓"无以复加":

> 在文学的成就上说来,《金瓶梅》实较《水浒传》《西游记》《封神传》为尤伟大。……在始终未尽超脱过古旧的中世传奇式的许多小说中,《金瓶梅》实是一部可诧异的伟大的写实小说。她不是一部传奇,实是一部名不愧实的最合于现代意义的小说……像她这样的纯然以不动感情的客观描写,来写中等社会的男与女的日常生活的,在我们的小说界中,也许仅有这一部而已。④

上语即可看出,通过与《水浒传》《西游记》《封神传》乃至《红楼梦》的比较,《金瓶梅》因其题材无所依傍,描写贴近现实的"写实"特点,与近代流行的"写实主义小说"相合而赢得了郑振铎无上的赞誉。这与他一向认为文学是"想象"与"表现"之联合的文学观是一致的——因

① 鲁迅:《中国小说史略》,上海古籍出版社,1998年版,第126页。
② 郑振铎:《谈金瓶梅词话》,《郑振铎全集》(第四卷),花山文艺出版社,1998年版,第225页。
③ 郑振铎:《中国古典文学中的小说传统》,《郑振铎全集》(第六卷),花山文艺出版社,1998年版,第198页。
④ 郑振铎:《插图本中国文学史》,《郑振铎全集》(第九卷),花山文艺出版社,1998年版,第426页。

为《金瓶梅》就是"想象"地"表现"了当时的社会。

第二,采用进化观念探寻小说发展规律,力主"双动力"说。郑振铎曾引用美国学者莫尔顿提出的"近代精神",其第三点即"文学进化的观念",并对"进化"二字阐明了自己的理解:

> "进化"二字,并不是作"后者必胜于前"的解释。不过说明事物一时期一时期的有机的演进或蜕变而已。①

"演进"与"蜕变"成为郑振铎论述小说发展时使用频率很高的词,不仅专题研究多为作品之"演化",小说史也冠以"演化"之名,如《中国小说的分类及其演化的趋势》《宋元明小说的演进》等。还有"蜕化",他多次在述及同类题材之小说时,用"蜕化"志其渊源。如《大唐三藏取经诗话》,"我们取来与吴承恩的《西游记》对读一过,便可觉得'西游'故事蜕化的痕迹";《大宋宣和遗事》,"我们拿它与《水浒传》来细细比较,见出一般事实的蜕化与增大的痕迹";等等②。当然,其进化观的集中体现还是在于小说的分期。

郑振铎最早给整个小说史分期是在《文学大纲》里,分为五期:第一期为唐前至十五世纪(明前期),第二期为十五至十七世纪(明初至清康熙后半),第三期为十八世纪,第四期为十九世纪,第五期则为新世纪。此一分期乃配合《文学大纲》的划分体例,以世纪来统筹世界各国文学的阶段,按材料多寡有略古详近之势。《插图本中国文学史》与前者相较,罗列的作品差不多,史识论述则更充分,各章依主题为次,小说史散见于各朝代文学史论述当中,分期不甚明显。《中国小说八讲》为新中国成立后的讲义提纲,分期明确,八个阶段几乎全同鲁迅《史略》,不过突出了部分重点小说而已:第一讲,古代神话与传说;第二讲,唐代传奇与变文;第三讲,宋元话本;第四讲,《三国》《水浒》;第五讲,《西游》《金瓶梅》及其他;第六讲,《三言》《二拍》及其他;第七讲,《红楼》《绿野》《儒林》等;第八讲,晚清。最能见出进化观念之影响的分期在于《中国小说的分类及其演化的趋势》,按生命体之发育成长将小说分为五期:

---

① 郑振铎:《整理中国文学的提议》,《郑振铎全集》(第六卷),花山文艺出版社,1998年版,第9页。
② 郑振铎:《文学大纲》,《郑振铎全集》(第十一卷),花山文艺出版社,1998年版,第133、140页。

　　胚胎期：原始的古代→唐开元、天宝时代（一切真正的小说体裁都不曾成立）

　　发育期：开元、天宝时代→北宋灭亡（传奇小说时代）

　　成长期：南宋→明弘治（笔记小说、传奇小说仍在流行，长篇小说崭露头角）

　　全盛期：明嘉靖→清乾、嘉（一切小说形式达到最成熟最发达之境）

　　衰落期：清乾、嘉→现代（一切小说形式呈疲乏及模拟情态）①

　　五期法以生物进化过程来比拟文学体式的"兴衰更替"，并非创自郑振铎，乃是当时流行的文学史规律描述方式。此一分期，可说相当准确地把握到了中国小说发展的阶段性特点：以唐开元、天宝为胚胎期与发育期的断点是因为此时唐传奇开始出现，开始着意于描写与布局结构，是"为写小说而写小说"；以北宋灭亡为发育期与成长期的分节点则是因长篇讲史开始崭露头角，并成为后来通俗小说的主要形式。明嘉靖至清乾隆、嘉庆年间，实为中国古典小说的最盛期，可在小说史上举足轻重的作品，大都集中于此一阶段，并以乾、嘉期的《红楼梦》为顶峰，预示了从此盛极而衰的古典小说。

　　至于小说发展的动力，郑振铎沿其文学史的一贯思路，可概括为"外来影响"与"民间创始"的"双动力"："一种文学形式或种别的产生，其原动力不外两点，一是外来的影响，一是民间的创始。"②约而言之，"外来影响"观多见于其题材之来源的论述，"民间创始"观则集中于小说体裁的起源与特质：

　　　　纥妻被夺事，大类印度最流行的《拉马耶那》的传说，而若飞的神猿又是这个传说中之所有的。或者，中土的讲谈者，把魔王的拉瓦那和救人的神猿竟缠合而为一了罢。（《郑振铎全集》第八

---

　　① 郑振铎：《中国小说的分类及其演化的趋势》，《郑振铎全集》（第六卷），花山文艺出版社，1998年版，第239页。
　　② 郑振铎：《中国小说的分类及其演化的趋势》，《郑振铎全集》（第六卷），花山文艺出版社，1998年版，第233页。

卷第 357 页）

所谓"龙女"，在中国古代并无此物。可能是由印度所给予我们的许多故事里传达进来的。(《郑振铎全集》第八卷第 360 页）

《取经诗话》以猴行者为"白衣秀才"，又会作诗，大似印度史诗《拉马耶那》里的神猴哈奴曼。(《郑振铎全集》第九卷第 83 页）

对于民间的创作品，知识分子也是极端藐视的。但这些创作品，却有根深蒂固的势力……词曲小说之逐渐的成为文坛上的主体，其进展的程序，都不外于此。(《郑振铎全集》第六卷第 233 页）

[中国小说]它一开头就不是由几个有才能的文人创作出来的，而是从民间来的，是口头流传的。(《郑振铎全集》第六卷第 188 页）

小说起源于唐朝和尚庙里讲唱的变文。(《郑振铎全集》第六卷第 188 页）

讲唱"变文"的风气，在那时也似已不见了。但"变文"的体制，却更深刻的进入于我们的民间；更幻变的分歧而成为种种不同的新文体……在北宋之末，变文的子孙们，于诸宫调外尚有所谓"说话"者，在当时民间讲坛上，极占有权威。(《郑振铎全集》第九卷第 71 页）

第三，小说的分类及类型研究。郑振铎很早就认为中国古代的文学分类法"殊为可笑"，因此其分类观念在主要参考西方理论的基础上进一步明晰与中国化。他将文学形式共分为诗歌、小说、戏曲、论文、个人文学与杂类六大类。其中"小说"按篇章的长短别为三种："长篇""中篇"与"短篇"①。此一分类虽逻辑清楚，套用于中国小说却未免有

---

① 郑振铎：《文学的分类》，《郑振铎全集》(第三卷)，花山文艺出版社，1998 年版，第 446–453 页。

点宽泛。故他于"短篇小说"类中又别出三类,分别是"笔记""传奇"与"评话"。后来在《中国古典文学中的小说传统》里按文言与白话将三类合并为两种,即"传奇文"与"评话或词话"。三分法及定义为后来许多小说史研究者所接受,有研究者依此进行"笔记小说""传奇小说"及"评话小说"的专题研究,有的还撰成了专史,可见此种概念及分类确实有助于深化古代短篇小说的研究。

鲁迅《史略》曾按内容分小说为鬼神志怪、传奇、话本、拟话本、讲史、神魔、人情、讽刺、才学、狭邪、侠义、公案、谴责等十余种类型,可谓扼要准确又实事求是。郑振铎《插图本中国文学史》亦有小说类型论述的专章,拟目为《讲史与英雄传奇》《佳人才子书》及《清末的谴责小说》,只是该书未完,仅《讲史与英雄传奇》一章写竣刊出。分8节6万余字叙述了讲史与英雄传奇从元至明的发展过程、代表作品、流变与区别,尤其详细分析了《全相平话五种》《三国志演义》《水浒传》《平妖传》与《说唐传》。此章成为小说类型专题研究的典范,其分析被后来的许多小说理论家采用,"堪称后代学人久引不厌的经典"[①]。

总体而言,郑振铎的小说史撰写,其体系与论断受鲁迅之《中国小说史略》影响颇大,不过其在唐前小说、小说起源及发展规律的探讨方面还是能表现出自己的新意,有时还能发人之所未发,引起研究者注意。如言《拗相公》是宋人词话里"唯一一篇带政治意味的小说";《儿女英雄传》以纯粹北京话写成,"在方言文学上是一部很重要的著作";《品花宝鉴》为保留变态心理时代之最重要者;等等。与鲁迅深刻卓越的论述相比,郑振铎的特色在于详叙时代背景与演化过程,在进化论的基础上引入社会分析法,重视小说之"表现"与"想象"社会的功能。由于其太过执着于"外来影响"与"民间创始"论,许多关于小说源起的论证尤其是对变文作用的夸大值得商榷,但这无损于他作为一代小说研究者于小说史学史的贡献。

当然,相比他那些为后人神往且津津乐道的文献发掘与方法创新,郑振铎之戏曲小说史研究就远没有那么引人注目,迄今论述者也不多。究其原因,一是戏曲史与小说史的开山之作均达到了后来者无法企及的高度,相比王国维与鲁迅,郑振铎当然难以与之媲美;二是他

---

① 孙晶:《讲史与英雄传奇——从郑振铎〈插图本中国文学史〉谈起》,《小说评论》,2006年第6期第43—46页。

并没有为戏曲小说撰写专史,其关于戏曲小说史的论述夹杂于文学史叙述之中,这也部分遮蔽了其撰史的努力与成果。

# 小　结

中国戏曲小说,自来无史,有之,应自王国维《宋元戏曲史》及鲁迅《中国小说史略》始。这两部开山之作的学科奠基与学术指引意义,海内外已有公论。郑振铎在《文学大纲》与《插图本中国文学史》中多次引述,并称王国维为"现代研究中国戏曲最努力的人"[1],称《中国小说史略》为"近十余年来治小说史者的南针"[2]。至于他本人,最主要的功绩当然在于文献整理与作品分析。就此二者而言,无论是他对新方法的提倡还是对新材料的发现,都拓展了戏曲小说研究的领域,对20世纪通俗文学研究格局的形成产生了重要而深远的影响,这是其戏曲小说研究最成功之处。至于其戏曲小说史的撰写,虽因珠玉在前而稍有逊色,然其及时将戏曲小说研究的最新成果纳入文学史并提出己见的努力,亦不可忽之不论。郑振铎在文献搜辑、作者考订、作品分析乃至背景研究方面取得的成就,充分体现了新观念、新材料和新方法带给戏曲小说研究的新变化,同时也具备了现代学术性质的研究特点,故其成就与不足体现的历史意义与价值应该给予后来者更多的启示。

---

① 郑振铎:《文学大纲》,《郑振铎全集》(第十一卷),花山文艺出版社,1998年版,第109页。

② 郑振铎:《鲁迅先生的治学精神——为鲁迅先生周年纪念作》,《郑振铎全集》(第三卷),花山文艺出版社,1998年版,第545页。

# 第五章 以藏书为基础的跨领域
研究与开拓

　　郑振铎兴趣广泛、知识渊博，不仅在文学史与戏曲小说方面有着深湛的研究，还旁涉古史传说、古代讲唱文学、民间文学、《诗经》及词曲等，周而复说："他涉猎中国古典文学之广，资料十分丰富，研究前人所没有研究过的问题，掌握了新的资料，提出新的分析和见解，对于研究中国古典文学的人大有帮助。"①如果说他的文学史及戏曲小说研究多以"资料丰富"为独特个性的话，其旁涉领域则以"文化学"为基点。如其《汤祷篇》介入古史传说，不仅欲在信古、疑古与释古之外开辟一条新路，而且能结合社会学、人类学理论探索出上古传说里隐藏的古代生活图景，颇具前沿视野；以"变文"为中心的古代讲唱文学研究，从敦煌写本中的"变文"出发，下及诸宫调、鼓词、弹词等诸多种类，给古典文学之文体演进研究提供了许多启示；其民间故事研究取"比较神话学"与"人类学派神话学"之合理成分观照中国古代民间故事，表现出既重视类型又关注同源故事流传过程之变异的折中态度；等等。以下按主题大体分四个方面论述郑振铎研究古史传说、讲唱文学与民间文学、《诗经》、词曲及批评文学等方面的新见与心得，试图探讨郑振铎从文化角度对古典文学所作的超越"文学"本身的分析。

　　郑振铎极其重视民间文学，除为民间文学作有专史——《中国俗文学史》外，还有多篇论文研究过以变文为首的古代讲唱文学及民间故事：《宋金元诸宫调考》《佛曲俗文学与变文》《佛曲叙录》《从变文到弹词》《民间故事的巧合与转变》《螺壳中之女郎》《中山狼故事之变异》《榨牛奶的女郎》《韩湘子》。无论形式是变文、诸宫调还是弹词、鼓词，或者口传故事，郑振铎研究这些作品时所看重的一个共同特点便是"民间文学"——他自己编订《中国文学研究》时亦将此类论文集视为

---

① 周而复：《怀念郑振铎同志》，《新文学史料》，1979年第5期。

同一类别,故此处一并而论。

# 第一节 "变文"研究

在郑振铎的讲唱文学研究中,"变文"研究是最受重视也是最有创新性的一种。他不仅将敦煌发现韵散结合之俗讲统名为"变文",并对"变"的字义进行了探索,还缘"变文"之形式对其起源与后裔进行了深入研究。尤为引人注目的是,郑振铎认为,正是"变文"的发现,使宋以后最主要的两种通俗文学样式——戏曲与白话小说,有了一个始于"民间"的确证。因此,讨论郑振铎讲唱文学研究的特色与贡献,中心便是"变文"研究,连类而及,才是诸宫调、鼓词、弹词等"变文后裔"。

郑振铎的"变文"研究,始于敦煌文献研究兴起之时。敦煌文献自20世纪被外国探险家所识,便被称为"一个绝可惊人的大发现"。这些中古文物的重见天日,为廓清许多中世纪的难解之谜提供了新的线索,也催生了一门新的世界性学科——敦煌学。在以佛经为主的写本经卷之外,许多民间文学作品写本被陆续发现。罗振玉将自己所藏翻印为《敦煌零拾》,除《韦庄秦妇吟》《云谣集杂曲三十首》与《搜神记一卷》外,尚有《季布歌》《佛曲三种》《俚曲三种》及《小曲三种》。他在卷首序中称"中有七言通俗韵语,类后世唱本,或有白有唱,又有俚语俚曲,皆小说之最古者"[1],其中的《季布歌》与《佛曲三种》,就是后来被郑振铎定名的"变文"。"变文"名称是否独立,实际牵涉如何认识理解这一特殊文学形式及性质特点的根本性问题。在辑印《敦煌零拾》时,罗振玉已经敏锐地注意到了演《维摩诘经》的佛曲与宋代"说话人"著作之间可能有渊源关系,尤其是"有白有唱"的讲唱形式,使他直接联想到了后世之唱本,但他并没有意识到这些佛曲与其他说经不同的文体特点。王国维则在这些写本的跋中称这是用七言叙故事。此后一段时间,"变文"与"佛曲""唱本"等被混为一谈:如王国维将《季布歌》称为唱本;胡适称《维摩诘讲经文》为唱文;向达将变文俗文都归入唐代佛曲的范围;陈寅恪则称《维摩诘经·文殊师利问疾品》为演义;等等。真正将敦煌变文作为专门研究对象的首推郑振铎:他曾在1928年作

---

① 罗振玉:《敦煌零拾》"序",上虞罗氏"六经堪丛书",又见《雪堂类稿》,辽宁教育出版社,2003年版,第43页。

《敦煌的俗文学》《佛典与俗文变文》。1932年刊行的《插图本中国文学史》首次在中国古代文学史中为"变文"立专章——"变文的出现";1935年开始在国立暨南大学开设"敦煌俗文学"课程;1938年长沙商务印书馆出版的《中国俗文学史》标志着他的俗文学研究体系(包括变文研究)的正式成型。从此以后,"变文"研究作为敦煌俗文学研究的一部分被许多学者纳入研究视野进行专门探讨,此一术语也被后来中外学者普遍接受和采用:

> 自从敦煌古写本书发现以后,专研究里面有关俗文学写本的人,成了一个小小的流派。在单只为这一类俗文学作品寻找一个适当的名称上,便经过了一个相当长的时间和不少的曲折……在变文的全盛时期,则都用变文来概括这一类的文学作品,而作为当时的公名来使用。这就是在今天我们大家为什么又认为只有用"变文"这一名词来代表敦煌所出这一类文学作品,为比较适宜、比较正确的主要原因。①

郑振铎探索"变文",其论述主要见于《插图本中国文学史·变文的出现》和《中国俗文学史·变文》及《佛曲叙录》,另有《佛曲与俗文、变文》《从变文到弹词》《什么叫做"变文"? 和后来的"宝卷""诸宫调""弹词""鼓词"等文体有怎样的关系》《三十年来中国文学新资料发现记》《欧行日记》等。(按:他最早发表于1929年3月《小说月报》之《敦煌的俗文学》,全章概述敦煌写本中的俗文学作品,文后说明是为《中国文学史·中世卷》之一章,却与后来收入《插图本中国文学史》之"变文"章者并不相同。)这些论述总括起来有以下主要观点:

第一,定义"变文"名称,对"变"之字义作出合理的猜想。在郑振铎之前,敦煌遗书中这些讲唱文学作品曾引起过罗振玉、王国维等学者的注意。二者均注意到了其讲唱结合的传播特点:罗振玉称之为"佛曲",王国维名之曰"唱本",胡适称之为"唱文"。这些名称,都立足于写本中明显的讲唱结合特点,却未视其为文学作品之一种体裁。郑振铎则明确提出了"变文"之名,并进行文体定义:"何以谓之变文? 那

---

① 王重民:《敦煌变文研究》(遗稿),见朱东润等主编:《中华文史论丛》,1981年第二辑,第210页。后收入周绍良、白化文编《敦煌变文论文录》,上海古籍出版社,1982年版,第274-283页。

正和盛行于六朝、唐的'变相'相同,都是演绎佛经故事的。"他总结并辨析了前述学者"佛曲""俗文""唱文""讲唱文""押座文""缘起"之类的称呼后说:

> 但就今日所发现的文卷来看,以"变文"为名的,实在是最多……凡有新发现,大抵皆足证明"变文"之称为最普遍。①

> "变文"的名称,到了最近,因了几种重要的首尾完备的"变文"写本的发现,方才确定……原来在"变文"外,这种新文体,实在并无其他名称,正如"变相"之没有第二名称一样。②

定名之后,郑振铎进一步提出了"变文"的定义,并对其范围、起源及"变"字的含义做出了推测:

> "变文"是什么东西呢?这是一种新发现的很重要的文体。虽已有了千年以上的寿命,却被掩埋在西陲的斗室里,已久为世人所忘记。——虽然其精灵是蜕化在诸宫调、宝卷、弹词等等里,并不曾一日灭亡过。原来"变文"的意义,和"演义"是差不多的。就是说,把古典的故事,重新再演说一遍,变化一番,使人们容易明白。正和流行于同时的"变相"一样,那也是以"相"或"图画"来表现出经典的故事以感动群众的。③

其浅显定义即"以边唱边讲的结构,来演述一件故事"。至于演述内容,开始只是讲唱佛经故事,在成为一个"专称"之后便不限定为敷演佛经故事了。上语不但直接将"变文"定义为"一种新发现的文体",从文体名辞的高度为"变文"类型研究扫清了障碍,而且用现存的诸宫调、宝卷、弹词等来证明该文体的生命力,明示出其一脉相承的渊源关系。

定敦煌发现的韵散结合之讲唱文为"变文",当时学者并未立刻接受,还各有疑义:徐嘉瑞认为敦煌发现的佛曲并非变文;向达在整理了

---

① 郑振铎:《中国俗文学史》,《郑振铎全集》(第七卷),花山文艺出版社,1998年版,第164页。
② 郑振铎:《插图本中国文学史》,《郑振铎全集》(第八卷),花山文艺出版社,1998年版,第425页。
③ 郑振铎:《插图本中国文学史》,《郑振铎全集》(第八卷),花山文艺出版社,1998年版,第421页。

伦敦所藏的40卷敦煌俗文学作品后认为"敦煌所发见的俗文学材料，其名称曾见于唐人记载者，不能不推变文"①。不过他将变文与词文、故事、白话诗、俗赋并列，同为敦煌俗文学内容之一种。而在《唐代俗讲考》中，他却认为俗讲在变文之外，反于"变文"未加提及。不过，随着材料搜集的广泛与研究的深入，"变文"逐渐在20世纪40年代后成为敦煌这些通俗讲唱文学的通称，并被学界承认。1957年，向达等六位学者编成的《敦煌变文集》出版，将78种说唱故事类作品统称为"敦煌变文"。尽管后来白化文特意说明：此书所收的大部分都不是变文，应叫《敦煌俗文学说唱故事类作品总集》②。但他们还是采用了"变文"一词来统称这些说唱故事类作品，可见"变文"一词经郑振铎定义后，虽不能完全概括敦煌俗文学的全部内容，但表明学界已接受并认可了此一名称的普遍代表性。正如项楚先生所说：

> "变文"这个名称的后面包含着十分丰富的内容。它是某一历史时期的某些样式，某些题材的说唱文学作品，当我们说"敦煌变文"的时候，实际上也包含了这些通俗文学作品由失传到新发现的历史机缘在内。③

其次是"变"字的含义。敦煌写本保存的讲唱文学写本为何会有"变"字呢？此"变"又是指向什么意义？郑振铎作出了自己的猜想。因为变文与佛经俗讲有着题材与受众相似的密切关系，因此他借由佛教绘画中的"变相"来推测"变文"名称的含义，认为是"变更了佛经的本文而成为俗讲"④之意。这一观点得到不少学者的认同。傅芸子《俗讲新考》认为演唱变文的时候以图画相辅作说明，是以名之"变相"⑤；周一良则说变文乃"变相"之文⑥；后来孙楷第进一步从佛经来论证，以《白虎通》所注来阐释："然则'变文'得名，当由于其文述佛诸菩萨神变

---

① 向达：《记伦敦所藏的敦煌俗文学》，周绍良、白化文编《敦煌变文论文录》，上海古籍出版社，1982年版。

② 白化文：《敦煌变文集补编·前言》，周绍良等编《敦煌变文集补编》，北京大学出版社，1989年版。

③ 项楚：《敦煌变文选注·前言》，中华书局，2006年版，第1页。

④ 郑振铎：《中国俗文学史》，《郑振铎全集》（第七卷），花山文艺出版社，1998年版，第166页。

⑤ 傅芸子：《俗讲新考》，《新思潮》，1946年第1卷第2期。

⑥ 周一良：《读〈唐代俗讲考〉》，《大公报》，1947年2月8日。

及经中所载变异之事。"[①]另关德栋、长泽规矩也亦试图从梵音中寻找到读音的渊源。虽然"变"字之义至今尚未定论,但"变文"与"变相"及佛经传播相关已是不容置疑的了。

郑振铎颇具学术眼光地将敦煌讲唱文学作品概括为"变文",虽然新的材料还在不断被发现,学界对这些民间文学作品的研究也还在深入,但"变文"之名作为敦煌俗文学中的一种文体名称被学界沿用下来。虽然现在许多收入"变文集"或"变文汇录"的作品并非全是"变文",但它们共同具有的文体特点还一时找不到更为贴切的学术名词来代替。郑振铎将"变文"研究从敦煌文学研究中独立出来,为其取得了独立的学术地位,他的首创之功不可磨灭。

第二,总结"变文"的文体形式与内容特色。郑振铎考察了他能掌握到的大量"变文"后,站在文体学角度对其体式结构及内容特色进行了总结(参见表13、表14):

**表13　郑振铎对"变文"体式结构一览**

| 韵　式 | 举　例 | 特点及影响 |
|---|---|---|
| 七言 | 《维摩诘经变文》《降魔变文》 | 最普通的韵式 |
| 七言之中杂三言 | 《维摩诘经变文》 | 三言的韵语,使用的时候,大都是两句合在一处,仍似是由"七言"语变化而来。后来的许多宝卷、弹词、鼓词三七言夹杂使用的韵式便是此韵式流演下来的 |
| 六言,间有使用五言 | 《八相变文》 | 极罕见的式子 |
| 白话文 | 《八相变文》《伍子胥变文》 | 比较生硬而幼稚的白话文 |
| 流行的骈偶文 | 《维摩诘经变文》《降魔变文》 | 变文的创作,是骈偶文发展可谓为已达到了最高的与最有弹性的阶段 |

**表14　郑振铎对"变文"内容特色归纳一览**

| 韵散结合方式 | 举　例 | 特　点 |
|---|---|---|
| 散文作讲述之用,韵文重复歌唱散文所述 | 《维摩诘经变文》 | 重叠叙述的作用使听众更容易了解,韵文是散文放大的重述 |
| 以散文作为引起,以韵文间分详细叙述 | 《大目连乾连冥间救母变文》《伍子胥变文》 | 散文韵文互相被运用,无重床叠屋之嫌 |

"变文"体式最直观的特点便是体式的韵、散结合。而"变文"所用的韵式,最普通的是七言,如《维摩诘经变文》和《八相变文》,也有于"七言"之中夹杂着"三言"的,也有如《八相变文》中使用六言的,但那

---

① 孙楷第:《读变文二则》,《现代佛学》,1951年第6期。

是极罕见的式子,间有使用"五言"则更不多见。因此郑振铎认为:"变文"的韵文部分虽有杂五言或六言的,但全体仍是以"七言"组织的。至于散文部分,则大体使用比较生硬而幼稚的白话文(如《伍子胥变文》),也有使用较为圆熟纯练的骈偶文的(如《降魔变文》与《维摩诘经变文》中的《持世菩萨》卷),甚至会用骈偶文夸饰描写。郑振铎怀疑后来小说里形容宫殿、美人、战士、风景的四六言对偶文学,似乎就是从"变文"传承而来的。同时,他还将"变文"中韵文与散文的组合分为两大类:一是将散文部分仅作为讲述之用,而以韵文部分重复地来歌唱散文部分之所述的。他认为这种组合方式是作者们怕韵文歌唱起来听众不容易了解,故将事实先叙一遍再唱。二是以散文部分为"引起"而以韵文部分来详细叙述。这样,散文与韵文便互相被运用,没有重床叠屋之嫌了。关于"引起",郑振铎从佛经里找到了"征信"的理由,也就是必定先引"经文"放每段之首,然后才加以演说夸饰,这样才与宣扬佛教经典有联系。

"变文"叙写的内容,郑振铎首次进行了分类:一是关于佛经的故事的,二是非佛经的故事的。这个分类比较笼统,所以他又将讲唱佛经故事的变文分为两类:一是严格说"经"的,二是离开经文而自由叙述的。如图1所示:

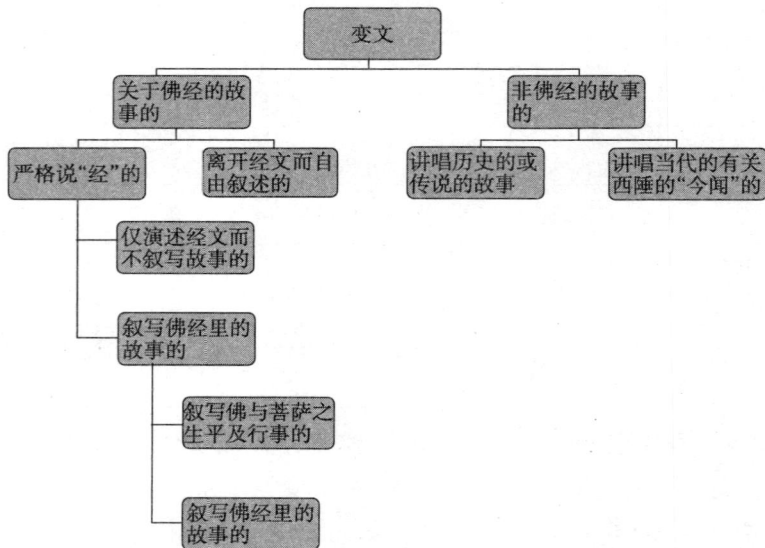

图1　郑振铎对"变文"分类一览

除了"变文"之体制内容等宏观问题,他对极细微的小问题也曾论及:如"佛子"二字的含义,胡适和孙楷第都认为就是座下的听众,郑振铎对此质疑曰:"在有的地方,'变文'的作者便直捷的写出'佛号'来,这难道也是对听众的称呼么?"①再如郑振铎注意到了"变文"中的一些特用词语如"吟""断""平"等,他猜测大约不外乎是"诗曰""偈曰"之意。还有如《明妃变文》分上下二卷,在上卷之末有句"上卷立铺毕,此入下卷"一语。郑振铎认为:这是一个很重要的信息,使我们明白后来的许多"欲知后事如何,且听下回分解"的云云,在中国的最早的根源是什么地方。宋人"话本"之由"变文"演变而来,这当也是例证之一吧②。这些论述虽然只是只言片语,郑振铎并没有展开论述,却为后来者继续研究提供了许多思路。

## 第二节　诸宫调、宝卷、弹词研究

通过探索"变文"的起源与流变,郑振铎连类而及,涉及了古代讲唱文学的多种形式。其中"变文"更是成为串起中国戏曲与小说起源之极其重要的民间来源:

> 在"变文"没有发现以前,我们简直不知道"平话"怎么会突然在宋代产生出来?"诸宫调"的来历是怎样的? 盛行于明、清二代的宝卷、弹词及鼓词,到底是近代的产物呢? 还是"古已有之"的? 许多文学史上的重要问题,都成为疑案而难于有确定的回答。但自从三十年前史坦因把敦煌宝库打开了而发现了变文的一种文体之后……我们才在古代文学与近代文学之间得到了一个连锁……这个发现使我们对于中国文学史的探讨,面目为之一新。③

郑振铎生当大力提倡白话文的时代,其文学史观又深受进化论影响,所以当"变文"一出现在他面前,他便和罗振玉一样,立刻敏感地觉

---

① 郑振铎:《中国俗文学史》,《郑振铎全集》(第七卷),花山文艺出版社,1998年版,第180页。
② 郑振铎:《插图本中国文学史》,《郑振铎全集》(第八卷),花山文艺出版社,1998年版,第430页。
③ 郑振铎:《中国俗文学史》,《郑振铎全集》(第七卷),花山文艺出版社,1998年版,第159页。

察到了变文形式与后来平话、诸宫调、宝卷、弹词等通俗文学作品形式之间的内在联系。通过他对变文形式的仔细研究，更确认了自己的想法。他认为：现存的宝卷、弹词、鼓词等以讲唱面向读者并韵散结合的行文方式，其渊源便在于唐代的变文！其《从变文到弹词》的演讲即将这一流变简化为：

> 佛经——变文——（词话、诸宫调、词、大曲）——宝卷——弹词

至此，"变文"被正式纳入中国文学的文体流变史，并成为现存许多古代通俗作品的源头，其中词话成为后来话本（即宋小说）的渊源，诸宫调则明显具备了戏曲的特色。易言之："讲唱'变文'的风气，在那时也似已不见了。但'变文'的体制，却更深刻的进入于我们的民间；更幻变的分歧而成为种种不同的新文体。"①这些新文体便是宝卷、弹词、鼓词及词话（话本）等：

> 变文的名称虽不存，她的躯体虽已死去，她虽不能再在寺院里被讲唱，但她却幻身为宝卷，为诸宫调，为鼓词，为弹词，为说经，为说参请，为讲史，为小说，在瓦子里讲唱着，在后来通俗文学的发展上遗留下最重要的痕迹。②

既然诸宫调、话本、宝卷、弹词等与讲唱形式相关的通俗文学是"变文的亲裔"，那么，"变文"又是如何产生的呢？《插图本中国文学史》的回答是："佛教文学的输入"——"最可能的解释，是这种新文体是随了佛教文学的翻译而输入的……佛经的翻译，虽远在后汉、三国，而佛经中的文体的拟仿，则到了唐代方才开始。这种拟仿的创端，自然先由和佛典最接近的文人们或和尚们起头，故最早的以韵、散合组的新文体来叙述的故事，也只限于经典里的故事。"③郑振铎从20世纪20年代欧洲翻译文学对我国文坛的影响来反观唐代，他认为变文起源于接

---

① 郑振铎：《插图本中国文学史》，《郑振铎全集》（第九卷），花山文艺出版社，1998年版，第70页。
② 郑振铎：《中国俗文学史》，《郑振铎全集》（第七卷），花山文艺出版社，1998年版，第238-239页。
③ 郑振铎：《插图本中国文学史》，《郑振铎全集》（第八卷），花山文艺出版社，1998年版，第421页。

近佛典的文人或和尚对佛经文体的拟仿。一种文体不会凭空产生,他认为如果不是本土创作,便是外来输入。他自己曾亲身体会到外来影响的巨大能量,加上佛经传译确实带来印度文学,而"变文"发现的地点环境与所写内容均与佛教紧密相连,佛教当然毫无疑问是从印度输入的。于是,他对比了印度文籍中韵散文合组的文体,参考许地山关于中国古典戏剧受印度伊兰戏剧影响的观点,尤其是马鸣的《本生鬘论》曾被照原样介绍到中国的实例,然后断定:"'变文'的来源,绝对不能在本土的文籍里来找到。"①

　　郑振铎的论断,未免过于夸大外来文学的影响,后来许多学者上溯至后汉魏晋,从佛经记载中寻找蛛丝马迹,他们虽不能完全否认印度文学文体的影响,但更多的是从六朝佛教通俗的方式去推求变文的起源,如周叔迦《漫谈变文的起源》等。比较通行的解释是:变文这种形式是外来文化与中国民族形式结合相嬗变的结果。即俗讲僧人和民间艺人结合诗歌与音乐,创造出用散文说经故事、用韵文来唱梵呗歌赞的文学体制②。当然,"变文"之印度起源论只能看作郑振铎提出的一个学术假设,他自己并没有深入阐发其中的继承与衍化轨迹,其中许多关键问题的论证也许还有待新资料的发现,这种为宝卷、弹词、鼓词等讲唱文学寻找源头的上挂下联之传承关系,只是为论证宋元讲唱文学提供了一个新的可能与视角,还有待后来研究者去证明。

　　正因为纵向的进化发展眼光,当他在论"变文"之学术性质时,才能纵横捭阖,致其源流演变之迹,论述精当深刻。以"变文"为起点,郑振铎还研究了同具讲唱特点的诸宫调、宝卷、弹词等,在现存《西谛书目》里,宝卷著录91种,弹词鼓词著录289种,包括刊本与钞本。他第一次为弹词作目录(见《西谛所藏弹词目录》,收弹词116种),赞其文学史上的重要性当不下于小说与戏曲,并首次关注到了弹词叙述与描写的女性特征:by the women, for the women 及 of the women③。

　　弹词作为一种盛行于南方的讲唱文学,许久以来并未列入文学作品的范畴。1918年谢无量作《中国大文学史》,为通俗文学的戏曲小

　　① 郑振铎:《中国俗文学史》,《郑振铎全集》(第七卷),花山文艺出版社,1998年版,第166页。
　　② 参见王庆菽:《试谈变文的产生和影响》,《新建设》,1957年第3期。
　　③ 郑振铎:《西谛所藏弹词目录》,《郑振铎全集》(第五卷),花山文艺出版社,1998年版,第257页。

说列有专章,却并无只字介绍到弹词①。1927年6月,郑振铎在《小说月报》第17卷号外《中国文学研究》上发表的《西谛所藏弹词目录》为弹词研究的第一个目录。此后,谭正璧将弹词文学写入《中国女性文学史》,列《通俗小说与弹词》专章与作者作品的专节②。凌景埏、吴夕等亦将自己所藏弹词写成目录发表,直至1936年,李家瑞《说弹词》才算是第一个综合各家私藏的阶段性成果。该目于第十一节"弹词本子的刊刻"部分,综合了郑振铎、历史语言研究所、凌景埏和孔德学校的藏目,并相互对勘列出名家所独有的弹词目录③。郑振铎的筚路蓝缕之功,为后来弹词研究者所尊重并屡加引用④。

特别值得一提的是其诸宫调研究。他不仅第一次将已发现的十九种诸宫调作了一次综合大检阅,还开创了诸宫调与戏曲之音乐与曲文关系研究的新领域。1932年,郑振铎撰成长文《宋金元诸宫调考》,首次分析了现存宋金元诸宫调的结构特点及与后世戏曲的关系,由燕京大学作为《文学年报》第一期出版,后收入《中国文学研究》。该文分十五个部分,详细探讨了诸宫调的体制、源流、宫调、曲调、套数、尾声、曲文,并综述了当时已知的十九种诸宫调,尤其关注诸宫调对后世戏曲如元杂剧、弹词等的重要影响。可以说,王国维考证出"诸宫调"的文体实体,郑振铎则奠定了国内诸宫调研究的基础⑤。

郑振铎首先引用王国维之证董《西厢》为诸宫调,然后用现存几种诸宫调的开头及《风月紫云亭》的唱词,进一步证明"诸宫调"作为一种长期"丢失"的文体曾经与平话戏文同样流行的事实:

> "诸宫调"这种新文体,必定是在南宋、金、元的百数十年间,成了民间的甚为流行而爱好的一种通俗的文体无疑。其题材自"铁骑儿""朴刀杆棒"以至于"雪月风花""倚翠偷期话",无所不

---

① 谢无量:《中国大文学史》,其书内容几于经史子集以及戏曲小说无所不包,然并无"弹词"一类:第四编"近古文学史"第十六章为宋之词曲小说,第二十三章为明之戏曲小说。第五编"近世文学史"第四章为清代之戏曲小说。中华书局,1918年版。

② 谭正璧:《中国女性文学史》,百花文艺出版社,重印1930年版。

③ 李家瑞:《说弹词》,商务印书馆,1936年版。

④ 如阿英的《弹词小说评考》(1937年版)、赵景深的《〈弹词选〉导言》(1937年版)、陈汝衡的《说书史话》(1958年版)、谭正璧的《弹词叙录》(1981年版)、《弹词通考》(1981年版)等,都屡有引及郑振铎的弹词观点。

⑤ 龙建国:《关于二十世纪诸宫调的整理与研究》,《文学评论》,2003年第6期。

有,其篇幅则往往是长篇巨轴,和说"词话"之仅以一"话"为一日之谈资者不同。歌唱诸宫调的人们也成了一种专一的职业,与演剧的团体、说书的先生们有鼎足而三分当时的文坛之势。①

这段论述,既肯定了"诸宫调"的文体独立性及在文学史上应占的地位,又点出其题材"无所不有"、篇幅"长篇巨轴"的特色,尤其难能可贵的是,它还以《风月紫云亭》言"做场养老小"及"冲州撞府"等语,推断其演唱者与演唱形式为专职与流动卖艺。

接下来郑振铎又排列对比了"变文"与"诸宫调"韵散结合文体的异同,他发现二者体裁是极为相似的,所不同者惟"变文"用的是七言或六言的唱句,而"诸宫调"用的则是当时流行入乐的歌词。因此他大胆论定诸宫调的祖祢即"变文",这一论点基本为学界所认同②。然后他勾稽史料,重点论述了诸宫调的音乐结构——"宫调""曲调""套数的编组法式"与"尾声"。与王国维《曲录》一样,因诸宫调这演唱底本与演唱方式的散佚,故只能据史料推测。经过对比《宋史·乐志》及《辍耕录》,郑振铎发现其宫调虽与宋教坊之十八调有所出入,但与元杂剧之"调"还是大有不同,更为"近古"。而据现存曲调名称与数目统计,其来源主要是唐燕乐大曲、宋教坊大曲、流行歌曲、创作及其他。罗列了若干宫调曲调之后,郑振铎又对套数的组合进行了比较分析,发现它与"唱赚"之间有着很值得注意的联系。由于"唱赚"本身已佚,其产生时代与式样已很难确考,郑振铎只能带着疑问的语气赞叹诸宫调的作者们,"往往取宋杂剧的'断送';取唱赚的'赚';取大曲的'滚'与'遍'与'实催'等等而自行铸造一种新声的套数出来。在使用缠达的方式时,也往往有所变异"③。

当然,作为文学研究者,郑振铎的长处还是论述诸宫调的曲文:"诸宫调给予我们比制作了若干歌调,创造若干大曲更为伟大的一个贡献",就是"取了若干套不同宫调的套数,连续起来歌咏一件故事"。这种作为"文体"的曲文,才是"上承变文,下开弹词"的重要证

---

① 郑振铎:《宋金元诸宫调考》,《郑振铎全集》(第五卷),花山文艺出版社,1998年版,第20页。
② 如冯沅君《天宝遗事辑本题记》,即言诸宫调是种有曲、有白、可说、可唱的作品,"上承变文,下开弹词",见《古剧说汇》,商务印书馆,1947年版,第232页。
③ 郑振铎:《宋金元诸宫调考》,《郑振铎全集》(第三卷),花山文艺出版社,1998年版,第55页。

据。郑振铎用现存的弹词演唱情形遥想当年诸宫调的说唱情形,并以元人戏文《张协状元》为参证,连紧要关头故作惊人叙述的细节都不放过:这种故意惊人的文笔,也有时时使用的必要。听众于此或特感兴趣吧。接下来的五节,郑振铎所述均为诸宫调的故事情节,这是他所擅长的。只是现存者仅三种,其余十九种仅能从目录中知其大概。但无论如何,他还是首次详细叙录了所知的十九种可确定为"诸宫调"的作品,并充分肯定其给予元杂剧和弹词鼓词的启示和影响:

> 诸宫调的影响,在后来是极伟大的:一方面把"变文"的讲唱的体裁,改变了一个方向,那便是不袭用"梵呗"的旧音,而改用了当时流行的歌曲来作弹唱的本身……就文体演进的自然的趋势看来,从宋的大曲或宋的"杂剧词"而演进到元的"杂剧",这其间必得经过宋、金诸宫调的一个阶段。

> 诸宫调是由一个人弹唱到底的,有如今日流行的弹词鼓词。①

## 第三节　民间故事研究

相比变文、诸宫调等极具学术意味的专题研究,郑振铎的民间故事研究只能算是零星不成系统的感悟。但他关注民间故事为时甚早,在钟敬文、赵景深等学者还未成为"民间故事研究专家"之前,郑振铎就注意到国外的神话传说与童话故事,并且留意到了研究民间故事的不同学派。1921年,他在《时事新报》副刊首开"儿童文学"专栏,为筹办《儿童世界》作准备。其中的重要内容便是故事与童话。1923年接手《小说月报》后,国外童话作品被日渐译述过来,童话作家安徒生还受到了与诺贝尔文学奖得主同样地位的重视,从1925年《小说月报》为之出版《安徒生专号》就可见一斑。郑振铎关于民间故事的理论叙述不多,对故事本身的译述却可谓洋洋大观,计有《高加索民间故事》(1925)、《希腊罗马神话与传说中的恋爱故事》(1929)、《希腊神话与英

---

① 郑振铎:《宋金元诸宫调考》,《郑振铎全集》(第三卷),花山文艺出版社,1998年版,第127页。

雄传说》(1934)、印度寓言、莱森寓言、高加索寓言、克鲁洛夫寓言及多篇童话等。此外,他还翻译过英国柯克士的《民俗学浅说》,其中第六章即为《神话民间故事等》。

郑振铎关于中国古代民间故事的论述,除散见于文学史中的零星描述外,主要是《民间故事的巧合与转变》《螺壳中之女郎》《中山狼故事之变异》《榨牛奶的女郎》《韩湘子》诸文。虽只寥寥几篇,其成就却足为民间文学研究者所铭记①,其贡献主要在于:

1.关注民间故事的世界性与跨文化特征。早在《文学的统一观》里,郑振铎就主张过文学“决不宜为地域或时代的见解所限”②,何况民间故事本身就有着惊人的跨文化特征:“相同的神话、故事与传说,每在各地流行着。”③这正好可以很好地印证郑振铎的“文学统一”世界观。所以,他每每述及中国民间故事之类型的时候,总忘不了将眼光投向世界,去追寻不同时空环境下惊人的巧合:

> 《孝子董永》叙董永行孝事……这大约是一个很古远的民间传说,和流行于世界最广的“鹅女郎”型的故事是很相同的。④
>
> 所罗门与包拯……中国的故事,与古犹太的故事的相同,究竟是巧合呢? 还是转变?⑤

2.关注民间故事的同源或类型。19世纪后,“比较神话学”曾风靡一时,其理论基础即古代并不相通的世界各地,竟有着极为相似的传说故事,因此他们提倡“故事的阿利安来源说”。此说虽后来被人类学派的研究者所嗤笑,但它的“比较”方法为神话研究者提供了门径。这种比较全世界民间故事的结果便是发现了故事的若干类型(或称母题)。郑振铎并不赞同“比较神话学”,却也不盲从人类学派的神话学,

---

① 如陈建宪、林继富著:《中国民俗通志·民间文学志》(上)云:“一大批像钟敬文先生这样优秀的知识分子,开始重新审视我们民族的文化遗产……其中,周作人、刘半农、顾颉刚、郑振铎、闻一多等人在这个领域都取得了令人瞩目的成就。”(山东教育出版社,2005年版,第180页。)

② 郑振铎:《文学的统一观》,《郑振铎全集》(第十五卷),花山文艺出版社,1998年版,第142页。

③ 郑振铎:《民间故事的巧合与转变》,《郑振铎全集》(第五卷),花山文艺出版社,1998年版,第264页。

④ 郑振铎:《插图本中国文学史》,《郑振铎全集》(第八卷),花山文艺出版社,1998年版,第420页。

⑤ 郑振铎:《民间故事的巧合与转变》,《郑振铎全集》(第三卷),花山文艺出版社,1998年版,第266页。

他认为神话与故事往往有着同源而蜕化的流传特点:"一个民间口头传说,流传了数百年乃至千把年,流传到邻近的地区,乃至很远的地区,是十分可能的。"①虽然他并没有如钟敬文一样总结出中国民间故事的型式,然其《螺壳中之女郎》《榨牛奶的女郎》等明显是要唤起读者对于故事类型的注意:"在许多愚蠢人所闹的笑话趣事之中,有一个型式,差不多是普及于全个世界的。"②

3.关注民间故事在流传过程中的转变。郑振铎曾经研究过小说的演化,以之观照同样具备流传性质的民间故事,自然也会关心其流传的过程与转变。他发现韩湘子故事在民间盛传已久,但他之"度韩公",却从刘斧《青琐高议》到雉衡山人《韩湘子》,再到无名氏《韩湘子度韩公》,故事愈转变愈繁复,也愈近于俗套的小说传奇。因此,他相信民间故事也有一个"层累"的再创造过程。再如"中山狼"类型的故事,他将中国戏曲小说中的"中山狼"故事与《列那狐的历史》《潘约的故事》《西伯利亚故事》《高丽的神仙故事》《挪威民间故事》对比,列出五个相似类型:这个故事的程序,不外如此,不过故事中的人物略有不同而已。他的目的是要提醒读者,注意其中的类似与变异:"把中国各地传说依同样的方法去研究其根源与变异,那不也是一件很伟大、很有趣并且很有意义的工作么?"③这件伟大、有趣且很有意义的工作,后来在钟敬文《中国民间故事的型式》中得到了实现。

总之,郑振铎研究讲唱文学及民间故事,在文献搜集刊布、提出定义、探索文体特点及对后世文学影响等方面都有着独创性贡献,其首倡之功不可磨灭:他第一次为"变文"研究争得了独立的学术地位,将原本仅仅视为宗教材料的敦煌"变文"写本纳入了文学研究的范畴;首次将诸宫调作为一种文体进行综合考察,为探究中国戏曲的起源提供了有力佐证;第一次发表弹词目录,为保存讲唱文学材料作出了表率;等等。他总是不忘把这些尚少重视的资料放到中国文学发展的长河中去判断其价值,颇具文学史的全局眼光。当然,身处现代研究刚刚起步的20世纪20年代,他的研究不可避免地带有时代的局限性。从他最初发表的《敦煌的俗文学》及《佛曲俗文与变文》,到后来写入《插

---

① 郑振铎:《螺壳中之女郎》,《郑振铎全集》(第三卷),花山文艺出版社,1998年版,第269页。
② 郑振铎:《榨牛奶的女郎》,《郑振铎全集》(第三卷),花山文艺出版社,1998年版,第273页。
③ 郑振铎:《中山狼故事之变异》,《郑振铎全集》(第三卷),花山文艺出版社,1998年版,第271页。

图本中国文学史》中的专章《变文的出现》，再到《中国俗文学史》中的长篇章节《变文》，他的观点亦屡有修正。后来的敦煌俗文学研究者，在资料搜集上远比郑振铎具有优势，在内容与体制的分析上更具立论依据，但研究者多埋首于残卷的文献整理，更着力于字义的训诂和校释，更重视变文的基础性外部研究，如潘重规继王重民之后编辑汇集成《敦煌变文新书》，常书鸿有《敦煌变文字义通释》，蒋礼鸿有同名之作，黄征、张涌泉有《敦煌变文校注》，项楚有《敦煌变文选注》(上下册)。而于变文文学体式的内容研究，反而融在整个俗文学研究里面没有再独立出来(如张锡厚的《敦煌文学》就将取得独立学术地位的变文纳入敦煌文学之内予以考察)。因此，尽管郑振铎许多论断在今天看来过于草率，其对变文、诸宫调及弹词等研究对象不乏过誉之处，许多关于授受源流和论断也过于夸张与绝对，但是不可否认，他对以"变文"为中心之讲唱文学资料的整理与甄别，对其文体特征的探讨，以及文体之间渊源流变关系的勾勒与描述，还是给后来者诸多启示，也为文体学研究打下了基础，同时具备了现象描述与范畴架构两方面的价值。

# 第四节　词曲研究

郑振铎虽爱读诗词，自己也曾做过许多新体诗，然其诗词研究却算不得强项。但他关于词曲的论文并不在少数，尤其是当年发表于《小说月报》补白处的"读书杂记"小文，曾广受读者欢迎。此处将诗、词、曲一并论之，不仅因为他在自编《中国文学研究》时曾将其置于同类，而且它们确实有着内在的相关性：即均被郑振铎视为带"民间"性的活泼的歌谣。

郑振铎论及词曲的文章，主要收于《中国文学研究》与《中国古典文学文论》，言词曲者有《跋图书集成词曲部》《跋嘉靖本篆文阳春白雪》《盛世新声与词林摘艳》《明代的时曲》《跋挂枝儿》《跋山歌》《白雪遗音选序》，论诗词的则有《中国古典文学中的诗歌传统》《孔雀东南飞》《葬花词》《中晚唐诗纪》《王若虚的文学评论》《王若虚论诗》《郑厚论次韵诗》《纳兰容若论步韵诗》《纳兰容若论诗》《碧鸡漫志》《"词"的存在问题》《词与词话》《李后主词》《李清照》《孟姜女》等(其中为"读书杂记"里的简短介绍者,此处略去不论)。

首先是对时曲的重视与研究。什么是"时曲"? 语出明人,即非出于文人学士的创作,凡"不登大雅之堂"的民间诗歌①,主要是明清俗曲。郑振铎不但是"提倡搜集和研究俗曲的第一人",而且是明清俗曲研究的重要拓荒者。其贡献主要在于率先搜集整理并出版了一些明清的俗曲集,并从俗文学史的角度对其发展作了初步勾勒,肯定其文学史价值,其论析也从思想内容、艺术特色入手,多精辟之论,足为后来者所借鉴。他收藏的多种明清俗曲集,许多是极为少见的珍贵本子:

> 明末刊本《山歌》十卷,明冯梦龙辑,四册。
> 清刊本《霓裳续谱》八卷,清王廷绍辑,四册。
> 清刊本《霓裳续谱》八卷附一卷,清王廷绍辑,九册。
> 清道光八年刊本《白雪遗音》四卷,清华广生辑,八册。
> 清道光刊本《粤讴》一卷,清招子庸撰,一册。
> 清钞本《粤讴》一卷,一册。
> 刊本《新粤讴解心》三卷,题珠海梦余生撰,一册。
> 清光绪三年涂定中刊本《训俗外编》一卷,清黄云鹄撰,一册。
> 联理枝馆刊本《骈枝生踏歌》二卷,卜曙辑,二册。
> 清钞本《剧本》,不分卷,二十二册。

郑振铎不但收藏俗曲集,而且将珍本选刊出版,以期引起藏界与研究界的重视。如《阳春白雪》,他收集到明嘉靖间宗室高唐王刊本,即跋曰:"明刊词集最少。《阳春白雪》在朱彝尊编《词综》时已不可得。以篆文写之'诗馀',尤为绝无仅有。"②然后将此跋发表于《鉴赏周刊》,后来又选辑出版,并高度评价其艺术价值:

> 此书的价值实较所有无病而呻的古典派无生命的诗集、词集高明得多多。虽然也许有一部分不大好的东西,然一大部分却可

---

① 郑振铎:《明代的时曲》,《郑振铎全集》(第五卷),花山文艺出版社,1998年版,第177页。
② 郑振铎:《跋嘉靖本篆文阳春白雪》,《郑振铎全集》(第五卷),花山文艺出版社,1998年版,第10页。

算是好的，实实的，不下于《读曲歌》《子夜歌》，不下于《国风》里的好诗。①

郑振铎向来重视文学作品对于"真实思想与情感"的表现："好的诗词，情感必真挚，词采必美丽。"②他还抱怨中国文学里真挚的作品少："他们为游戏而作，为应酬而作，多半是无病而呻的作品，其真为诚实的诗人，真有迫欲吐出的情绪而写之于纸上者，千百人中，不过三四人而已。"③明人时曲能得以与"子夜歌"甚至《诗经》"国风"相提并论，主要原因就在于它们表现了民间的真性情："像这一类由真性情中流出的，无虚饰，无做作的诗，乃算是真的诗，好的诗"。他引凌濛初《论曲杂札》语，也认为流行于民间的时曲，"有胜于陈陈相因，毫无生气的文人的散曲"。但赤裸裸的"真性情"有时却令文明人无法堂堂正正地直视，与后来汪静之的续选相比，郑振铎还没有勇气将其全部付印，只能选择其中的一部分刊印出来：

第一，原书中猥亵的情歌，我们没有勇气去印；第二，许多故事诗，许多滑稽诗，许多小剧本，在考证上尽有许多用处，然却没有什么文艺的价值。④

可见，郑振铎虽无勇气全文付印，也否定其中某些作品的"文艺价值"，却从文献角度肯定了这些民间时曲自身的价值。后来他又得到了冯梦龙编选的《挂枝儿》与《童痴二弄·山歌》，俱将其付印，并进一步肯定了这些恋歌的艺术特色："一方面具有民间恋歌中所特有的明白如话，质朴可爱，而又美秀动人的风趣，一方面又蕴着似浅近而实恳挚，似直捷而实曲折，亿粗野而实细腻，似素质而实绮丽的情调。"⑤

郑振铎不仅评价时曲之艺术特色，还为时曲的发展勾勒了一个初步的发展轨迹。他从迄今所见最早的明代俗曲——成化刊本《四季五更驻云飞》等四种，窥见到了明代时曲的早期面目。到了正德刊本《盛

① 郑振铎：《白雪遗音选序》，《郑振铎全集》（第五卷），花山文艺出版社，1998年版，第196页。
② 郑振铎：《李后主词》，《郑振铎全集》（第六卷），花山文艺出版社，1998年版，第169页。
③ 郑振铎：《李清照》，《郑振铎全集》（第六卷），花山文艺出版社，1998年版，第170页。
④ 郑振铎：《白雪遗音选序》，《郑振铎全集》（第五卷），花山文艺出版社，1998年版，第197页。
⑤ 郑振铎：《跋挂枝儿》，《郑振铎全集》（第五卷），花山文艺出版社，1998年版，第184页。

世新声》及嘉靖刊本《词林摘艳》与《雍熙乐府》时,就开始出现了文人学士的改造痕迹了。在《盛世新声与词林摘艳》一文里,郑振铎详细比较了二集的不同版本,尤其是将之与后出之《南北九宫词》及《万花集》对校,列出了其先后增删的词调数目,从中得出"新调"与增入曲子的情况,并肯定了张禄改订《盛世新声》为《词林摘艳》的功绩,"最有功者为加注作者姓氏及杂剧戏文名目"①,予后人诸多启示。而到了万历刊本《玉谷调簧》,则多首时尚古人劈破玉歌,以歌咏"传奇",可见民间俗曲经文人学士之手后的艺术水准之高。总之,他为后人提供了一种纵向比较研究明清俗曲的思路,其评价基本奠定了明清俗曲研究的基础,"后人多是祖述他的观点或稍加发挥或从其尚未涉及的角度论述而已,迄今为止几乎没人敢于与他唱反调"②。

其次是探索词的起源。这是郑振铎备受吴世昌质疑的地方。其实郑振铎关于词之起源的认识是一个不断修正变化的过程。最早在1929年发表于《小说月报》的《词的启源》,他郑重声明"词与五七言诗之间是不发生什么关系的",认为"词乃是六朝乐府的后身,却不是五七言的代替者"③,在《插图本中国文学史》里他仍持相同观点,即"词非诗馀":

> 论者每以"词"为"诗馀"……其实不然。词和诗并不是子母的关系。词是唐代可歌的新声的总称。这新声中,也有可以五七言诗体来歌唱的。但五七言的固定的句法,万难控御一切的新声。故崭新的长短句便不得不应运而生。长短句的产生是自然的进展……皆非有一成之律以为范也。④

反对将词的产生与已成熟之律诗拉上关系,其实是要着重标举词的"民间"与"外来"来历,故吴世昌讥其为词找"外国爸爸"。不过到了1936年,郑振铎《短剑集》所收《"词"的存在问题》,则已将观点修正为"词是可歌唱的诗",此后他一直称词为"诗的一种体裁",将

① 郑振铎:《盛世新声与词林摘艳》,《郑振铎全集》(第五卷),花山文艺出版社,1998年版,第160页。
② 李秋菊:《郑振铎对明清俗曲研究的贡献》,《古典文学知识》,2006年第4期。
③ 郑振铎:《词的启源》,《小说月报》,1929年第4期,此作为预计中的《中国文学史》中世卷,与后来收入《插图本中国文学史》的并不全同。
④ 郑振铎:《插图本中国文学史》,《郑振铎全集》(第八卷),花山文艺出版社,1998年版,第391页。

"非诗馀"解释为"不是余兴"。因此,我们现在见到的《插图本中国文学史》经过了1957年作者亲自修改,词的起源已不再有"外国爸爸"的痕迹了。

# 余 论

20世纪初社会与思想界的大动荡,为这个时代学者的研究领域与思维方式带来了崭新的视野与机遇。他们在西学东渐中思考如何将古代文学遗产与外来研究方法对接,并在不同视角下重新审视。他们在中外文艺史、语言学、版本目录学、考古学和民俗神话学等领域一方面给新的文学提供成长营养,一方面重新梳理、审查中国传统文化。这些努力为学术观念和研究方法的现代转型作出了大胆尝试,并在古代文学各领域取得了有别于清儒"朴学"的开拓性成就。其中俗文学研究的蓬勃兴起尤为引人注目,他们借着文学革命的契机,以"白话、通俗、民间"的视角观照古代文学,发现了很多被忽视的材料与研究领域。以郑振铎、赵景深为代表的"俗文学派",在20世纪30年代到40年代末,掀起了俗文学研究的高潮。他们的研究对象除了狭隘的民间文学如神话、故事、歌谣、谚语、俗语等之外,还包括了历史上曾在民间口头流传后来有了书面文本的戏曲、变文、弹词、鼓词、宝卷等。他们吸收了西方人类学派民俗学的理论和方法如比较研究、类型研究等,后来又回归到文学的比较考证与内容的社会分析,为古代文学中曾被排斥于正统文学之外的文学样式争得了一席之地,甚至发扬光大以至最终改变了后来的文学研究格局。

# 结　语

　　作为20世纪的文化学者或是文学研究者,郑振铎是一个独特的存在:他本应该在铁路学校毕业后去当一个列车挂钩员,却因为兴趣而闯入文坛;他只是一个文学杂志编辑及新文学作者,却醉心于整理旧文学和收藏古籍;他在古典文学研究领域成就斐然之时,却转而潜心于艺术史与文物考古,并担任新中国成立后第一任文物局局长与文化部副部长……他藏书、治学、为官,均游刃有余,是一个难得的多面手,"不论在诗歌、戏曲、散文、美术、考古、历史方面,不论在创作和翻译方面,不论是介绍世界文学名著或整理民族文化遗产方面",他都作出了"平常一个人所很少能作到的那么多的贡献"[1]。正如端木蕻良所说:"中国要是有所谓'百科全书'派的话,那么,西谛先生就是最卓越的一个。"[2]

　　"百科全书"之谓,既是对郑振铎治学范围之广与著作之多的精确概括,又恰如其分地点出了他治学最大的特点:像百科全书一样,气魄宏伟、面面俱到,以至有学者评其"成名虽早,影响也大,可是一般对他的成就却看法不一"[3]。诚然,正如体育比赛有单项也有全能一样,郑振铎就是当之无愧的"全能"高手。他的独特性与典型性,恰恰体现在跨越学科与研究领域之限的"全能"上。作为后学者,焉能以其未臻成熟之瑕而掩其提纲挈领之瑜呢? 这一点,作为郑振铎朋友的周予同先生可算其知音,他是深为理解其"全能"型的学术活动的,其言可为郑振铎"现代学术史"地位之确评:

---

　　① 胡愈之:《哭振铎》,原载于《光明日报》1958年11月1日,上海鲁迅纪念馆编《郑振铎纪念集》,上海社会科学院出版社,2008年版,第24页。

　　② 端木蕻良:《追思——西谛先生逝世二十周年纪念》,原载于《北京日报》1978年11月12日,上海鲁迅纪念馆编《郑振铎纪念集》,上海社会科学院出版社,2008年版,第24页。

　　③ 苏精:《郑振铎玄览堂》,《近代藏书三十家》,中华书局,2009年版,第188页。

　　振铎兄治学的范围是辽广的,也是多变的。他从五四运动前后起,由接受社会主义思想而翻译东欧文学,而创作小说,抒写杂文,而整理中国古典文学,而探究中国古代文物。概括地说,他的学术范围包括着文学、史学和考古学,而以中国文学史的研究为他毕生精力所在。但他的精力异常充沛,好像溢满出来似的,学术部门实在圈不住它。①

　　正因为学术部门"圈不住"他,过细过专的讨论总是显得有点隔靴搔痒。对郑振铎来说,学术研究没有领域之分与学科之限,窥一隅而知全貌实在不足以概括他治学的全部。不过,囿于学识所限,后来者已很难再有当年郑振铎那样的学术素养与博大眼界,只能做到就事论事,难以兼及其余。因此,总结郑振铎的治学特点,势必从全能角度去分析他一贯的学术意识与独特个性。

# 一、"百科全书"——整体化研究思路

　　20世纪20年代,在"整理国故"声势日隆之时,郑振铎第一个提出了"整理旧文学",并敢于就此"复杂与重大"的问题展开思考。在其一系列关于古代文学研究的设想性文章中,"整理"是被提及最多的一个词,而"整理"的目的,是为了"重新估定或发现中国文学的价值"②。其一生学术研究,概括说来,功绩主要在于致力中国文化典籍的保存与刊布,以及在此基础上的"重新估定或发现中国文学的价值"。确立新的文学观念,摆脱传统思维方式的束缚,采用全新的科学方法,使研究具备完整的理论体系,从而与现代世界学术接轨——这就是郑振铎给予中国现代人文学术史的重要贡献。在中国学术研究现代化的进程中,王国维、梁启超等开启了学术的重建之路,鲁迅与胡适则无论从方法还是成果看都是传统与现代兼具。直到"五四"的学生辈如顾颉刚、郑振铎、朱自清等成长起来,通过他们的"整理"与"重估",各学科才真正确立现代研究范式,并逐渐形成新的学术传统。

　　中国文学需要整理,其源起是"文学观念"的革新。中国之"文"历

---

　　①周予同:《序》,转引自郑振铎《郑振铎全集》(第三卷),花山文艺出版社,1998年版,第573页。
　　②郑振铎:《新文学之建设与国故之新研究》,《郑振铎全集》(第三卷),花山文艺出版社,1998年版,第438页。

史悠久且杰作众多,但"文学"观念却是晚清才由国外输入的。以国外输入之"文学"理论反观数千年的中国之"文",研究者惊讶地发现:"原来中国人所崇的'文',并不是'文学'的'文',乃是所谓'六经之道',为帝王保守地位的'文'。"①于是,革新文学观念,廓清文学范围成为当务之急,"整理"势在必行。郑振铎对"整理"中国文学的表述,既包括早年的总体设想,如《整理中国文学的提议》《新文学之建设与国故之新研究》《研究中国文学的新途径》,也包括后来的具体实施步骤,如《标点古书与提倡旧文学》《整理古书的建议》《向翻印"古书"者提议》等,其思路严密清晰且具有很强的可操作性:

就范围而言,他的"整理"既包括诗歌、杂剧传奇、长篇小说、短篇小说等公认为纯文学的作品,也包括笔记小说、史书传记、论文、文学批评及杂著等杂文学作品,与今天我们约定俗成的"文学"观念相差无几。唯一不同的是将文学批评与文学作品不再混为一谈。就内容而论,他"整理"的对象既有已被历代目录载入并能见诸经、史、子、集的古代作品,还包括许多"未经垦殖的大荒原":辞书、类书及散落民间的变文、弹词、鼓词、皮黄戏本、粤讴吴歌等,"任取一种研究之,都可以开辟出一个新天地来,为文学史增添不少的记载材料,为中国文库增添了不少的珠玑珍宝"②,这为现代研究者开了很多新的法门。就步骤来说,郑振铎因其搜集与刊布的丰富经验而特具可操作性。他给古书整理设定的三个阶段,可说是今天的文献整理者依然在努力的过程:第一,选择最好的,即最正确、最可靠的本子,加以标点(或句读),并分别章节,加以必要的校勘,附以索引。第二,把那些重要的古书,凡是有"注"的,或别的书里注释或说明它的一篇一章、一节一语的,或批评到它的某一篇、某一句的文章,全部搜集在一起,作为"集注"。第三,进一步作"新注",即新的解释和研究③。这几乎已经涵盖了现代古籍整理的所有方面,是一切古代文学研究的基础,也是郑振铎多年文献整理实践的经验之谈。

"整理"不过是郑振铎研究古代文学的起点与手段,其终极目的是

---

① 郑振铎:《整理中国文学的提议》,《郑振铎全集》(第六卷),花山文艺出版社,1998年版,第1页。

② 郑振铎:《研究中国文学的新途径》,《郑振铎全集》(第五卷),花山文艺出版社,1998年版,第301页。

③ 郑振铎:《整理古书的建议》,《郑振铎全集》(第三卷),花山文艺出版社,1998年版,第363—365页。

"重估与发现"新的文学价值,进而为建设"新文学"服务。通过整理,改变传统的文体尊卑观念,打破正统与非正统的隔阂,用"文学"的眼光去审视作品的本来面目:"我们须以诚挚求真的态度,去发见没有人开发过的文学的旧园地。我们应以采用已公认的文学原理与关于文学批评的有力言论,来研究中国文学的源流与发展。"[①]当然,郑振铎并非徒以欧美言论相附会的空疏研究者,而是有着具体的规划与切实想法:

中国文学的整理,现在刚在开始之时,立刻便要做全部的整理功夫,似乎野心太大了些。最好是先有局部的研究,然后再进而为全体的研究,才能精密而详确。局部的研究可分为:(一)一部作品的研究,(二)一个作家的研究,(三)一个时代的研究,(四)一个派别的研究,(五)一种体裁的研究。但这种局部研究,有时也要关涉全体的[②]。

虽然郑振铎自认为立刻要做全部的整理功夫时机还不成熟,但在十年之后,他却真的着手做了一件欲指示读者们以中国文学的整个发展的过程的整体性工作——编著《文学大纲》与撰写《插图本中国文学史》。《文学大纲》涉及范围虽空前之广,却因本自国外著作而并未惹来多少非议。《插图本中国文学史》则难逃学者的指责了:胡云翼、夏承焘都曾表示不同意其关于词的论述,向达等学者则不苟同其变文乃戏曲小说之源的说法,特别是吴世昌,更是言辞激烈地声明:"在各时代的断代文学史没有完备以前,我相信,决不会有像样的整部文学史出现。"[③]平心而论,郑振铎确实在俗文学研究领域得心应手,但由于他带着"建设新文学"的功利性目的,于旧体诗、词、文等方面就难免带有一点"士大夫文学"不如"民间文学"生鲜活泼的先入成见,其论述固难以摆脱"尊俗贬雅""重民间文学轻作家文学"的总趋向,有时甚至所论较为极端。而且,在古代文学研究正在进行现代转型的20世纪前期,各作品、作家以及时代、派别与体裁的"局部研究"尚不完备深入,郑振铎的文学通史自然也会留下许多未尽如人意的地方。

不过,文学史的撰成,也证明了郑振铎关于中国古代文学研究不

---

　　① 郑振铎:《新文学之建设与国故之新研究》,《郑振铎全集》(第三卷),花山文艺出版社,1998年版,第439页。

　　② 郑振铎:《整理中国文学的提议》,《郑振铎全集》(第六卷),花山文艺出版社,1998年版,第9页。

　　③ 吴世昌:《评郑振铎著〈插图本中国文学史〉第二册》,原载于《新月》,1933年3月第4卷第6期,《吴世昌全集》(第2册第二卷文史杂著),河北教育出版社,2002年版,第55页。

仅有着明确而整体的思路,而且有着罕有人匹的实践过程。纵观他一生的学术活动,藏书搜集与文学史撰写及各专题研究,可说均为"整理"与"重估"思路的实践。其整理范围、内容及步骤的设想,为古代文学学科建设奠定了坚实基础,也为古典文献研究指明了方向。此一思路提纲挈领,贡献不可磨灭。他在具体操作中的经验与不足也值得后来者珍惜。

## 二、"恃孤本秘笈"——藏书家式研究材料

作为一位走在时代潮流前列的文学活动者,郑振铎的知识结构与前辈学者不同。他常自称旧学功底不够,自谦其文学研究为盲人骑瞎马似的"无师自通"的研究,研究古典文学只能算是半路出家。一方面其文学研究的侧重点主要倾向于似乎不需要深厚旧学功底的小说、戏曲等通俗文学领域,其治学兴趣是始终关注通俗文学与艺术:"招兵买马(此同人戏语),集群俑于一室;俗曲木刻,尊小艺为上乘。"[①]另一方面,他长期担任报刊编辑,其研究方法与学术理念的选择均有着独特的"传媒"印记,故其研究成果中渗透着显而易见的"普及"意识。同时,作为亲历"五四"的一代学者,时代文化的浸染亦深刻影响到了他的治学思想。他秉着"文学就是文学,不是为娱乐的目的而作之而读之,也不是为宣传、为教训的目的而作之,而读之"[②]的严肃态度,倡导切实的研究,摒弃空疏的言论。主张采用"公认的文学原理与关于文学批评的有力言论,来研究中国文学的源流与发展"[③]。他无古今中外与文体尊卑之别的文学观念及广泛的研究兴趣,使其研究领域与取得的成就令后人难以企及。

(一)藏书与整理。郑振铎一生藏书几万种,经战乱播迁,劫余之后尚存17 000余种,其中线装书现存7 740种。这其中最为学界瞩目的是其俗文学文献的收藏,几经聚散,尚余小说家类94种,通俗小说类682种,曲类667种,弹词鼓词类289种,宝卷类91种。郑振铎的藏书目录与成就,主要见诸国家图书馆专为其藏书编的《西谛藏书善本

① 郭绍虞:《题方行同志藏振铎书定盦"狂胪文献耗中年"句墨迹》,上海鲁迅纪念馆编《郑振铎纪念集》,上海社会科学出版社,2008年版,第152页。

② 郑振铎:《新文学观的建设》,《郑振铎全集》(第三卷),花山文艺出版社,1998年版,第435页。

③ 郑振铎:《新文学之建设与国故之新研究》,《郑振铎全集》(第三卷),花山文艺出版社,1998年版,第439页。

图录》①《求书日录》《劫中得书记》《漫步书林》及《西谛书跋》《郑振铎古典文学论文集》《郑振铎日记全编》②等书中涉及藏书而未见于《郑振铎全集》者。

（二）戏曲、小说研究。郑振铎的戏曲、小说研究是其中国文学研究中最具学术特色的成果，既包括对小说、戏曲文献的整理，也包括对具体小说、戏曲文本的深入研究。其中小说研究成果主要有《中国古典文学中的小说传统》《中国小说的分类及其演化的趋势》《宋元明小说的演进》《水浒传的演化》《水浒传的续书》《三国演义的演化》《谈金瓶梅词话》《西游记的演化》《岳传的演化》《中国通俗小说书目序》《中国小说史料序》等；戏曲研究成果主要包括《中国古典文学中的戏曲传统》《中国的戏曲集》《中国戏曲的选本》《关于中国戏曲研究的书籍》《论关汉卿的杂剧》《马致远的杂剧》《元代"公案剧"产生的原因及其特质》《论元人所写商人、士子、妓女间的三角恋爱剧》《论北剧的楔子》《中国戏曲史资料的新损失与新发现》《钞本百中传奇的发现》等。主要见于《郑振铎全集》（第四卷"中国文学研究"）与《郑振铎全集》（第六卷"中国古典文学文论"）。

（三）俗文学研究。郑振铎古典文学研究的侧重点就是俗文学，他不仅收藏与关注俗文学文本最多，还撰著了第一部《中国俗文学史》。当然，他的俗文学概念比较宽泛，包括了戏曲、小说、散曲、变文、宝卷、诸宫调、弹词、鼓词、民歌等。郑振铎的小说、戏曲研究具有承上启下的学术地位，因此本书另列专章说明，此处所言俗文学的主要研究成果为《宋金元诸宫调考》《元明以来女曲家考略》《佛曲俗文学与变文》《佛曲叙录》《从变文到弹词》《民间故事的巧合与转变》《论武侠小说》《蝴蝶的文学》等，散见于《郑振铎全集》（第六卷"中国古典文学文论"）与《中国俗文学史》中。

（四）古史神话及其他研究。郑振铎采用弗雷泽人类学方法尝试的古史与传说研究，包括《汤祷篇》《玄鸟篇》《黄鸟篇》《释讳篇》《伐檀

---

① 据《西谛书目·编例》，该书目所收，仅限西谛藏书中的线装书。外文书拟另编专目（至今未见）。通行常见的旧版书和新版书，均未编入。见国家图书馆古籍馆编《西谛藏书善本图录》，中华书局，2008年版，附录第9页。

② 《求书日录》《劫中得书记》《漫步书林》已收入《郑振铎全集》，花山文艺出版社，1998年版。其他为：郑振铎撰、吴晓铃整理《西谛书跋》，文物出版社，1998年版；郑振铎《郑振铎古典文学论文集》，上海古籍出版社，1984年版；郑振铎著、陈福康整理《郑振铎日记全编》，山西古籍出版社，2006年版。

篇》《作俑篇》。其中前5篇论文以1957年6月古典文学出版社版为底本，前有周予同序，经郑振铎亲自审定已收入《郑振铎全集》（第三卷），另有《作俑篇》发表于1946年马叙伦所编《昌言》创刊号，尚未收入《郑振铎全集》。其他则包括诗经研究、楚辞研究、文话研究等。

（五）文学史研究。郑振铎共撰有三部通史——《文学大纲》《插图本中国文学史》与《中国俗文学史》。其中《插图本中国文学史》最受关注也最为重要。《插图本中国文学史》中世卷各章最初曾载于《小说月报》1928—1930年，后由上海商务印书馆出版单行本，仅收五章尚未出齐即遭日军轰炸毁版。1932年北平朴社出版了全本《中国文学史》，目录计划写至20世纪，实则仅及于明末戏曲即未再续，内容亦作较大改动，1957年经郑振铎补写四章后作家出版社再版，并附插图174幅。此外，还包括郑振铎关于中国文学史撰著的诸多思考如《整理中国文学的提议》《评Giles的中国文学史》《我的一个要求》《中国文学的发展》《中国文学史的分期问题》《研究中国文学的新途径》等。

站在信息化发展已得到普及的今天，郑振铎在手写时代的研究成果令人钦佩。他独特的学术研究经历（从编辑创作跨入学术界）和研究方法（以丰富的个人藏书为研究之基），是研究20世纪学术转型进程时一个不容忽视的典型个案。"特孤本秘笈"固然是对他学术研究多类资料长编少有理论创建的批评，但也未尝不是郑振铎学术研究的独特之处，更是时代学术风气的体现。他借鉴融会西方理论来考察文学现象，又以乾嘉学术考据经典方法来研究通俗文学，是继开一代学术风气的胡适之后在古典文学研究领域的一大尝试。"百科全书"式学者既是对他广阔学术视野的赞叹，也暗寓了其难以避免的缺陷。客观评述其治学过程中的贡献与不足，既可填补郑振铎研究史上的一些空白，又是撰就20世纪学术研究不可或缺的一环，其个案本身同时亦是探索学术转型轨迹的重要组成部分。

## 三、"进化"与"归纳"——现代性研究方法

传统学术研究的方法走到清代，归结起来就是重视训诂的"汉学"与讲求义理的"宋学"二途，清儒则将之改造为以考证为基础的朴学。传统方法固然在材料搜辑与名物考证方面独步一时，但其理念，却从未超出"解经""注经"的范畴。王国维及梁启超辈援西学入中学，其研

究从思想、方法到材料都开始具备现代意义,不过毕竟是"先声",各种规范化的操作步骤尚未形成。经过胡适及鲁迅等兼具传统与现代气质之学者的嫁接努力,学术观念与研究方法才逐渐转向与世界同步的轨道。郑振铎最初研究外国文学,借助的纯为外来理论,直到他真正进入"整理旧文学"的实践阶段,加上藏书过程中的不断摸索,才自觉向传统方法靠近:"他只要对这一门学问感到兴趣,便开始阅读原著,大量收集资料,从目录版本的路线钻进去、推开去。"①他收集藏书,编制目录且重视版本,刊印稀见资料,尽可能对研究材料竭泽而渔,以及"拿证据来"的大声疾呼,都可看到清代朴学方法的延续痕迹。不过,他所采用的研究理论、对材料的处理方式以及材料本身,都已完全迥异于传统模式,已是真正现代化研究的气象了。因此,他曾重点推荐的"近代精神",其实就是文学的现代性研究方法——即"统一的观察""归纳的研究""进化的观念"。

"统一"首先是打破地域、种族、时空的局限,对全世界文学作"人类"角度的无差别观察;其次是打破文体与学科的分隔,对所有文学作彻底的全部的研究。郑振铎范围广阔的治学领域已经对这一观点做了最好的诠释:世界文学史观念发源于欧美,其撰写者亦大多以欧美文学为主流,郑振铎敢于吃螃蟹,第一次将中国文学以近四分之一的篇幅列入世界文学史;藏书家普遍重视经、史、子、集,他却着意于通俗文学,甚至连民间日用之"兔园册子"都不放过,因为"研讨社会生活史者,将或有取于斯"②;其时文学史家还抱着传统经学观念不敢放松,郑振铎则大刀阔斧,不但将戏曲、小说、变文、弹词、鼓词等全纳入中国文学史,而且将《金瓶梅》等白话小说的地位提高到经、史、子、集之上,并撰写了中国第一部"俗文学史"为之张目;而在王国维等学者普遍因重视元曲而忽略明、清时,郑振铎却又影印"清人杂剧"各集,认为作为文体之一的文人剧,"其完成当在清代"③,第一个从文献学与文体学的角度肯定了清人杂剧的价值;而在激进新文学者质疑"整理旧文学"会导致倒退时,他又果断认为"整理"正是为着"重建"。可见,他已能成熟运用现代文学观念解读中国文学现象,并能在"统一观察"的理念下辩

①　周予同:《序》,转引自郑振铎:《郑振铎全集》(第三卷),花山文艺出版社,1998年版,第573页。
②　郑振铎:《新锲翰府素翁云翰精华六卷》,《西谛书跋》,文物出版社,1998年版,第164-165页。
③　郑振铎:《清人杂剧初集序》,《郑振铎全集》(第四卷),花山文艺出版社,1998年版,第730页。

证地看待传统文学遗产的养分与误导作用。

在具体中国文学的研究中,郑振铎运用最多的还是进化理念与比较归纳方法。采用"进化"来解释中国文学的发展进程,早在古代的文体批评者那里就有了先声,王国维将文学"代有所胜"说发扬光大,加上生物进化学"优胜劣汰"说的传入,"后者必胜于前"之文体演变说极为流行。尤其是被新文学运动者借为打败"旧文学"的有力武器,如胡适称白话文学为"活"文学,却将非白话文学断为"死"文学,并罔顾文学发展的实际,号称"白话文学就是中国文学史",可谓有所诉求而走向极端。郑振铎所接受的进化,并非"后者必胜于前"之优胜劣汰的机械进化论,而是直视文学发展进程、破除固定偶像的新型文学观念。这一点很重要,也很能表现出郑振铎的冷静与独特之处。因为他明确表示之所以借助进化理论,不过是为了"说明某事物一时期一时期的有机的演进或蜕变而已"①。

"进化"的引入,确实为说明中国文学现象提供了诸多方便,尤其是为寻找文体发展的兴衰规律提供了不少帮助。正是有了"进化",中国文学各文体之出现、兴起到衰落的进程才有了合理解释;也正是有了"进化",文学史便不仅仅是大作家传记与作品评判的集合体,而是有着展示变异与进展规律的理论著作。郑振铎对进化论的运用贯穿了整个研究的始终,不仅每种文体的兴衰都伴随着进化的作用,而且小说、戏曲以及讲唱文学、民间故事等局部研究成果的取得都依赖此学说的灵活运用。如其小说演化系列、戏曲嬗变论述、变文研究、民间故事演进与变异研究等,既是成功实践,为文学研究带来了新意,也存在某些牵强。

最成功的范例当然是他采用进化模式研究古典小说的版本,其《水浒传的演化》《三国志演义的演化》《西游记的演化》《岳传的演化》等深具方法论意义,至今仍是小说研究史上的成功典范。还有《中国文学的发展》《中国古典文学中的诗歌传统》《中国古典文学中的小说传统》《中国古典文学中的戏曲传统》诸文,提纲挈领,以进化串起文学发展的线索,至今仍有余响。虽重写文学史呼声日高,却还没有一种理论能取代进化论来重新统筹整个中国文学现象,因此仍为文学史著

① 郑振铎:《整理中国文学的提议》,《郑振铎全集》(第六卷),花山文艺出版社,1998年版,第9页。

者所沿袭。当然,理论先入为主,当现象不足以与理论相合时,便不可避免存在着某些牵强。如他对变文的偏爱,认为它是诸宫调、戏文、话本、杂剧及民间各讲唱文学的源头,则明显还需要论证。不可否认变文对诸宫调及讲唱文学有影响,但不至于夸大为所有通俗文学之源。再如在世界范围内具有情节巧合的民间故事,其源起并不一定是同一个发源地或共同的人类环境。

归纳是逻辑学上的一种思维方法,与演绎相对。演绎法随抽象思想的发展而发展,而归纳法则随人类经验与认识范围的扩大而发展。因为归纳法有充分事例及证据作基础,近代学人将之称为"近代的科学方法"①,胡适屡次鼓吹,并简化为:尊重事实,尊重证据。郑振铎虽言其理论得自美国莫尔顿,其实与胡适基本相同:"有了这样的研究方法与观念,便再不能逞臆的漫谈,不能使性的评论了,凡要下一个定论,凡要研究到一个结果,在其前,必先要在心中千回百折的自喊道:'拿证据来!'"②通过勾稽材料与搜寻证据,许多未决的文学问题可以得到更接近事实的解释。郑振铎通过《水浒传》《三国演义》等各版本的对比考证,描述出小说的演化过程,又通过归纳可靠的材料,推测出《古今杂剧》也许尚存人间,并最终发现且为北京图书馆成功收购《脉望馆钞校本古今杂剧》。

不过,"拿证据来"虽然极为郑振铎所重视,有时他却不免受先入为主之见所蔽,某些推测仅依单薄证据即得出结论,似不为后人所接受。最典型的莫过于其念念不忘的"外来影响"说。如他认为"孝子董永"故事为世界流行之"鹅"女郎故事的传入,孙悟空原型为印度神话中的"哈努曼",等等。尤其是以胡先骕在天台山国清寺发现的梵文写本《梭康特拉》来证明中国戏曲起源于印度,更是不能令戏曲研究者信服。当然,郑振铎某些看朱成碧的论点,并不足以掩盖他使用归纳方法取得许多成果的功绩。

有归纳,就必然有"比较"。郑振铎研究方法中的"比较"其实包含了两方面的意思:一是中外文学之间的比较,其中蕴藏的是"文学统一"的世界文学观;二是同类作品间的比较,即类型研究与结论归纳。

---

① 澄波:《演绎与归纳的进展》,《清华周刊》,1936年第45卷第4期,第25页。

② 郑振铎:《研究中国文学的新途径》,《郑振铎全集》(第五卷),花山文艺出版社,1998年版,第291页。

因为有了统一的观察,便有了同一平台上的比较。这是一种无处不在的意识,在《文学大纲》《插图本中国文学史》及许多论文中,到处闪现着一些他个人的感悟式对比,这显示了郑振铎文化视野的广阔,很少有民族本位的先入之见,真正实现其通时与地与人与种类而一以贯之的公平态度。尤其是其通过比较得出的类型化结论,为戏曲小说及民间故事的嬗变研究提供了许多启示。

"统一的观察""进化的理论""归纳的方法"犹如郑振铎古典文学研究的"三驾马车",为其研究具备的现代性特征提供了动力与理论渊源。当然,理念与实践之间毕竟存在着一定差异,在看到郑振铎研究方法典范性意义的同时,我们也不能讳言其某些观点的局限性。如太过相信进化论有时会陷入机械的进化描述,而归纳则由于材料本身的欠缺不可能适用于研究的所有领域。然而无论如何,他的研究,已展现出与传统治学方式完全不同的面貌,其立足文献却完全跳出了文献局限的治学方法,足以使他成为学术研究现代化转型过程中的代表学者之一。

总之,郑振铎治学的方式,因其身份的特殊而变得多元,亦因其多元的尝试而成就独特。他广阔的学术视野与执一驭万的统摄能力,可用"百科全书"概之。他罕有的宏伟气魄与不拘细节的研究勇气,为他打破文学、史学、民俗学与艺术学的学科界限奠定了基础,为多学科的综合比较研究作出了巨大贡献。平心而论,虽然郑振铎得出的许多结论值得商榷,但其截然不同的研究方法与欲开一代新风的理念是完全值得研究的。站在数十年后的今天,我们当然可以指出前人论著中的很多不足之处,但正如陈平原先生所言:"开风气,立规则,跑马圈地,四面出击——至于在所难免的粗疏与乖谬,自有后人加以纠正。"[①]

---

① 陈平原:《文学史的形成与建构》,广西教育出版社,1999年版,第10页。

# 附　录　郑振铎研究主要资料一览

## 一、郑振铎著作、编著及部分版本

1. 郑振铎:《郑振铎全集》,石家庄:花山文艺出版社,1998年版。

2. 郑振铎:《郑振铎文集》,北京:人民文学出版社,1963-1988年版。

3. 郑振铎:《郑振铎古典文学论文集》,上海:上海古籍出版社,1984年版。

4. 郑振铎:《俄国文学史略》,上海:商务印书馆,1924年版。

5. 郑振铎:《山中杂记》,上海:开明书店,1927年版。

6. 郑振铎:《文学大纲》,上海:商务印书馆,1927年版。

7. 郑振铎:《中国文学史》(中世卷第三篇上),上海:商务印书馆,1930年版。

8. 郑振铎:《插图本中国文学史》,北平:北平朴社,1932年版。

9. 郑振铎:《海燕》,上海:新中国书局,1932年版。

10. 郑振铎:《中国文学论集》,上海:开明书店,1934年版。

11. 郑振铎:《痴偻集》,上海:生活书店,1934年版。

12. 郑振铎:《欧行日记》,上海:良友图书印刷公司,1934年版。

13. 郑振铎:《短剑集》,上海:文化生活出版社,1936年版。

14. 郑振铎:《西行书简》,上海:商务印书馆,1937年版。

15. 郑振铎:《西谛所藏善本戏曲目录》,手写木刻,1937年版。

16. 郑振铎:《中国俗文学史》,长沙:商务印书馆,1938年版。

17. 郑振铎:《近百年古城古墓发掘史》,上海:商务印书馆,1939年版。

18. 郑振铎:《困学集》,长沙:商务印书馆,1941年版。

19. 郑振铎:《民族文话》,上海:国际文化服务社,1946年版。

20.郑振铎:《蛰居散记》,上海:上海出版公司,1951年版。

21.郑振铎:《基本建设与古文物保护工作》,北京:中华全国科学技术普及协会,1954年版。

22.郑振铎:《劫中得书记》,上海:古典文学出版社,1956年版。

23.郑振铎:《汤祷篇》,上海:古典文学出版社,1957年版。

24.郑振铎:《中国文学研究》,北京:作家出版社,1957年版。

25.北京图书馆编:《西谛书目》,北京:文物出版社,1963年版。

26.郑振铎著,刘哲民编注:《郑振铎书简》,上海:学林出版社,1984年版。

27.郑振铎:《论金瓶梅》,北京:文化艺术出版社,1984年版。

28.郑振铎:《西谛书话》,北京:生活·读书·新知三联书店,1983年版。

29.郑振铎:《郑振铎美术文集》,北京:人民美术出版社,1986年版。

30.郑振铎:《郑振铎艺术考古文集》,北京:文物出版社,1988年版。

31.郑振铎:《中国历史参考图谱》,北京:书目文献出版社,1994年版。

32.郑振铎著,北京图书馆善本组编:《西谛题跋》,北京:文物出版社,1997年版。

33.郑振铎著,吴晓铃编:《西谛书跋》,北京:文物出版社,1998年版。

34.国家文物局编:《郑振铎文博文集》,北京:文物出版社,1998年版。

35.郑振铎:《文学大纲》,桂林:广西师范大学出版社,2003年版。

36.郑振铎:《中国古代木刻画史略》,上海:上海书店,2006年版。

37.郑振铎:《郑振铎日记全编》,太原:山西古籍出版社,2006年版。

38.郑振铎:《漫步书林》,北京:中华书局,2008年版。

39.郑振铎著,[日]安藤彦太郎、斋藤秋男译:《烧书记——日本占领下的上海知识人》,东京:岩波书店,1954年版。

40.郑振铎著,[日]高木智见译:《传统中国历史人类学——王权·

民众·心性》,东京:知泉书馆,2005年版。

41.国家图书馆古籍馆编:《西谛藏书善本图录》,北京:中华书局,2008年版。

42.郑振铎编:《小说月报》(1921—1930),北京:书目文献出版社,1988年版。

43.郑振铎编:《白雪遗音选》,上海:开明书店,1926年版。

44.郑振铎编:《中国文学研究》,上海:商务印书馆,1927年版。

45.郑振铎编:《中国短篇小说集》,上海:商务印书馆,1926-1928年版。

46.郑振铎编:《文学百题》,上海:上海书店,1935年版。

47.郑振铎编:《文学论争集》,上海:良友图书印刷公司,1935年版。

48.郑振铎编:《世界文库》,上海:生活书店,1935-1936年版。

49.郑振铎编:《晚清文选》,上海:生活书店,1937年版。

50.郑振铎辑:《楚辞图》,北京:中华书局,1963年版。

51.郑振铎影印:《新编南九宫词》,北京:国立北京大学出版组,1930年版。

52.郑振铎影印:《清人杂剧初集》《清人杂剧二集》(已毁)。

53.郑振铎影印:《博笑记》,上海:上海传真社,1932年版。

54.郑振铎影印:《修文记》,上海:上海传真社,1932年版。

55.郑振铎影印:《录鬼簿二卷续编一卷》,北京:国立北京大学出版组,1938年版。

56.郑振铎影印:《玄览堂丛书》《玄览堂丛书续集》《玄览堂丛书三集》(已毁)。

57.郑振铎影印:《长乐郑氏汇印传奇第一集》(已毁)。

58.郑振铎影印:《古本戏曲丛刊初集》《古本戏曲丛刊二集》《古本戏曲丛刊三集》《古本戏曲丛刊四集》(已毁)。

59.郑振铎影印:《天竺灵签》,上海:古典文学出版社,1958年版。

60.郑振铎影印:《历代古人像赞》,上海:古典文学出版社,1958年版。

61.郑振铎影印:《圣迹图》,上海:古典文学出版社,1958年版。

62.郑振铎影印:《忠义水浒传插图》,上海:古典文学出版社,1958

年版。

　　63.郑振铎影印:《刘知远诸宫调》,北京:文物出版社,1958年版。

## 二、郑振铎研究专著

　　1.陈福康:《郑振铎论》,北京:商务印书馆,1991年版。

　　2.陈福康:《郑振铎传》,北京:十月文艺出版社,1994年版。

　　3.金梅、朱文华等编:《郑振铎评传》,天津:百花文艺出版社,1992年版。

　　4.黄永林:《郑振铎与民间文艺》,南京:南京大学出版社,1996年版。

　　5.余蕙静:《郑振铎戏剧论著与活动述评》,台北:秀威资讯科技股份有限公司,2004年版。

　　6.郑尔康:《一代才华郑振铎》,福州:海风出版社,2005年版。

　　7.郑尔康:《石榴又红了——回忆我的父亲郑振铎》,北京:中国人民大学出版,1998年版。

　　8.陈福康:《郑振铎年谱》,太原:三晋出版社,2008年版。

　　9.上海鲁迅纪念馆编:《郑振铎纪念集》,上海:上海社会科学出版社,2008年版。

## 三、相关学者论著

　　1.王国维:《王国维戏曲论文集》,北京:中国戏剧出版社,1984年版。

　　2.王国维:《宋元戏曲史》,上海:上海古籍出版社,1998年版。

　　3.王国维撰,马美信疏证:《宋元戏曲史疏证》,上海:复旦大学出版社,2004年版。

　　4.王国维著,周锡山编校:《王国维集》,北京:中国社会科学出版社,2008年版。

　　5.梁启超:《梁启超全集》,北京出版社,1999年版。

　　6.章太炎撰,庞俊、郭诚永疏证:《国故论衡疏证》,北京:中华书局,2008年版。

　　7.章太炎、刘师培等:《中国近三百年学术史论》,上海:上海古籍出版社,2006年版。

8.鲁迅:《鲁迅全集》,北京:人民文学出版社,2005年版。

9.鲁迅:《中国小说史略》,上海:上海古籍出版社,1998年版。

10.胡适:《胡适文存》,上海:亚东图书馆,1928年版。

11.胡适:《胡适文集》,北京:人民文学出版社,1998年版。

12.胡适著,曹伯言整理:《胡适日记全编》,合肥:安徽教育出版社,2001年版。

13.周作人:《红星佚史》,北京:新星出版社,2006年版。

14.周作人:《近代欧洲文学史》,北京:团结出版社,2007年版。

15.周作人:《我的杂学》,北京:北京出版社,2005年版。

16.周作人:《中国新文学的源流》,北平:人文书店,1932年版。

17.周作人:《知堂书话》,长沙:岳麓书社,1986年版。

18.止庵主编:《域外小说集》,北京:新星出版社,2006年版。

19.钱穆:《钱宾四全集》,台北:联经出版事业股份有限公司,1994年版。

20.吴梅:《吴梅全集》,石家庄:河北教育出版社,2002年版。

21.张元济:《涉园序跋集录》,上海:古典文学出版社,1957年版。

22.张元济:《张元济日记》,北京:商务印书馆,1981年版。

23.张元济:《张元济全集》,北京:商务印书馆,2007年版。

24.陈寅恪:《金明馆丛稿初编》,北京:生活·读书·新知三联书店,2001年版。

25.伍启元:《中国新文化运动概观》,上海:现代书局,1934年版。

26.朱自清:《朱自清全集》,南京:江苏教育出版社,1998年版。

27.闻一多:《闻一多全集》,武汉:湖北人民出版社,1993年版。

28.闻一多:《唐诗杂论》,上海:上海古籍出版社,2001年版。

29.孙楷第:《日本东京所见中国小说书目》,上海:上杂出版社,1953年版。

30.孙楷第:《中国通俗小说书目》,北京:人民文学出版社,1982年版。

31.孙楷第:《元曲家考略》,上海:上海古籍出版社,1981年版。

32.吴世昌:《吴世昌全集》,石家庄:河北教育出版社,2002年版。

33.吴晓铃:《吴晓铃集》,石家庄:河北教育出版社,2006年版。

34.顾颉刚:《古史辨》,北平:北平朴社,1926年版。

35. 王季烈:《孤本元明杂剧提要》,台北:商务印书馆,1971年版。

36. 夏承焘:《夏承焘词集》,长沙:湖南人民出版社,1981年版。

37. 钱锺书:《钱锺书集》,北京:生活·读书·新知三联书店,2001年版。

38. 孙作云:《孙作云文集》,开封:河南大学出版社,2005年版。

39. 姚名达:《中国目录学史》,上海:上海古籍出版社,2005年版。

40. 阿英:《阿英文集》,北京:生活·读书·新知三联书店,1981年版。

41. 赵景深:《大鼓研究》,上海:商务印书馆,1937年版。

42. 赵景深:《弹词考证》,台北:商务印书馆,1971年版。

43. 郭绍虞:《照隅室古典文学论集》,上海:上海古籍出版社,1983年版。

44. 马廉:《马隅卿小说戏曲论集》,北京:中华书局,2006年版。

45. 邵洵美:《儒林新史》,上海:上海书店出版社,2008年版。

46. 傅惜华:《北平国剧学会图书馆书目》,北平:北平国剧学会,1934年版。

47. 傅惜华:《北京传统曲艺总录》,北京:中华书局,1962年版。

48. 梁实秋:《梁实秋文集》,厦门:鹭江出版社,2006年版。

49. 周贻白:《周贻白戏剧论文选》,长沙:湖南人民出版社,1982年版。

50. 阿英:《弹词小说评考》,上海:中华书局,1937年版。

51. 赵景深:《弹词选》,上海:商务印书馆,1938年版。

52. 冯沅君:《古剧说汇》,上海:商务印书馆,1947年版。

53. 周绍良编:《敦煌变文汇录》,上海:上海出版公司,1954年版。

54. 吉林大学中文系编:《文学论文集》,长春:吉林人民出版社,1959年版。

55. 中国民间文艺研究会上海分会等编:《中国民间文学论文选》(1949—1979),上海:上海文艺出版社,1980年版。

56. 周绍良、白化文编:《敦煌变文论文集》,上海:上海古籍出版社,1982年版。

57. 王重民:《敦煌遗书论文集》,上海:中华书局,1984年版。

58. 周绍良等编:《敦煌变文集补编》,北京:北京大学出版社,1989

年版。

59. 车锡伦：《中国宝卷总目》，北京：燕山出版社，2000年版。

60. 曲金良：《敦煌佛教文学研究》，台北：文津出版社，2001年版。

61. 陈平原主编：《现代学术史上的俗文学》，武汉：湖北教育出版社，2004年版。

62. 刘锡诚：《20世纪中国民间文学学术史》，开封：河南大学出版社，2006年版。

63. 项楚：《敦煌变文选注》，上海：中华书局，2006年版。

64. 胡忌：《宋金杂剧考》，上海：古典文学出版社，1957年版。

65. 赵景深：《戏曲笔谈》，上海：上海古籍出版社，1962年版。

66. 邓乔彬：《吴梅研究》，上海：华东师范大学出版社，1990年版。

67. 蔡孟珍：《近代曲学二家研究——吴梅、王季烈》，台北：学生书局，1992年版。

68. 苗怀明：《二十世纪戏曲文献学述略》，北京：中华书局，2005年版。

69. 张大新：《二十世纪元代戏剧研究》，北京：人民文学出版社，2007年版。

70. 孙崇涛：《戏曲文献学》，太原：山西教育出版社，2008年版。

71. 黄文旸原撰，董康校订：《曲海总目提要》，上海：大东书局，1930年版。

72. 程毅中：《古小说简目》，北京：中华书局，1981年版。

73. 袁行霈、侯忠义：《中国文言小说书目》，北京：北京大学出版社，1981年版。

74. 宁稼雨：《中国文言小说总目提要》，济南：齐鲁书社，1996年版。

75. 李修生：《古本戏曲剧目提要》，北京：文化艺术出版社，1997年版。

76. 何新文：《中国文学目录学通论》，南京：江苏古籍出版社，2001年版。

77. 黄霖：《中国小说研究史》，杭州：浙江古籍出版社，2002年版。

78. 石昌渝：《中国古代小说总目》，太原：山西教育出版社，2004年版。

79.潘建国：《中国古代小说书目研究》，上海：上海古籍出版社，2005年版。

80.（清）洪亮吉：《北江诗话》，北京：人民文学出版社，1981年版。

81.（清）黄丕烈：《士礼居藏书题跋记》，北京：书目文献出版社，1989年版。

82.（清）黄丕烈：《士礼居藏书题跋记续编》，北京：北京图书馆出版社，2006年版。

83.（清）黄丕烈：《荛圃藏书题识》，北京：北京图书馆出版社，2006年版。

84.（清）江标撰，王大隆补，冯惠民点校：《黄丕烈年谱》，北京：中华书局，1998年版。

85.唐文标：《中国古代戏剧史初探》，台北：联经出版事业股份有限公司，1985年版。

86.徐旭生：《中国古史的传说时代》，北京：文物出版社，1985年版。

87.柳亚子编：《南社丛刻》，北京：社会科学文献出版社，1992年版。

88.李学勤：《走出疑古时代》，沈阳：辽宁大学出版社，1994年版。

89.陈平原：《陈平原自选集》，桂林：广西师范大学出版社，1997年版。

90.陈平原：《陈平原小说史论集》，石家庄：河北人民出版社，1997年版。

91.叶舒宪主编：《中国文化的人类学破译丛书》，武汉：湖北人民出版社，1997年版。

92.陈平原：《中国现代学术之建立——以章太炎、胡适之为中心》，北京：北京大学出版社，1998年版。

93.程千帆、徐有富：《校雠广义》，济南：齐鲁书社，1998年版。

94.陈平原：《文学史的形成与建构》，南宁：广西教育出版社，1999年版。

95.周勋初：《当代学术研究思辨》，南京：江苏古籍出版社，2000年版。

96.戴燕：《文学史的权力》，北京：北京大学出版社，2002年版。

97.许纪霖:《20世纪中国知识分子史论》,北京:新星出版社,2005年版。

98.李家驹:《商务印书馆与近代知识文化的传播》,北京:商务印书馆,2005年版。

99.陈建宪、林继富:《中国民俗通志》,济南:山东教育出版社,2005年版。

100.陈泳超:《中国民间文学研究的现代轨辙》,北京:北京大学出版社,2005年版。

101.余英时:《钱穆与现代中国学术》,桂林:广西师范大学出版社,2006年版。

102.黄霖主编:《20世纪中国古代文学研究史》,上海:东方出版社,2006年版。

103.史春风:《商务印书馆与中国近代文化》,北京:北京大学出版社,2006年版。

104.苏精:《近代藏书三十家》,北京:中华书局,2009年版。

105.中国第二历史档案馆编:《中华民国史档案资料汇编》,南京:江苏古籍出版社,1991年版。

106.中共中央马克思、恩格斯、列宁、斯大林著作编译局研究室编:《五四时期期刊介绍》,北京:生活·读书·新知三联书店,1959年版。

107.北京图书馆善本组编:《一九一一——一九八四影印善本书序跋集录》,北京:中华书局,1995年版。

108.[印]泰戈尔著,景梅九等译:《人格》,上海:光明书局,1929年版。

109.[美]卡尔佛登著,傅东华译:《文学之社会学的批评》,上海:华通书局,1930年版。

110.[英]合尔麦著,林惠元译:《英国文学史》,上海:北新书局,1930年版。

111.[美]Richard G. Moulton: *World Literature and Its Place in General Culture*. New York: The Macmillan Company,1930年版。

112.[法]洛里哀著,傅东华译:《比较文学史》,上海:商务印书馆,1931年版。

113.[日]黑田源次:《支那古版画图录》,东京:大冢巧艺社,日本昭和七年(1932)年版。

114.[德]叔本华著,陈介白、刘共之译:《文学的艺术》,北平:人文书店,1933年版。

115.[美]亨德著,傅东华译:《文学概论》,上海:商务印书馆,1935年版。

116.[法]泰纳著,逸夫译:《英国文学史序论》,《世界文库》(第十册),上海:生活书店,1936年版。

117.[日]青木正儿著,王古鲁译:《中国近世戏曲史》,上海:商务印书馆,1936年版。

118.[日]小泉八云著,杨开渠译:《文学十讲》,北平:联华书店,研究》,上海:广学会,1938年版。

119.[日]长泽规矩也著,胡锡年译:《中国文学艺术史》,上海:世界书局,1943年版。

120.[日]青木正儿著,隋树森译:《元人杂剧概说》,中国戏剧出版社,1957年版。

121.[苏]托尔斯泰著,丰陈宝译:《艺术论》,北京:人民文学出版社,1958年版。

122.[法]丹纳著,傅雷译:《艺术哲学》,北京:人民文学出版社,1963年版。

123.[美]韦勒克、华伦著,王梦欧、许国衡译:《文学论、文学研究方法论》,台北:志文出版社,1972年版。

124.[法]马法·基亚著,颜保译:《比较文学》,北京:北京大学出版社,1983年版。

134.[英]麦克斯·缪勒著,金泽译:《比较神话学》,上海:上海文艺出版社,1989年版。

125.[英]詹·乔·弗雷泽著,李新萍、郭于华、王彪译:《永生的信仰和对死者的崇拜》,北京:中国文联出版公司,1992年版。

126.[美]费正清编,杨品泉、张言、孙开远等译:《剑桥中华民国史(上)1912—1949》,北京:中国社会科学出版社,1994年版。

128.[英]鲍桑葵著,张今译:《美学史》,桂林:广西师范大学出版社,2001年版。

129.[美]古斯塔夫·缪勒著,孙宜学、郭洪桃译:《文学的哲学》,桂林:广西师范大学出版社,2001年版。

130.[美] 宇文所安著,田晓菲译:《他山的石头记——宇文所安自选集》,南京:江苏人民出版社,2002年版。

131.[美]李欧梵著,王宏志等译:《中国现代作家的浪漫一代》,北京:新星出版社,2005年版。

132.[日]长泽规矩也著,钱婉约、宋炎辑译:《中华民国书林一瞥》,北京:中华书局,2006年版。

133.[美]梅西著,孙青钥等译:《世界文学史话》,西安:陕西师范大学出版社,2006年版。

134.[英]弗雷泽著,徐育新等译:《金枝》,北京:新世界出版社,2006年版。

135.[美]舒衡哲著,刘京建译:《中国启蒙运动——知识分子与"五四"遗产》,北京:新星出版社,2007年版。

136.[日]荒见泰史著:《敦煌讲唱文学写本研究》,北京:中华书局,2010年版。